DER LETZTE
ZAR

Text Peter Kurth
Fotos Peter Christopher
Mit einem Vorwort von Edvard Radzinsky

DER LETZTE
ZAR

Glanz und Untergang der Welt
von Nikolaus und Alexandra

Weltbild

Achtung:
Alle Daten in diesem Buch entsprechen dem neueren Gregorianischen Kalender,
nicht dem Julianischen Kalender, der in Russland bis 1918 benutzt wurde.

Titel der englischsprachigen Originalausgabe:
TSAR. THE LOST WORLD OF NICHOLAS AND ALEXANDRA

Genehmigte Lizenzausgabe für Verlagsgruppe Weltbild GmbH,
Steinerne Furt, 86167 Augsburg

Text © 1995 by Peter Kurth
Fotos © 1995 by Peter Christopher
Vorwort © 1995 by Edvard Radzinsky
Book Design and Compilation Copyright © 1995 by The Madison Press Limited
Copyright © 1995 der deutschen Übersetzung by
Collection Rolf Heyne GmbH & Co. KG, München
Übertragung ins Deutsche: Michael Schmidt
Übertragung ins Deutsche der Seiten 218 bis 221 (2007): Dr. Ulrike Kretschmer
Umschlaggestaltung der deutschen Ausgabe: Büro 18, Friedberg (Bay.)
Umschlagmotiv: mauritius-images, Mittenwald

Gesamtherstellung: Imago Productions, Singapore

Printed in Singapore

ISBN 978-3-8289-0820-8

Einkaufen im Internet: *www.weltbild.de*

Ein Madison Press Buch produziert für Verlagsgruppe Weltbild GmbH

Inhalt

Für Nancy, Edward und Alexandra Wynkoop,
in Dankbarkeit für diese 25 Jahre.
— Peter Kurth

Für Patricia und Marina, die auch zu früh von uns gingen.
— Peter Christopher

I m März 1917 kam es in Rußland zu einer Revolution. Die Ereignisse überschlugen sich, und nach wenigen Tagen existierte eines der bedeutendsten Weltreiche nicht mehr: das Reich der Romanow-Zaren, das Reich von Nikolaus und Alexandra.

In jenen schicksalhaften Tagen fand die Premiere von *Maskarad* (Maskerade), einem Versdrama des berühmten russischen Dichters Michail Lermontow, im kaiserlichen Alexander-Theater in Petrograd statt. Die im Publikum versammelte Crème de la crème der russischen Intelligenz war überwältigt von dieser Inszenierung. Auf der Bühne wurde eine unerhörte Pracht entfaltet – es glitzerte nur so vor lauter Spiegeln, geschliffenem Glas und Blattgold. Nie hatte das russische Theater einen derartigen Glanz erlebt. Dieser Hymnus auf den Palast sollte das Requiem für eine Welt sein, die jenseits der Mauern des Theaters im Sterben lag.

Denn in jenen Tagen ging nicht nur die Monarchie zugrunde – sie bedeuteten auch das Ende einer einzigartigen Zivilisation mit einer eigenen Religion, Kultur und Tradition. Die russische Aristokratie lebte in prächtigen Palästen und unterwarf sich einer höfischen Etikette, die auf das Raffinement der letzten Bourbonen zurückgriff und diesem mit den asiatischen Traditionen der moskowitischen Zaren einen eigenen Akzent verlieh. Auf den märchenhaften Bällen, von denen ganz Europa schwärmte, waren die Roben der Damen mit Diamanten übersät, und die Herren trugen Galauniformen. Zuweilen lauschten sie den Gesängen hundertköpfiger Zigeunerchöre. So mancher Großfürst verbrachte sein Leben in einem eleganten Club oder verlor sein Herz an eine der atemberaubend schönen Ballerinen des russischen Balletts.

Eine versunkene Welt

❧

Das genaue Gegenteil dieser glitzernden Welt war das Fundament, auf dem sie gründete: der orthodoxe Glaube. Dieses heilige Rußland der Zaren fand seinen Ausdruck in den goldenen Kuppeln der unzähligen Kirchen, dem A-cappella-Gesang der Kirchenchöre und in der majestätischen Feierlichkeit der Gottesdienste.

»Der Zar ist nicht Gott, aber er ist auch nicht Mensch. Der Zar ist irgend etwas zwischen Gott und Mensch«, schrieb ein Zeitgenosse in sein Tagebuch. Ähnlichen Vorstellungen begegnet man auch in vielen russischen Sprichwörtern: »Ohne Gott kann die Welt nicht sein – ohne den Zaren findet die Erde keinen Halt.«

Und diese ganze Welt ging in jenen Märztagen des Jahres 1917 unter...

Nach der Abdankung des Zaren standen der letzte Zar und die Zarina unter Hausarrest im Alexander-Palast von Zarskoje Selo bei Petrograd. Wie in einer Arche Noah versuchten sie, eine längst zerstörte Welt zu bewahren.

Der Sozialist Sergej Mstislawski, ein Abgesandter der Revolutionäre, war höchst erstaunt über das, was er in Zarskoje Selo sah: »Die Diener huschten wie eh und je lautlos durch die riesigen Räume in ihrer tadellosen Livree. An den Türen standen die Mohren, angetan mit Turban und purpurfarbenem, goldbesticktem Uniformrock, und baumlange Heiducken, die noch vor kurzem auf den Trittbrettern der verschwundenen kaiserlichen Kaleschen gestanden hatten, trieben sich gelangweilt im Palast herum... Und der Zar selbst spazierte durch die Gänge in der Uniform eines Gardekavallerieregiments, das es nie wieder geben würde...«

In dieser phantastischen Szenerie stand Mstislawski in einem schmutzigen Schaffellmantel, aus dessen Tasche ein Revolver lugte – ein Repräsentant

der neuen Ordnung, die schon bald die alte vernichten sollte. In einer morastigen Grube bei einem erbärmlichen Uraldorf wurden die Herren der untergegangenen Welt nackt und mit entstellten Gesichtern verscharrt. Und in dem trostlosen Leben, das nun über Rußland hereinbrach, erinnerte man sich an die Welt von Nikolaus und Alexandra wie an einen seltsamen, magischen Traum.

Aber der Zar, die Zarina und ihre Kinder hatten mit wahrer Besessenheit alles fotografiert, was sie in ihrer Umgebung erblickten, und damit unbewußt ihren Lebensalltag verewigt. An den Abenden klebte der pedantische Zar die Fotos mit eigens aus England geordertem Kleber pingelig in Alben. Nach der Hinrichtung der Zarenfamilie verstaubten diese Alben in einem Geheimarchiv. Unvergeßlich ist mir, was ich empfand, als ich zum erstenmal einen der in Maroquinleder gebundenen Bände aufschlug und das versunkene Atlantis durch *ihre* Augen sah.

Während ich in diesen Alben blätterte, kehrte jene untergegangene Welt zurück: Das Mobiliar der Zarenpaläste zeigte sich in seinem alten Glanz, die Zarenregimenter marschierten wieder, und es wurde zur kaiserlichen Jagd geblasen. Noch einmal träumten Nicky und Alix, zwei glücklich verliebte junge Menschen und Herrscher über ein Sechstel der Erde, den Traum vom Glück in dem Jahrhundert, das vor ihnen lag.

Nun, am Ende dieses grausamen Jahrhunderts, ist ihre Welt zu uns zurückgekehrt. Dieses herrlich illustrierte Buch enthält neben Fotografien aus vielen sorgsam aufbewahrten Alben und aus Archiven aus der ganzen Welt Farbfotos der Paläste und Örtlichkeiten, die uns die verlorene Lebenswelt des letzten Zaren und seiner Familie noch einmal vergegenwärtigen.

Das versunkene Atlantis ersteht neu vor uns.

20. Februar 1995   *Edvard Radzinsky*

ERSTES KAPITEL

Der Tanz am Abgrund

Am Morgen des 6. März 1913 war der Himmel über St. Petersburg bewölkt – genauer gesagt, er hing bleiern über der Stadt. Nebelschwaden und heftige Regenschauer hüllten sie ein, und gelegentlich ertönte ein Donnergrollen an jenem Tag, der doch eigentlich ein Tag nationalen Jubels sein sollte: der Tag der Dreihundertjahrfeier der Romanow-Dynastie. Denn dreihundert Jahre zuvor hatte eine Versammlung von Fürsten, Kriegsherren, Bojaren und Angehörigen des Klerus in einem Kloster am Ufer der Wolga Michail Romanow, den 16jährigen Großneffen des verstorbenen Iwan des Schrecklichen, zum neuen Zaren von Rußland ernannt und damit die zwanzigjährige »Zeit der Wirren« beendet. Der junge Mann, den diese mächtigen russischen Adeligen für den willfährigsten Kandidaten in der Schar seiner Mitbewerber hielten, sah sich gezwungen, eine unerwünschte Krone anzunehmen, und reagierte auf diesen Auftrag, seiner Mutter zufolge, mit einer Mischung aus »Zorn und Tränen«.

Die Prozession mit dem Zaren und seiner Familie (oben) vom Winterpalast zur Kathedrale Unserer Lieben Frau von Kasan am 6. März 1913. Gegenüber: Der Winterpalast heute.

Zorn und Kummer hatten die Herrschaft der meisten Nachfolger von Michail Romanow geprägt und wären durchaus angemessen gewesen an diesem dreihundertsten Jahrestag, als der ferne Nachfahr des ersten Romanows, Zar Nikolaus II., die Ehrerbietungen und Huldigungen seiner Nation entgegennahm. Die unangenehmste Pflicht des jungen Zaren war der Nachmittagsempfang für die Duma, das erst vor wenigen Monaten neu gewählte russische Parlament. Unbewegt und ausdruckslos stand Nikolaus inmitten der Marmor- und Goldpracht des riesigen Nikolaussaales im Winterpalast, während der Präsident der Duma, Michael Rodsjanko, seine Huldigungsansprache auf die Zarenfamilie hielt.

Rodsjanko erging sich in den üblichen angemessenen Floskeln, als er an die glorreichsten Augenblicke der Herrschaft der Romanows und die enge, mystische Verbindung erinnerte, die seit jeher zwischen dem Zaren und seinen Untertanen bestanden habe. »In diesen drei Jahrhunderten glorreicher Herrschaft hat das heilige Rußland alle Prüfungen unerschütterlich bestanden und seine gegenwärtige Macht erlangt«, schloß er. »Das Wohl der russischen Zaren war stets auch das Wohl des russischen Volkes – ihre Sorgen waren und sind auch die Sorgen des russischen Volkes. Wie schon vor dreihundert Jahren ehrt und liebt das russische Volk heute seinen Zaren mit grenzenloser Ergebenheit.«

Der Zar zeigte sich jedoch nicht beeindruckt.

Die Krönung Michails, des ersten Romanow-Zaren (ganz oben), im Jahr 1613. Seine Monomachen-Krone ist hier (oben) auf einer von Fabergé aus Gold und Juwelen gefertigten Brosche zur Dreihundertjahrfeier zu sehen. Rechts: Der Palast des Volkes in St. Petersburg ist für den Besuch des Zaren anläßlich der Feierlichkeiten geschmückt.

Jedermann wußte, daß der Herrscher aller Reußen für die Duma und ihren Präsidenten nichts als Verachtung übrig hatte. Er hatte Rußland erst acht Jahre zuvor während der revolutionären Unruhen von 1905 eine Verfassung und gewisse Rechte einer begrenzten parlamentarischen Demokratie garantiert, und auch das erst, als sein Thron in Gefahr war.

Als der Präsident geendet hatte, hielt Nikolaus seine eigene Jubiläumsansprache vor den gewählten Vertretern seines Volkes. Er sprach von seinen »gekrönten Vorgängern«, von der »Mühsal aller wahren Söhne Rußlands« und von jenen »Millionen von Bauern« – dem »wahren Volk«, das er für loyal, ergeben und politisch desinteressiert hielt –, »deren Ausdauer und Fleiß auch weiterhin die Landwirtschaft unserer Nation verbessern und die grundlegenden Quellen des nationalen Reichtums mehren werden«. Die Rede war mechanisch, kalt und bar jeder politischen Bedeutung, und dies war um so enttäuschender zu einer Zeit, da denkende Menschen in ganz Rußland Zugeständnisse von seiten des Throns erhofft hatten – irgendein Zeichen von Großmut, Sympathie oder auch nur des Wissens um die schweren Probleme, vor denen das Reich stand.

Am Vormittag dieses Tages war der Zar mit seiner Familie durch Regen und Schlamm vom Winterpalast zur Kathedrale Unserer Lieben Frau zu Kasan gefahren, der größten Kirche in St. Petersburg, wo der orthodoxe Patriarch von Antiochia zu ihren Ehren das Tedeum singen sollte. Einund-

zwanzig Salutschüsse waren von den Kanonen der Peter-und-Pauls-Festung abgegeben worden, aber die kaiserlichen Banner entlang der Route hingen durchnäßt und schlaff zwischen der Menschenmenge, die doch kleiner war und bei weitem weniger jubelte, als Nikolaus es eigentlich erwartet hatte. Die Kosaken, Lanzenträger, Kavalleristen, Dragoner, purpurgekleideten Trompeter und Gruppen tänzelnder weißer Pferde konnten die allgemeine Düsternis nicht vertreiben. Dazu trug auch weder die ernste Miene des Zaren noch die Anwesenheit seines Sohnes bei, denn Zarewitsch Alexej, der achtjährige Thronerbe, mußte von einer Kosakeneskorte in die Kathedrale getragen werden. Während der feierlichen Messe, die in dankbarer Ehrerbietung für die Familie Romanow gehalten wurde, kniete der Knabe nicht nieder, wie es Brauch der orthodoxen Kirche war. Das linke Bein des Kindes war vom Knie abwärts unübersehbar verkrüppelt. Es war allgemein bekannt, daß der Zarewitsch krank war, aber worin diese Krankheit bestand, war ein Geheimnis, das vom engsten Familienkreis streng gehütet wurde.

Sein erschöpftes, bleiches, ängstliches Gesicht beunruhigte die geladenen Gäste: die Großfürsten und Großfürstinnen der Zarenfamilie, die Minister und Delegierten des russischen Hofes, die hohen Staatsbeamten, ausländischen Herrscher, Senatoren, Botschafter, Bischöfe und Priester. In jedem Winkel der Kathedrale standen Kammerherren, Mundschenke und *Chevaliers Gardes*, deren Orden und Kürasse im Licht von tausend brennenden Kerzen schimmerten und deren Gesichter dem Zaren und dem Altar zugewandt waren, wo die Ikonen in ihrem reichen Schmuck von Diamanten, Smaragden und anderen Edelsteinen erstrahlten. Die Damen trugen ihre schönsten Gewänder: Roben aus weißer Seide mit tiefem Ausschnitt, Schleppen aus rotem Samt und mit dem Zarenmonogramm – dem von Diamanten umrahmten Doppeladler – an der Schulter. Überall glänzte Gold: auf dem Altar, an den Ikonen und Triptychen, am Ornat der Priester und an den Helmen der Garde. Der Hof der Romanows galt als der reichste und prunkvollste von ganz Europa.

*Der Zarewitsch wird getragen –
sowohl in die Kasaner Kathedrale (gegenüber),
als auch im Mai während der Moskauer Feiern (oben),
bei denen auch eine Prozession auf der Roten
Treppe des Kreml (ganz oben) stattfindet.
Unten: Der Thronerbe und seine Eltern in einer
offenen Kutsche während der Moskauer Festlichkeiten.
Rechts: Nikolaus und seine Vorgänger zieren Fabergés
kunstvolles Ei zur Dreihundertjahrfeier.*

Aber die ganze Pracht dieses Augenblicks betonte nur noch mehr die spürbar melancholische Stimmung. Jeder in St. Petersburg wußte, daß Dutzende, vermutlich sogar Hunderte von Geheimpolizisten an diesem Tag in und vor der Kathedrale postiert waren, um einen Anschlag auf das Leben des Zaren zu verhindern. Jeder wußte, daß seine deutschstämmige Frau, die Zarin Alexandra Fjodorowna, genauso wie ihr Sohn, von geheimnisvollen Leiden geplagt wurde – Schwindelanfälle und Herzrhythmusstörungen – und daß sie jeden Augenblick ohnmächtig werden konnte, ein Opfer der »Nerven«, der Hysterie oder der schlichten Anspannung eines öffentlichen Auftritts. Während des Tedeums stand sie starr da wie die Statue einer Göttin des Zorns, von ihrer weißen und silbernen Robe leuchtete das blaue Band des St.-Andreas-Ordens (der höchsten Auszeichnung, die ihr Gatte verleihen konnte), unterhalb des Knies war ihr Saum von Perlen verziert, und ein von Diamanten übersäter Kokoschnik, der traditionelle Kopfputz aller russischen Frauen, schmückte statt einer Krone ihr Haupt. Neben Alexandra stand die Mutter des Zaren, die Imperatorenwitwe Maria Fjodorowna, das beliebteste Mitglied der Familie Romanow, die kein Hehl aus ihrer Abneigung gegenüber ihrer Schwiegertochter machte.

Unmittelbar hinter dem Zaren, seiner Frau und seiner Mutter standen die vier Töchter Olga, Tatjana, Maria und Anastasia, Backfische von besonderem Liebreiz. Auch sie waren weiß gekleidet und trugen Orden – den scharlachroten St.-Katherinen-Orden –, aber sie waren politisch bedeutungslos, da Frauen nicht Erben des russischen Throns sein durften.

In St. Petersburg gab es übrigens kaum jemanden, der die vier Mädchen voneinander unterscheiden konnte.

Während des Gottesdienstes stand Nikolaus aufrecht da, einem Augenzeugen zufolge »mit einem Blick, der ängstlich und verstohlen die Gesichter der Versammelten musterte, als fürchte er, irgendeiner verborgenen Gefahr zu begegnen«. Einmal sah man, wie Zar und Zarewitsch angespannt hoch hinauf in die Kuppel der Kathedrale starrten. Im selben Augenblick, da ihnen der Segen erteilt wurde, hatten zwei Tauben in der Rotunde geschwebt, und dieser Anblick sowie ein unerwartet durch den düsteren Himmel brechender Sonnenstrahl, der das Gesicht des Zaren beim Verlassen der Kirche erhellte, waren die einzigen tröstlichen Zeichen an diesem so enttäuschenden Tag – Zeichen des Himmels, die bei aller Bescheidenheit eine Nation und eine Familie ermutigten, die von düsteren Vorahnungen heimgesucht wurde.

❧

Im Laufe dieses Frühjahrs im dreihundertsten Jahr war die Sonne den Romanows geneigter, zumindest schien sie anläßlich ihrer offiziellen Auftritte. Im Mai unternahm die Zarenfamilie eine einwöchige Bootsfahrt auf der Wolga auf den Spuren der Reise des ersten Romanow-Zaren – von Kostroma, wo man ihn auf den Thron berufen hatte, nach Moskau, der alten Hauptstadt und dem geistigen Zentrum Rußlands. Am Rande von Moskau wollte Zar Nikolaus den Rest des Weges bis zu den Toren des Kremls unbedingt zu Pferde zurücklegen – eine mutige, ja tollkühne Entscheidung angesichts der wirren Zeiten und der langen Geschichte der Attentate, zumal ein paar Jahre zuvor der Gouverneur von Moskau, der Onkel des Zaren (und Schwager seiner Frau), Großfürst Sergej, umgebracht worden war.

»Er beschloß, durch die von Menschen wimmelnden Straßen in die Stadt hineinzureiten, all seinen Begleitern voran und völlig ungeschützt«, berichtete ein britischer Zeitzeuge, »gefolgt von der Zarin und ihren Kindern in einer offenen Kutsche. Zehn bis zwanzig Meter trennten ihn von seinen Garden. Er ritt im Trab und mit unbewegtem Gesicht. Weit mehr Angst zeichnete sich in den Gesichtern vieler Zuschauer ab, und ein hörbarer Seufzer der Erleichterung machte sich Luft, als endlich das dröhnende Läuten der Kremlglocken verkündete, daß er die Iwerski-Kapelle erreicht

hatte, die stets die erste Gebetsstation war, wenn der Herrscher aller Reußen die alte Hauptstadt besuchte.« Wieder mußte Zarewitsch Alexej getragen werden, und auch die Zarin sah aus, als würde sie jeden Augenblick in Ohnmacht fallen. Für viele Zaungäste war es der erste und letzte Blick auf die Zarenfamilie: vertraute Gesichter, mehr oder weniger mit Namen verknüpft, die sie bislang nur von Ansichtskarten her gekannt hatten.

Die meisten Beobachter waren über die Starre der Zarin schockiert. Nur zweimal während der Dreihundertjahrfeiern schien Alexandra entspannt zu sein. Das erstemal im März, als sie auf einem kleinen Empfang in St. Petersburg fast fröhlich von Gast zu Gast ging, lächelnd und lachend, eine strah-

*D*ie Prozession über
den Roten Platz zum Kreml (gegenüber, oben),
bei der Nikolaus hoch zu Pferde saß
(gegenüber, unten), stellte den Höhepunkt
der Dreihundertjahrfeiern dar. Noch begeisterter
jedoch waren die Menschen in Kostroma, der
Krönungsstätte des ersten Romanow-Zaren. Dort
wurde der Zar mit Brot und Salz willkommen
geheißen (oben) sowie der Grundstein für ein
Romanow-Denkmal gelegt (ganz oben).

lende Erscheinung in einer dunkelblauen Samtrobe, die nach den Worten einer Augenzeugin »an ihr herabfiel wie mitternächtliches Wasser«. Im Mai dann hielten die reisenden Hoheiten während ihrer Kreuzfahrt auf der Wolga bei Kostroma an, um der Wahl des ersten Romanow im Kloster Ipatjew zu gedenken. Dort nahte sich ihnen eine alte Bäuerin auf Knien, bat die Zarin um ihren Segen und erhielt mit ihm auch noch einen hübschen Seidenschal. Dies war das einzige Mal während der ganzen Gedenkfeiern, daß die Bevölkerung die Zarenfamilie offenbar freudig begrüßte und »Gott schütze den Zaren!« und »Möge die Familie Eurer Hoheit ewig leben!« rief. Aber es genügte, um Alexandra vom Erfolg ihrer Mission zu überzeugen.

»Nun können Sie es selbst sehen«, bemerkte sie gegenüber einer Hofdame, »was für Feiglinge diese Staatsminister sind. Ständig versuchen sie den Zaren mit einer angeblich drohenden Revolution zu erschrecken – und hier brauchen wir uns, wie Sie sehen, nur zu zeigen, und sofort haben wir die Herzen der Menschen erobert.«

❧

Anläßlich der Dreihundertjahrfeierlichkeiten trat Alexandra erstmals seit den revolutionären Unruhen von 1905 wieder offiziell in St. Petersburg in Erscheinung. Bis dahin hatte der Zar mit seiner Familie fast ununterbrochen in der kaiserlichen Sommerresidenz in Zarskoje Selo, zwanzig Kilometer südlich von St. Petersburg, gelebt, wo sie Zuflucht suchten vor den Staatsgeschäften wie auch vor den Bomben der Terroristen und wo es ihnen schließlich gelang, sich völlig zu isolieren.

Um ihrer Kinder willen fürchtete die Zarin den Einfluß der russischen Aristokratie, »deren Geist«, so erklärte sie, »sogar in der Schule mit dem törichten und oft bösartigen Geschwätz einer dekadenten Gesellschaft genährt wird«. Sie verachtete den russischen Adel, und ihr Haß wurde ihr in gleicher Münze heimgezahlt. »Njemka«, wurde sie genannt, »die Deutsche« – eine besondere Beleidigung angesichts der Tatsache, daß jede russische Zarin seit dem 18. Jahrhundert einem deutschen Fürstenhaus

entstammte (mit einer etwas formalen Ausnahme: Die Mutter des Zaren war eine »dänische« Prinzessin aus der Sonderburg-Glücksburger Linie des Oldenburger Hauses).

Im Jahre 1903 hatte der letzte große Ball im Winterpalast stattgefunden, als sich die Romanows und ihr gesamter Hofstaat im Stil von Alexej dem Milden verkleideten, dem sanftmütigen Zaren aus dem 17. Jahrhundert, der Nikolaus' persönlicher Favorit unter seinen Ahnen war. Der Auszug der Zarenfamilie aus der Hauptstadt und die offensichtliche Feindseligkeit der Zarin hatten eine bedauerliche Lücke in den feinen Kreisen hinterlassen, deren Moral einen Tiefstand erreicht hatte. Die gesellschaftliche Saison von 1913 war genauso glanzvoll wie alle vorhergehenden, aber sie verlief, wie es seit der Abwesenheit von Zar und Zarin der Brauch geworden war, in einer Atmosphäre des Leichtsinns, der Rastlosigkeit und des »blanken Wahnsinns«, wie ein Kommentator bemerkte.

»In jenem Jahre tanzte man Tango«, erinnerte sich später der Vetter des Zaren, Großfürst Alexander Michailowitsch. »Das schmachtende Zeitmaß dieser fremdländischen Musik ertönte von einem Ende Rußlands zum anderen. Die Zigeuner lärmten, Gläser klangen… Hysterie führte die Oberherrschaft.« St. Petersburg war »eine Stadt, in der Champagner nur in Magnumflaschen, niemals in kleinen Flaschen bestellt wurde«, und niemand dort konnte sich den Verlockungen des 20. Jahrhunderts entziehen. In ihrem Palast am Fontanka-Kanal gab die Gräfin Betsy Schuwalow einen Schwarzweißball, auf dem die Gäste in Kostümen von Léon Bakst, dem Maler und Bühnenbildner, erschienen und wo man reichlich Kokain schnupfte. Bridge war 1913 die Lieblingsbeschäftigung der Oberschicht, wenn sie sich nicht gerade mit Flugzeugen oder Automobilen, Okkultismus und Drogen amüsierte. Da sich dazu noch eine wahre Sexbesessenheit – »schokkierende Skandale, extreme Ausschweifung, wahnwitzige Sucht« – und jede Menge Geld gesellten, scheint die Sorge der Zarin um die Reinheit ihrer Kinder nur allzu berechtigt gewesen zu sein.

Farbige Perücken für die Damen waren Vorschrift bei diesem Ball im Palast der Gräfin Betsy Schuwalow (oben). Ihrer Vergnügungssucht frönten die Privilegierten auch auf Kostümbällen (links) sowie in der Ballett- und Opernsaison, für die Léon Bakst dieses Programmheft entwarf (rechts).

SAISON RUSSE 1909

OPERA ET BALLET

*D*iese Ansichten
*von St. Petersburger Fabriken stellen einen
krassen Gegensatz zum glanzvollen Leben der
russischen Adligen dar. Die industrielle Entwicklung
hatte eine Flut von ungelernten Landarbeitern in die
russischen Großstädte gebracht, wo sie unter elenden
Umständen lebten und arbeiteten.*

Während die Aristokratie tanzte und der Zar sich mit seiner Familie in die Isolation zurückzog, fiel das Reich auseinander. Politisch motivierte Attentate und andere Terrorakte waren zwar in den Jahren nach der Beinaherevolution von 1905 zurückgegangen, aber unmißverständlich waren die Anzeichen, daß sich hier eine Gesellschaft am Rande des Zusammenbruchs befand. Die Produktion der russischen Industrie nahm rapide zu – aber nicht minder auch Trunkenheit, Gewalt und vorzeitiger Tod, und acht von zehn Industriearbeitern in St. Petersburg lebten von einem Einkommen, das unter dem von der Regierung des Zaren festgesetzten Existenzminimum lag. Streiks waren an der Tagesordnung: 1914, kurz vor Beginn des Ersten Weltkriegs, ergaben Schätzungen, daß im Jahr zuvor jeder zweite Arbeiter in Rußland an irgendeiner Protestkundgebung oder Arbeitsniederlegung beteiligt gewesen war.

In den Jahren nach der Aufhebung der bäuerlichen Leibeigenschaft (1861) war es zu einer Landflucht von Bauern gekommen, die sich auf die Suche nach Arbeit begaben. Diese Landflucht nahm um die Jahrhundertwende dramatische Ausmaße an, nachdem eine Reihe von verheerenden Mißernten zu einer grassierenden Hungersnot geführt hatte. Nun herrschte in den übervölkerten Städten eine krasse Ungleichheit zwischen den unzähligen Armen und der kleinen privilegierten Minderheit. Am Newskij-Prospekt, dem größten und schicksten Boulevard in St. Petersburg, boten elegante Läden Bonbons und Brillanten feil – in nächster Nähe einer fast unbeschreiblich trostlosen Armut. Cholera und Tuberkulose wüteten furchtbar. Kein Wunder, daß im Anschluß an die politischen Zugeständnisse von 1905 ein ganzer Schwarm politischer Parteien, die auf radikale oder revolutionäre Veränderung setzten, entstand: In den Fabriken, den Universitäten, den Semstwos (lokalen Räten) tummelten sich Sozialisten, Liberale, Bolschewiki, Menschewiki, Anarchisten, Radikale, Konstitutionalisten und andere.

Auf dem Land waren die Verhältnisse ein wenig besser. Die ungebildeten Bauern, die achtzig

Prozent der russischen Bevölkerung ausmachten, blieben zwar sehr arm, aber in den letzten Jahren hatten sich die Zustände dank der seit langem überfälligen Landreform und einer Reihe von reichen Ernten gebessert. Doch die so lange unterdrückte Freibauernschaft, Menschen, denen Begriffe wie Verfassung und Duma nichts sagten, hatte den Glauben an das Rußland ihrer Ahnen verloren.

Sogar die Natur schien voller Vorahnungen zu sein. In den Jahren vor dem Ersten Weltkrieg führte eine Reihe von Naturkatastrophen – Überschwemmungen, Bränden, Erdbeben – unvermeidlich zu apokalyptischen Prophezeiungen. 1908 hatte sich eine Art gewaltiger Explosion, für die es keine wissenschaftliche Erklärung gab, in den sibirischen Wäldern ereignet, wo im Umkreis von vierzig Kilometern Bäume verbrannten und Häuser dem Erdboden gleichgemacht wurden.

»Die Luft ist schwer von unheilvollen Dingen«, erklärte ein Weiser in Woronesch. »Tagtäglich erblicken wir den Schein von Feuersbrünsten am Horizont; blutiger Nebel kriecht über den Boden; das Atmen und Leben fällt so schwer wie vor einem Gewitter.« In der Hauptstadt war es nicht anders, obwohl es dort vereinzelt Menschen gab, die ihren klaren Verstand behielten. »Niemand erwartet oder erhofft sich irgend etwas«, schrieb eine Hofdame. »Jeder ist so gleichgültig geworden... Apathisch wartet man auf die verheerende Umwälzung, die unweigerlich kommen wird.«

Man hatte gehofft, daß die Dreihundertjahrfeier der Vorbote einer Erneuerung des alten Gesellschaftsvertrags zwischen dem Zaren und seinem Volk sein könnte, daß man im zwanzigsten Jahr von Nikolaus' Herrschaft den Anbruch eines neuen Goldenen Zeitalters erleben würde, aber dazu sollte es nicht kommen. Im Winter 1913 gab die Zarenwitwe einen glanzvollen Ball im Anitschkow-Palais für die beiden ältesten Töchter des Zaren, die Großfürstinnen Olga und Tatjana. Als der stolze Vater seine Töchter nach Hause brachte, ahnte er nicht, daß dies ihr erster und letzter Auftritt in der St. Petersburger Gesellschaft gewesen war.

Als Nikolaus ein paar Tage später mit seiner Frau eine festliche Aufführung von Glinkas *Ein Leben für den Zaren* im Marinski-Theater beehrte, war die Zarin so nervös, daß ihre Hände heftig zitterten.

»Nicht ein einziges Mal durchbrach ein Lächeln die unbewegte Düsterkeit ihres Gesichtsausdrucks«, erinnerte sich Meriel Buchanan, die Tochter des britischen Botschafters. »Eine matte, unschöne Röte huschte über ihre Blässe«, und die Menge »konnte fast das schwere Atmen vernehmen, das die Diamanten auf dem Oberteil ihrer Robe hob und senkte und in Tausenden zitternder Lichtfunken aufblitzen ließ«. Außerstande, die ungenierten Blicke des

Publikums länger zu ertragen, erhob sich die Zarin schließlich, flüsterte ihrem Mann ein paar Worte zu und verschwand aus dem Blickfeld.

Ihr Abgang wurde von einer geradezu spürbaren Welle des Unmuts begleitet, erinnerte sich Miss Buchanan, und in den goldenen und weißen Logen des Marinski-Theaters waren Seufzer zu vernehmen, man zuckte die Schultern, und »Männer murrten mit unterdrückter Stimme. War es nicht immer wieder die gleiche Geschichte?«

Keiner von diesen Menschen wußte, daß die Zarin verzweifelt war und daß 1913 das letzte Jahr sein sollte, in dem sie ihrem Lebensstil frönen konnten.

Nikolaus und Alexandra waren oft auf offiziellen Porträts zu sehen (oben), aber nur selten persönlich. Öffentliche Auftritte waren für die Zarin (rechts) eine Tortur, und als sie sich während einer Vorstellung im Marinski-Theater (gegenüber) den Blicken entzog, wurde ihr das vom Publikum verübelt.

STADT DER ZAREN

Die Stadt, die Peter der Große 1703 als sein »Fenster nach Europa« gegründet hatte, wurde während der Regierungszeit seines letzten Nachfolgers rasch ein europäisches Zentrum der politischen Auseinandersetzung und der kulturellen Aufbruchstimmung. Ein neues Wirtschaftswachstum hatte eine Industriearbeiterklasse und einen aufstrebenden Mittelstand hervorgebracht und den Widerstand gegen die autokratische Herrschaft entfacht. Damals entstanden in einer Stadt der Barockpaläste auch Handelsgebäude im Jugendstil, und Straßenbahnen und Automobile mischten sich auf dem Newskij-Prospekt unter die Kutschen und Schlitten.

Der Newskij-Prospekt um 1900 (gegenüber), am Gostinij-Dwor, dem Handelshof (links). Auf der anderen Straßenseite befindet sich der Eingang zur Passasch, einer glasüberdachten Einkaufspassage (rechts), die einst von teuren Läden gesäumt war (kleines Bild). Das moderne, vom Atlas-Symbol des Unternehmens (unten) gekrönte Singer-Gebäude aus dem Jahre 1907 war einer der neuen architektonischen Akzente in einer Stadt, in denen eher Details wie die vergoldeten Greifen (oben) auf der Fußgängerbrücke über den Gribojedow-Kanal vorherrschten.

»*An sonnigen Tagen, besonders*
sonntags, flanierte das ganze
schicke St. Petersburg am
›*Quai*‹ *entlang...*«

— Großfürstin Olga,
die Schwester des Zaren

*D*as St. Petersburg, wie es auf
Fotografien zu sehen ist, die vor der Revolution
aufgenommen wurden, läßt sich noch heute entdecken.
Das Petrowskaja-Ufer beispielsweise, an dem
die Zarin ihre vier Töchter im August 1912 auf
ein Schiff brachte (rechts), hat sich in über
acht Jahrzehnten kaum verändert (oben).

JUWELIER DER ZAREN

In keinem Namen verdichtet sich der Prunk der Spätzeit des zaristischen Rußland so sehr zum Symbol wie in dem von Carl Fabergé. Seine eleganten und oft skurrilen Nippes waren die passenden schicken Geschenke für jeden Anlaß, doch erst die Kaiserlichen Ostereier haben den Namen Fabergé legendär gemacht. Das erste dieser Ostereier, das Alexander III. 1885 seiner Frau Marie Fjodorowna schenkte, enthielt eine Überraschung, eine kleine goldene Henne mit einer (verlorengegangenen) Diamantkrone. Unter Nikolaus II. wurden jedes Jahr noch mehr solcher märchenhaften »Überraschungseier« hergestellt, in denen etwa juwelenbesetzte Miniaturausgaben der Krönungskutsche oder des Gatschina-Palastes steckten. Vor der durch die Revolution erzwungenen Schließung beschäftigten die Fabergé-Werkstätten in St. Petersburg über 500 Handwerker. Fabergé selbst floh 1918 in die Schweiz, wo er 1920 starb.

Im Fabergé-Gebäude in St. Petersburg (rechts) waren einst Ausstellungsräume, Werkstätten und eine Wohnung für Fabergé (oben Mitte) untergebracht. Nikolaus (oben links) mit seinem Vetter, dem künftigen Georg V., in einem Fabergé-Rahmen und (oben rechts) sein Miniaturbildnis auf einer Geschenkdose. Dreht man einen Knopf am Maiglöckchen-Ei, dem Ostergeschenk des Zaren für Alexandra im Jahre 1898 (links), kommen Bilder ihres Mannes und ihrer Töchter Olga und Tatjana zum Vorschein.

ZWEITES KAPITEL

Nikolaus und Alexandra

Es war eine der schönsten Liebes-
heiraten der Geschichte: die Verbindung zwischen dem sanften und
liebenswürdigen Erben des größten Reiches auf Erden und der
schönen, traurigen, geheimnisvollen
Prinzessin, die tief religiös war und einen eisernen
Willen besaß – und die ein überaus tragisches
Schicksal ereilte. Als Kind wurde Prinzessin Alix von
Hessen, die künftige Zarin von Rußland, von ihrer
Familie »Sunny«, Prinzessin Sonnenschein, genannt,
weil sie stets zum Lachen aufgelegt war und Grüb-
chen in den Wangen hatte. Aber ihre Mutter starb,
als Alix sechs war, und danach lächelte Prinzessin
Sonnenschein nur noch selten. Schon in früher
Jugend war sie wie besessen von Gedanken an Gott
und den Tröstungen der Ewigkeit. »Alles ist in

Gottes Hand«, schrieb sie viele Jahre später. »Je
tiefer man blickt, desto besser versteht man, daß dies
so ist.« Als Gefangene der Bolschewiki in Sibirien
erklärte sie 1918 in einem Brief an eine Freundin
ihre Philosophie: »Das Leben hier bedeutet nichts –
die Ewigkeit ist alles, und wir tun nichts anderes, als
unsere Seelen auf das Königreich im Himmel vorzu-
bereiten... Es bedarf guter Nahrung, damit
Pflanzen wachsen, und der Gärtner, der durch
Seinen Garten wandelt, möchte Gefallen an Seinen
Blumen finden. Wenn sie nicht richtig wachsen,
nimmt Er Sein Messer und schneidet sie ab.«

Diese düstere Person war nicht mehr die »Alix
H.«, in die sich Nikolaus verliebt hatte, der von dem
Augenblick an von einer Heirat mit diesem Mädchen
träumte, als er sich Gedanken über seine künftige
Braut zu machen begann. Sie begegneten einander

*Nikolaus und Alexandra (oben)
lernten sich 1884 als Teenager in Peterhof kennen, wo sich der Große Palast (rechts) befindet,
den Peter I. nach dem Vorbild von Versailles und Schönbrunn hatte erbauen lassen.*

zum erstenmal 1884, als er sechzehn und sie zwölf war. Dies geschah anläßlich der Hochzeit von Alix' älterer Schwester, der Prinzessin Elisabeth von Hessen (von ihrer Familie »Ella« genannt), mit Nikolaus' Onkel, dem Großfürsten Sergej. Damals war Nikolaus ein hübscher, blauäugiger, höflicher Jüngling, dem es bereits bei dieser ersten Begegnung gelang, die Mauer der pathologischen Schüchternheit zu durchbrechen, die bereits typisch war für Prinzessin Alix' Charakter. »Ich bin Nicky«, erklärte er an dem Tag, als sie sich im Landhaus Alexandria in Peterhof kennenlernten, der Sommerresidenz der Familie Romanow am Finnischen Meerbusen.

SIE: »Ich bin Sunny.«

ER: »Ja, ich weiß.«

Eigentlich waren sie Cousin und Cousine zweiten Grades, miteinander verwandt durch das Haus Hessen, und die Frage einer möglichen Heirat der beiden mag durchaus in dynastischen Kreisen erörtert worden sein, ohne daß beide davon wußten. In Peterhof tollten sie im Garten herum, so Nikolaus in seinem Tagebuch, schenkten einander Blumen, tauschten flüsternd Geheimnisse aus und ritzten ihre Namen mit einem Diamanten in ein Fenster.

»Ich habe sie schrecklich gern«, bemerkte Nikolaus mit typisch kaiserlicher Trockenheit. Nachdem sie vier Tage lang miteinander geflirtet hatten, wurde er fast leidenschaftlich: »Wir lieben einander.« Er gab Alix eine Diamantbrosche, die sie prompt zurückgab – zweifellos aus Sorge über die mögliche Reaktion ihrer Großmutter Queen Victoria, für die auch die kleinste Geste zwischen königlichen Häuptern nicht ohne politische Bedeutung war. Alix war gewiß zu jung, um sich schon nach dieser ersten Begegnung in den jungen Zarewitsch zu verlieben, aber ganz sicher mochte sie ihn

*D*as »Cottage« der Zarin Alexandra in Peterhof war eigentlich eine große viktorianische Villa. Die Eltern von Nikolaus und später seine eigene Familie verbrachten hier jedes Jahr einen Teil des Sommers.

sehr. Für Nikolaus war es offenbar Liebe auf den ersten Blick, und als Alix nach Hessen zurückgekehrt war, mußte er oft an sie denken.

Alix' Schüchternheit rührte zweifellos von den tragischen Umständen ihrer frühen Kindheit her. 1873, als sie noch nicht einmal ein Jahr alt war, fiel ihr dreijähriger Bruder »Frittie« unglücklicherweise aus dem Schlafzimmerfenster ihrer Mutter und starb innerhalb weniger Stunden an inneren Blutungen – der erste Bluter in der hessischen Linie. Die düstere Stimmung am Hof von Darmstadt mußte sich auch auf ein Kleinkind auswirken, sogar auf das »süße, fröhliche kleine Wesen«, das Alix anfangs war.

Ihre Mutter Alice, die Großherzogin von Hessen, war eine Tochter von Queen Victoria und hatte von der englischen Königin, ja von ihrem ganzen Jahrhundert, eine morbide, fast erotische Faszination gegenüber Krankheit und Tod geerbt. In der Trauer um den kleinen Frittie steigerte sie sich in einen schrecklichen Kummer hinein, stürzte sich in Wohltätigkeit, sprach unablässig von Gott und der Rettung der Seelen, bis sie schließlich 1878 starb, ein Opfer ihrer Depressionen und einer schweren Diphtherie. Bei dieser allgemeinen Epidemie verlor Alix auch ihre jüngere Schwester May. Man nannte sie zwar noch immer Sonnenschein, aber ihr Leben war fortan von einer Wolke bedeckt – wie sie selbst sagte –, von einer Aura der Trauer und der Resignation umgeben, die sie wie einen Umhang oder Schleier bis zum Tag ihres eigenen Todes trug.

»Ihre Einstellung gegenüber der Welt war von ständigem Mißtrauen bestimmt«, erklärte ihre Cousine Königin Marie von Rumänien, »sie war seltsamerweise ohne jede Zärtlichkeit und in gewisser Hinsicht feindselig… Sie hielt große wie kleine

*A*lix' Familienspitzname »Sunny« paßt nicht zu ihrer Miene auf diesen beiden Kinderfotos (oben und unten). Nach dem Tod ihrer Mutter Alice (rechts), als Alix erst sechs war, wich der feierliche Ernst nicht mehr aus ihren Zügen.

Die fünf überlebenden Kinder des Großherzogs von Hessen (oben) nach dem Tod ihrer Mutter, ihrer Schwester Mary und ihres an der Bluterkrankheit leidenden Bruders »Frittie«. Unten: Alix und zwei ihrer älteren Schwestern, Victoria (links) und Ella, posieren hier noch in Trauerkleidung mit ihrer Großmutter, Queen Victoria, 1879 in Windsor.

Leute auf Distanz, als ob sie die Absicht hätten, ihr etwas wegzunehmen.« Prinzessin Marie Louise von Schleswig-Holstein, eine andere Cousine und eine ihrer Kindheitsgefährtinnen, liebte Alix wie eine Schwester, konnte aber schon ziemlich früh den tragischen Ausdruck in ihrem Gesicht nicht ertragen. »Alix«, erklärte sie, »du tust immer so, als würdest du Trauer tragen – eines Tages wird dir der Allmächtige einen wirklich furchtbaren Kummer schicken, und was willst du dann tun?«

Was zog Nikolaus eigentlich an dieser traurigen kleinen Prinzessin aus einem unbedeutenden deutschen Großherzogtum so an? Vielleicht schien sie ihm so denkbar weit entfernt zu sein von allem, was sich für ihn in seinem herrischen Vater, seiner glamourösen Mutter und in der Tyrannei von Ritual und Rangordnung verkörperte, die den russischen Hof beherrschte. Gewiß war sie von makelloser Abstammung. Als Enkelin von Queen Victoria und aufgrund der hessischen Linie väterlicherseits konnte Alexandra ihre Herkunft geradewegs bis zu Karl dem Großen zurückverfolgen. Aber Darmstadt, die Hauptstadt des Großherzogtums Hessen, war nichts weiter als ein deutsches Residenzstädtchen, ein verschlafenes Beamtennest, und Alix' Vater, Großherzog Ludwig IV., regierte dort praktisch als Statthalter des deutschen Kaisers. Im Hinblick auf Reichtum und Lebensstil konnte Ludwig es nicht im entferntesten mit dem Zaren aufnehmen. Die hessische Fürstenfamilie verfügte über eine Reihe von Wohnsitzen, zu denen auch das schreckliche »Neue Palais« in Darmstadt gehörte, dessen Bau Alix' Mutter in Auftrag gegeben hatte, als sie in den sechziger Jahren des 19. Jahrhunderts nach Deutschland kam, und das sie im »gemütlichen«, überladenen und erdrückenden Stil von Queen Victorias Landsitzen in Osborne und Balmoral einrichten ließ. Die hübsche Residenz der hessischen Großherzöge war Wolfsgarten, ein Jagdhaus auf dem Land zwischen Darmstadt und Frankfurt, das Großherzog Ludwig erst nach dem Tod seiner Frau erwarb und das der Lieblingswohnsitz seiner Familie wurde. Aber verglichen mit der Pracht des zaristischen Rußland waren die

Herrensitze und Schlösser von Alix' Kindheit nichts weiter als bescheidene Herbergen. Allein schon der Winterpalast verfügte über mehr als tausend Zimmer, und die persönliche Dienerschaft des Zaren umfaßte über fünfzehntausend Menschen. Er war der absolute Herrscher über ein Sechstel der Landfläche der Erde – rund 22 Millionen Quadratkilometer nach gängiger Schätzung. Aber im Hinblick auf Intelligenz und Bildung stellte Alix ihren künftigen Mann weit in den Schatten. Sie war zu einer Freiheit des Denkens erzogen worden, die weit über der Norm der weiblichen Angehörigen europäischer Königshäuser lag. Ihre Mutter war die am fortschrittlichsten denkende Tochter von Queen Victoria gewesen. In Darmstadt hatte Alix' britische und von Queen Victoria persönlich ausgesuchte Gouvernante dafür Sorge getragen, daß sie sich nie mit Klatsch und »müßigem Geschwätz« – dem Lebenselixier des russischen Hofes – abgab, und ihr beigebracht, ihre Konversation in Gesellschaft fast ausschließlich mit abstrakten Themen zu bestreiten. Sie war sehr belesen, stickte zu ihrem Vergnügen und widmete sich als Erwachsene – bewußt nach dem Vorbild ihrer Mutter – der Wohltätigkeit.

Der Zarewitsch hingegen war alles andere als ein Stubenhocker oder ein Mann der Gedanken und Ideen – am glücklichsten war er, wenn er reiten, schießen, laufen oder Schnee schaufeln konnte. Seine offizielle Erziehung wurde zwar sorgfältig geplant und rigoros überwacht, war aber im Grunde nur pro forma. Er wurde in Geschichte, den Naturwissenschaften, in Geographie und Mathematik unterrichtet. Besonderes Augenmerk widmete man seiner religiösen Unterweisung, und er lernte in seiner Jugend fünf Sprachen, wobei er drei so fließend sprach, daß er durchaus auch als Engländer oder Franzose hätte gelten können. Aber die kaiserliche Schule war eher ein Paukstudio als eine Stätte für Denker, und nachdem Nikolaus sein Studium 1890 abgeschlossen hatte, zeigte er sich nie wieder auch nur im geringsten an irgendwelchen intellektuellen Dingen interessiert.

Zu seiner Verteidigung sollte man allerdings darauf hinweisen, daß keine der königlichen Familien

Das künftige russische Zarenpaar Alexander (»Sascha«) und Maria Fjodorowna (»Minnie«), fotografiert etwa zur Zeit ihrer Vermählung im Jahre 1866 (ganz oben) und mit ihrem ersten Kind, Nikolaus, zirka 1869 (oben). Ein Zeitschriftenbild von 1884 (gegenüber) zeigt Zar Alexander III. in voller Uniform.

in Europa für ihre intellektuellen Fähigkeiten berühmt war. Bei den meisten beschränkte sich die Unterhaltung auf die unabänderlichen Details ihrer täglichen Aktivitäten und die neuesten Nachrichten über den einen oder anderen »lieben« Anverwandten. Mit Ironie konnten sie ebensowenig anfangen wie mit komplizierten Sachverhalten oder der geringsten Andeutung, ihre Anschauungen könnten nicht unfehlbar sein. Die Romanows (und das war angesichts ihres autoritären Regimes dann doch überraschend) benahmen sich oft wie ausgelassene kleine Kinder, deren Hang zu Lausbubenstreichen nie von einem reiferen Sinn für Humor abgelöst wurde. Es war durchaus kein ungewöhnlicher Anblick, daß ein russischer Großfürst mit Orangen nach seinen Schwestern warf oder einem Lakaien, der ein Tablett in den Speisesaal trug, ein Bein stellte.

Dies war die Sonnenseite der Welt, in der der künftige russische Herrscher zum Manne heranreifte. Er wurde am 18. Mai 1868 in der kaiserlichen Sommerresidenz Zarskoje Selo geboren und war das erste Kind des Mannes, der viel früher als erwartet den russischen Thron besteigen sollte. Alexander III. war ein imposanter, jähzorniger Hüne, von der Statur eines der legendären russischen Bären und berüchtigt für seine gewaltige Kraft und seine spartanischen Gewohnheiten. »Er bemühte sich, bis in die kleinsten Details seines Privatlebens Russe zu sein«, berichtete General A. A. Mossolow, der unter Nikolaus II. Hofmarschall wurde. »Er behauptete, ohne sich vielleicht über die Implikationen dieses Ausspruchs im klaren zu sein, daß ein echter Russe nicht allzu geschliffene Umgangsformen, sondern vielmehr so etwas wie einen Anflug von Brutalität haben sollte.«

Nickys Mutter, Maria Fjodorowna, die einstige kleine Prinzessin Dagmar von Dänemark und Tochter von König Christian IX., mag manchem vielleicht als nicht ebenbürtige Partie für Alexander erschienen sein, erwies sich aber als ideale Frau, und

die beiden führten eine glückliche Ehe. Sicherlich war die Zarin Maria eine Persönlichkeit, aber wie ihre Schwester in England, die Prinzessin von Wales (und spätere Queen Alexandra), beschäftigte sie sich lieber mit Parties als mit Politik, zog Kartenspiele dem Lesen von Büchern und Mode, Klatsch und Tanzen allem anderen vor. Sie gebar Alexander sechs Kinder, von denen fünf überlebten – Nikolaus, Georg, Xenia, Michael und Olga –, und zog sie im Schloß von Gatschina, südlich von St. Petersburg, auf, wo sie im Zwischengeschoß schlichte Zimmer bewohnten, die ursprünglich für Diener vorgesehen waren. Diese spartanische Wahl hatte Alexander, nicht seine Frau getroffen. Er hatte beschlossen, daß seine Kinder – vor allem Nikolaus – nicht verhätschelt werden sollten. Als Kind schlief Nikolaus II. auf einem Feldbett ohne Kissen und nahm jeden Morgen ein kaltes Bad, aber die von seinem Vater so gepriesene Härte sollte seinen Charakter nicht prägen. Vielmehr war jeder, der Nikolaus begegnete, von seiner Sanftmut beeindruckt – besonders von der tiefen Güte in seinen Augen, die man nie vergaß. Sidney Gibbes, der später der Englischlehrer von Nikolaus' Kindern wurde, beschrieb ihn mit Worten, deren Überschwenglichkeit keineswegs ungewöhnlich war: »Er hatte eine ›Präsenz‹, die unvergleichlich war, erfüllt von ruhiger und sicherer Selbstbeherrschung und Würde. Aber sie flößte nie Furcht ein. Das tiefste Gefühl, das sie erweckte, war Ehrfurcht, nicht Furcht. Ich glaube, dies lag an seinen Augen. Ja, ich bin sicher, daß es seine Augen waren, sie waren so wundervoll. Sie waren von zartestem Blau und blickten einem so geradlinig mit dem freundlichsten, zärtlichsten, liebevollsten Ausdruck ins Gesicht ... Seine Augen waren so klar, daß ein Blick von ihm seinem Gegenüber seine ganze Seele zu offenbaren schien, eine Seele, die so schlicht und so rein war, daß sie kein forschendes Mustern scheute ... Darin lag sein großartiger Charme und in politischer Hinsicht seine große Schwäche.«

Tatsächlich hatte der Knabe Nikolaus überhaupt keine politischen Stärken oder Schwächen. Politik war kein Thema in seiner Erziehung – er mochte sie nicht, und er verstand sie auch nicht. Als er dreizehn war, mußte er mit ansehen, wie sein Großvater Alexander II. im Winterpalais eines qualvollen Todes starb, nachdem ihn die Bombe eines Terroristen in Stücke gerissen hatte. Alexander war der liberalste Zar des 19. Jahrhunderts gewesen: Er hob die Leibeigenschaft auf und wies Rußland den

Weg in die Moderne – daß ausgerechnet er so grausam umgebracht wurde, erschien seiner Familie nicht als Ironie des Schicksals, sondern als ein Zeichen dafür, daß sich Rußland auf dem falschen Kurs befand. Dies führte zu einer Welle der Unterdrückung unter Alexander III. und zu einer fatalen Rückbesinnung der Familie Romanow auf das

Prinzip der absoluten Herrschaft. Nikolaus' Denken war mit keiner anderen politischen Vorstellung vertraut, und als er 1894 den Thron bestieg, war er für diese Aufgabe völlig unvorbereitet.

»Daran war mein Vater schuld«, gestand Nikolaus' jüngste Schwester, die Großfürstin Olga Alexandrowna, später. »Er wollte Nicky vor 1893

*D*er Gatschina-Palast (gegenüber), in dessen ausgedehntem Park man Freizeitbeschäftigungen wie Bootfahren (rechts oben) frönen konnte, war die bevorzugte Residenz von Alexander III. Der zwölfjährige Nikolaus (unten) posiert in der Uniform eines Kosakenregiments.

nicht einmal einen Sitz im Staatsrat zugestehen. Ich weiß auch nicht, warum. Jedenfalls war es ein Fehler.« Als Nikolaus bereits fünfundzwanzig Jahre alt war und Graf Witte seinem Vater vorschlug, ihm den Vorsitz im Komitee für den Bau der Transsibirischen Eisenbahn anzuvertrauen, sah Alexander seinen Minister ungläubig an. »Haben Sie jemals ein ernstes Gespräch mit ihm geführt? Er ist doch ein Kind, und was er sagt, ist kindisch. Er wäre nie imstande, Präsident eines Komitees zu sein.« Die Großfürstin Olga erinnerte sich, daß ihrem Vater »allein schon die bloße Vorstellung zuwider war, daß die Staatsgeschäfte unser Familienleben stören könnten«, und Nikolaus selbst hatte es keineswegs eilig, die Welt der

*E*in Familienfoto von etwa 1888 (oben) zeigt (von links nach rechts) Georg, Xenia, den Zaren mit Olga, Michael, Nikolaus und die Zarin.

33

Edikte, Manifeste, Minister und Kriege zu betreten. (»Als mein Vater starb«, beklagte sich Nikolaus später, »war ich nichts weiter als der Kommandeur der Husareneskorte, und in den frühen Jahren meiner Herrschaft versuchte ich erst einmal, mir ein Bild davon zu machen, wie das Land zu regieren sei.«)

Als Nikolaus vierzehn war, begann er Tagebuch zu führen, und dies tat er getreulich jeden Tag bis kurz vor seinem Tod. Diese Aufzeichnungen enthalten fast nichts weiter als Berichte über Jagden, Spaziergänge, Schießübungen, das Wetter, Geburtstage und Paraden, und nur gelegentlich werden die katastrophalen Ereignisse in seinem Reich erwähnt, stereotyp als »furchtbar« oder »schrecklich« apostrophiert und ansonsten als Gottes Wille abgetan. Weder mit der herkömmlichen Psychologie noch gar mit den literarischen Standards seiner Zeit läßt sich die monotone Geistlosigkeit von Nikolaus' Bemerkungen erklären. Sein Verstand ließ sich einfach nicht von tieferen Gedanken oder schwierigen Fragen aus der Ruhe bringen. Die Freunde, mit denen er sich umgab, spiegelten seine schlichten Vorlieben und sein Vergnügen an allen Aktivitäten im Freien wider. Seine engsten Vertrauten in der Kindheit waren sein Bruder, der Großfürst Georg (»der liebe Georg«) – ein sensibler, verträglicher Knabe, dessen zarte Gesundheit die ganze Familie auf Trab hielt –, und die sogenannten Michailowitschi-Enkel von Zar Nikolaus I., die Söhne von Großfürst Michail Nikolajewitsch. Für viele Jahre waren Nikolaus, der Großfürst Alexander (»Sandro«) und sein Bruder Georg unzertrennlich. Sandro entwickelte sich zu einem schlauen, zynischen, sinnesfrohen Bonvivant. Georg, zurückhaltender, aber dem Zaren näherstehend, heiratete Nickys Lieblingscousine, die Prinzessin Marie von Griechenland und Dänemark.

Nikolaus hatte sich zu einem hübschen jungen Mann entwickelt. Trotz seiner kleinen Statur wirkte er anziehend auf Frauen und war sogar jugendlichen Gelagen in den dunkleren Vierteln von St. Petersburg durchaus nicht abgeneigt. Mit neunzehn nahm er, ganz in der Tradition der Familie, den Militärdienst auf, erhielt ein Kommando bei den Gardehusaren und erlangte schließlich den Rang eines Obersten. Er liebte das Soldatenleben über alles, den Drill und die Paraden, die Kameraderie in den Kasernen und die ausgiebigen Ausschweifungen am Abend, wobei er entdeckte, daß er mit den wackersten Zechern mithalten konnte. Aber selbst wenn der junge Offizier einige flüchtige Affären gehabt haben sollte, so vergaß er darüber doch nicht die liebliche Alix.

Anfang 1889, als der Zarewitsch bereits einundzwanzig war und die Prinzessin eine erblühende Siebzehnjährige, war aus der Schwärmerei von Teenagern eine Leidenschaft zwischen erwachsenen Menschen geworden. Nikolaus hatte Alix seit ihrer ersten Begegnung fünf Jahre zuvor nicht mehr zu Gesicht bekommen. Jetzt traf sie mit ihrem Vater und ihrem Bruder in St. Petersburg ein, um ihre Schwester Ella und ihren Schwager Sergej für die Dauer der Wintersaison zu besuchen, die mit dem Beginn der Fastenzeit enden würde. Während dieses Aufenthalts sahen Nicky und Alix einander bei jeder Gelegenheit – auf den großen Bällen, den feudalen Diners und an den Abenden im Ballett oder in der Oper (an die sich unweigerlich ein Champagnersouper anschloß, das fast bis zum Morgengrauen dauerte). An den Nachmittagen liefen sie Schlitt-

Im Dezember 1890 schrieb Nikolaus (ganz oben) in sein Tagebuch: »Ich träume davon, eines Tages Alix H. zu heiraten. Ich liebe sie schon seit einer Ewigkeit, aber noch mehr und inniger seit 1889, als sie 6 Wochen in Petersburg verbrachte.«

34

*Das Belosselski-Belosjorski-Palais
in St. Petersburg war die Stadtresidenz
des Großfürsten Sergej und von
Alix' Schwester Ella. Hier wohnte Alix
während ihres Besuches im
Jahre 1889. Gegenüber, Mitte: Dieses
Porträtfoto von Sergej und Ella wurde
ein Jahr vor seiner Ermordung durch
Terroristen in Moskau aufgenommen.*

schuh auf der zugefrorenen Newa oder fuhren Schlitten auf künstlich angelegten Hügeln auf dem Lande.

Am letzten Abend der Saison gab Nikolaus einen intimen Ball zu Alix' Ehren im Alexanderpalais in Zarskoje Selo. Da er wußte, wie schüchtern sie war, lud er nur enge Verwandte und ein paar von seinen Offiziersfreunden ein. Der Ballsaal duftete verschwenderisch nach frischen Blumen – Rosen und Orchideen –, und das junge Paar tanzte bis

Mitternacht. Als Alix nach sechs Wochen in der russischen Hauptstadt mit ihrer Familie nach Darmstadt heimkehrte, liebte sie ihren russischen Vetter Nikolaus heiß und innig und er sie. Gleich nach ihrer Abfahrt klebte er Alix' Foto auf die erste Seite seines Tagebuchs von 1889.

Der russische Hof war alles andere als begeistert. »Ohne Charme, steif, kalte Augen, eine Haltung, als hätte sie einen Zollstock verschluckt«,

35

lautete ein unfreundliches Urteil über Alix aus aristokratischen Kreisen. Aber die Höflinge gaben nur von sich, was ihre Herrscher ihrer Meinung nach hören wollten. Anscheinend waren nur Sergej und Ella begeistert von der Aussicht auf eine Heirat zwischen dem künftigen Zaren und diesem deutschen »Besen«.

Auch Queen Victoria war über Alix' Besuch in Rußland äußerst verärgert. Die Zuneigung, die ihre Enkelin zu dem Zarewitsch gefaßt hatte, brachte sie »ins Gerede«, und die britische Monarchin hatte Grund zu der Annahme, daß Ella Alix »ermutigte, ja sogar drängte«, ihn zu heiraten. Sie wunderte sich sowieso schon darüber, daß es Ella gelungen war, die russischen Winter zu überleben, die doch »die Gesundheit fast aller deutschen Prinzessinnen, die sich dorthin begaben, ruiniert hatten«.

Seit dem Tod von Alix' Mutter im Jahre 1878 hatte die alte Queen ein wachsames Auge auf ihre Enkelkinder in Darmstadt: Victoria, Ella, Irene, Ernie und »sweet darling Alicky«. Sie hatte sie praktisch selbst aufgezogen, hatte sie während ihrer langen Sommerferien in England betreut und sie in der übrigen Zeit mit brieflichen Anweisungen überhäuft. Wenn die Zeit käme, sie alle zu verheiraten, hoffte sie, ihre Enkelkinder dort zu »plazieren«, wo es ihr beliebte.

»Rußland würde ich keiner von euch wünschen«, bekundete sie gegenüber Alix' Schwester Victoria, kurz bevor Ella Großfürst Sergej heiratete und »weggeholt« wurde in dieses »gräßliche Land«. Rußland war nach Ansicht der Queen »schrecklich« – »so schlimm, so verdorben, daß jeden Augenblick etwas Fürchterliches geschehen könnte«.

Auch Nikolaus' Eltern betrachteten diese Verbindung mit Argwohn. In erster Linie verachtete der Zar von Rußland die Königin von England, die er für »ein verzärteltes, sentimentales, selbstsüchtiges altes Weib« hielt. Die Möglichkeit, sie könnte sich durch Alix in russische Angelegenheiten »einmischen«, bereitete ihm Sorgen – jedenfalls hielt er sich entschieden an das vor kurzem eingegangene Bündnis zwischen Rußland und Frankreich (in Paris spannt sich noch heute der großartige Pont Alexan-

dre III über die Seine). Eine Zeitlang war eine Heirat zwischen Nikolaus und Hélène d'Orléans im Gespräch, der Tochter des französischen Thronprätendenten. Aber der Plan dürfte von niemandem so recht ernst genommen worden sein – schließlich war Hélène eine Katholikin, die nicht zum orthodoxen Glauben konvertieren würde, und eigentlich eine unbedeutende Prinzessin, denn nichts sprach dafür, daß das französische Volk die Bourbonenmonarchie wiederherstellen wollte.

Die Behauptung, Nikolaus' Eltern wären gegen die Heirat mit Alix gewesen, weil sie eine deutsche Prinzessin war, ist trotz häufiger Wiederholung offensichtlich falsch, denn zunächst war Margarete von Preußen, Schwester Kaiser Wilhelms II. und ebenfalls Enkelin von Queen Victoria, ein erstrangiges Ziel kaiserlicher Heiratspolitik. Die Queen erhielt nie Gelegenheit, ihre Einwände gegen die Heirat anzumelden; als Nikolaus von der angestrebten Verbindung hörte, erklärte er, eher ins Kloster zu gehen, als Margarete zu heiraten. Entweder Alix oder keine, schwor er. Seine verzweifelte Entschlossenheit, an der einmal getroffenen Wahl festzuhalten, war das erste und womöglich einzige Anzeichen von Rückgrat. Er würde warten, »ruhig und gelassen«, auf Gott und die Zukunft vertrauend.

Offenbar wollte Alexander III. dafür sorgen, daß sein Sohn die hessische Prinzessin vergaß, indem er im Frühjahr 1890 eine Liaison mit der Tänzerin Mathilde Kschessinska einfädelte, dem zierlichen siebzehnjährigen Star des kaiserlichen Balletts, der schon wenige Jahre später Primaballerina assoluta werden sollte.

»Wo ist die Kschessinska?« polterte Alexander nach einer Aufführung der Absolventinnen der staatlichen Ballettschule. Als sie zitternd herbeieilte, erteilte er ihr eine Art Segen: »Seien Sie der Ruhm und die Zierde unseres Balletts.« Alle Zaren waren Liebhaber des Balletts – im Grunde gehörte es ihnen und wurde von ihnen unterhalten –, vorausgesetzt, die Tänze, die ihnen geboten wurden, waren vertraut und hübsch und wichen nicht vom traditionellen Gehopse und Geflatter des 18. Jahrhunderts ab.

Erinnerungsstücke aus dem Leben von Mathilde Kschessinska, der Primaballerina assoluta des Kaiserlich-Russischen Balletts und kurzzeitigen Geliebten des künftigen Zaren Nikolaus II. Rechts eine Atelieraufnahme von ihr im Bühnenkostüm. Ganz rechts ein Plakat von 1892 für einen Maskenball, bei dem sie auftrat (oben), und ein Programmzettel von 1902 (unten) für das Ballett »Die Tochter des Mikado«. Unten ein Brief von Nikolaus an sie sowie Fotos von beiden in Kostümen. Nach der Revolution emigrierte die Kschessinska nach Paris, wo sie den Vetter des Zaren, den Großfürsten Andrej Wladimirowitsch, heiratete. Als Ballettlehrerin zählte sie Margot Fonteyn zu ihren Schülerinnen. Sie starb 1971 im Alter von 99 Jahren.

*»Ich liebte den
Zarewitsch über alles
und wollte nur
eines ... mein Glück,
so kurz es auch
dauern mochte.«*
— Mathilde Kschessinska

1890 hatten sich Fokin, Diaghilew und Nijinski noch keinen Namen mit den Ballets Russes gemacht. Erst fünfzehn Jahre später sollte Isadora Duncan nach St. Petersburg kommen und mit ihrem revolutionären Konzept von »freier« Bewegung die Welt des Tanzes für immer verändern. Mathilde Kschessinska war eine unbestrittene Erbin der alten Schule, eine großartige Tänzerin, aber gewiß alles andere als ein kreatives Genie. Wie alle Welt versuchte sie, dem Zaren gefällig zu sein. An jenem Abend nach dem Abschlußball setzte Alexander sie neben Nikolaus und ermahnte die beiden neckisch, nicht »zu sehr zu flirten«, aber es bedurfte vermutlich noch etlicher augenzwinkernder Rippenstöße, bis Nikolaus endlich kapierte. In seinem Tagebuch erklärte der Zarewitsch, daß er die Kschessinska sehr gern hätte, doch es ist nicht geklärt, wann es in dieser Beziehung zum körperlichen Kontakt kam. In ihren Memoiren erwähnte die Kschessinska später auch eine kleine Auseinandersetzung zwischen ihr und Nikolaus, der sich weigerte, mit ihr zu schlafen. Er wolle nicht »der erste« sein, habe er erklärt, da er ja dann »für immer in ihrer Schuld« stehe. Aber im Laufe der Zeit sah er sie immer öfter, und schließlich mietete er für sie beide in St. Petersburg ein »entzückendes Hotel«, ein Palais, das ein Großfürst einst einer anderen Tänzerin gekauft hatte. Hier führten sie, laut Kschessinska, »ein ruhiges, zurückgezogenes Leben«, und oft sah man Nikolaus mitten in der Nacht hoch zu Roß auftauchen.

»Verbrachte die ganze Nacht bei MK«, notierte er in seinem Tagebuch, » – wunderbar. Verließ sie, als die Sonne aufging.« Mittlerweile war die Kschessinska heftig verliebt in ihren »Niki«, während sie sich zugleich darüber im klaren war, daß sie angesichts der geltenden Spielregeln niemals seine Frau werden könnte. Er machte ihr gegenüber auch kein Hehl aus seiner Liebe zu Alix von Hessen, doch als sie schließlich auseinandergingen, teilte er ihr immerhin mit, daß die mit ihr verbrachten Tage zu den »schönsten Erinnerungen seiner Jugend« zählten.

Im Sommer 1890 war Alix wieder in Rußland und besuchte Ella und Sergej auf ihrem Landsitz in Iljinskoje bei Moskau, aber diesmal durfte Nikolaus sie nicht sehen. Noch ging seine Affäre mit der Kschessinska weiter, doch die Nähe seiner geliebten Alix, der er indes nicht nahe sein konnte, war eine Qual für ihn. In seinem Tagebuch notierte Nikolaus am 20. August: »Gott! ich möchte so gern nach Iljinskoje fahren… Wenn ich sie jetzt nicht sehe, muß ich ein ganzes Jahr lang warten, und das ist hart!!!«

Im Spätherbst wurde Nikolaus von seinen Eltern auf eine neun Monate dauernde Reise in den Fernen Osten geschickt. Ob er dabei seinen Horizont erweitern oder schlicht Prinzessin Alix vergessen sollte – seiner Leidenschaft tat die Reise jedenfalls keinen Abbruch. Der Zarewitsch fuhr in Gesellschaft seines Bruders, des Großfürsten Georg, und ihres Cousins, Prinz Georg von Griechenland, nach Ägypten und von dort nach Indien, Thailand und Japan. Während dieser Reise langweilte sich Nikolaus meist zu Tode. »Alle Paläste sehen gleich aus«, murrte er. »Ich hätte ebensogut zu Hause bleiben können.« Die Palmen waren langweilig, die Potentaten fade – es gäbe nichts, schrieb Nikolaus, worüber es sich wirklich »zu reden lohnte«. Bauchtänzerinnen in Ägypten stellten eine kleine Abwechslung dar – »sie zogen sich aus und machten … allerlei Späße«. In Japan taute Nikolaus plötzlich auf: »… so viele Wunder, daß man nicht weiß, wo man hinschauen soll«, schrieb er begeistert über die Architektur und die Gewänder, die Teehäuser und die »Hunderte Geishas«. »Die japanische Erotik ist raffinierter und sinnlicher als die groben Liebesanträge auf den europäischen Straßen… Die Teezeremonie ist zu Ende… Alles Weitere bleibt ein Geheimnis.« Ob auch er den kunstvollen Verlockungen der Geishas erlag, bleibt eine Frage, auf die sein Tagebuch keine Antwort gibt.

Das St. Petersburger Palais der Kschessinska (links) war ein Geschenk von Nikolaus, der oft diesen Hintereingang benutzte (kleines Bild). Das Herrenhaus wurde im März 1917 ausgeplündert und später zu Lenins Hauptquartier umfunktioniert.

Dieses zerstreuende japanische Zwischenspiel endete freilich fast in einer Katastrophe. Nach dem Besuch von Nagasaki und Kyoto kamen Nikolaus und seine Begleiter in die Kleinstadt Otsu. Als sie durch eine schmale Straße voller Menschen gingen, schlug ein geistesgestörter Polizist mit einem Säbel auf den Zarewitsch ein und verpaßte ihm einen heftigen Schlag oberhalb des Ohrs.

»Was ist?« schrie Nikolaus, während ihm das Blut aus der Wunde quoll.

Vor weiteren Attacken wurde er dank der Geistesgegenwart seines Cousins Georg bewahrt, der den Angreifer mit einem Bambusstock – einem am Vormittag erstandenen Souvenir – in Schach hielt. Aber der erste Schlag hinterließ eine bleibende Narbe (»die Otsu-Narbe«) an Nikolaus' Kopf.

»Ich kann nicht begreifen«, schrieb Nikolaus in seinem Tagebuch, »wieso sie Georg und mich allein gelassen haben, wieso mir keiner zu Hilfe gekommen ist.« Die einzige plausible Erklärung dafür ist wohl die, daß das Gefolge des Zaren seine Aufpasserpflichten sträflichst vernachlässigt hatte. Der russische Hof war entsetzt, als die Nachricht vom Zwischenfall in Otsu schließlich St. Petersburg erreichte. Die Gerüchteküche brodelte, da beide Georgs in Nikolaus' Begleitung, sein Bruder und sein Cousin, homosexuell waren. Da war von Männerbordellen und von »unaussprechlichen Geschehnissen« die Rede, und es ging sogar das Gerücht um, daß Georg von Griechenland diese Attacke selbst provoziert habe, weil er die Ehre eines japanischen Jungen beleidigt hätte. So unbegründet diese Geschichte auch war, Queen Victoria schenkte ihr Glauben. Denn der Gedanke, daß Nikolaus ihre Enkelin heiraten könnte, bereitete ihr größte Sorgen, und sie fragte sich nach wie vor, wie das zu verhindern sei.

Nach seiner Rückkehr nahm Nikolaus seine Affäre mit der Kschessinska wieder auf. Eine Zeitlang lebten sie dann auch in einem kleinen Haus zusammen, das die Kschessinska von dem Komponisten Rimskij-Korsakow gemietet hatte. Aber Nikolaus sehnte sich stärker als je zuvor nach Alix. Da sein Vater die Verbindung nicht gestatten würde, ent-

schied er sich, schlicht abzuwarten, und weigerte sich, irgendeine andere Kandidatin in Erwägung zu ziehen. Indessen hielt Alix an ihrer ablehnenden Haltung gegenüber einer Konversion zum russisch-orthodoxen Glauben fest. Sie liebte Nicky und hatte auch nie ein Hehl daraus gemacht, aber sie war Protestantin und mit sechzehn in einer feierlichen Zeremonie in Darmstadt konfirmiert worden – Religion, erklärte sie, sei nicht eine Sache, die man »wie einen Handschuh« an- und ausziehen könne. Als ihr Vater 1892 starb und ihr Bruder Ernie sein Nachfolger als Großherzog wurde, arrivierte sie zur First Lady von Hessen. Bis Ernie heiratete, war Alix Herrin über Haus und Hof von Darmstadt, und offenbar gab sie sich mit dieser Rolle zufrieden. Ja, ihre Verwandten waren fast überzeugt davon, daß sie ledig bleiben würde. Anfang 1894 kam es zu einem Umschwung. Nikolaus' scheinbar übermenschlicher Vater erkrankte schwer: Er verlor an Gewicht, sein Teint wurde teigig, seine Füße schwollen an. Wegen des schlechten Zustands des Zaren wurde der erste Ball der Wintersaison in St. Petersburg verschoben, und als er schließlich stattfand, schlotterten die prächtigen Gewänder um Alexanders ausgemergelte Gestalt, und jeder konnte sehen, daß er nicht mehr der alte war. Plötzlich befaßte er sich mit der Regelung seiner Nachfolge und gab seinen Widerstand gegen eine Ehe zwischen Nikolaus und Alix von Hessen auf.

Nun gab es also nur noch ein entscheidendes Hindernis: Alix' Festhalten an ihrem evangelischen Glauben. Aber auch diese Bastion begann zu wanken. 1892 war ihre geliebte ältere Schwester Ella von sich aus zum russisch-orthodoxen Glauben übergetreten. Das führte zu einem Riß in Alix' Abwehrhaltung. Dieser Riß wuchs sich zu einer Kluft aus angesichts der bevorstehenden Heirat ihres Bruders mit Prinzessin Victoria von Edinburgh und Coburg (»Ducky«), vermutlich die Cousine, die Alix am wenigsten mochte und die ihr als Frau ganz und gar nicht zur sensiblen und »künstlerischen« Natur ihres Bruders zu passen schien. Ernie war homosexuell (»Lakaien, Stallburschen – er schlief ganz unverblümt mit allen«, erinnerte sich einer seiner

Eine Versammlung gekrönter Häupter 1894 in Coburg anläßlich der Hochzeit von Alix' Bruder Ernie und seiner Cousine »Ducky«, der Prinzessin Victoria von Edinburgh. Unter den Gästen auf diesem Foto, auf dem das Brautpaar fehlt, befinden sich auch Nikolaus (obere Reihe, Mitte), dem Kaiser Wilhelm die Hand auf die Schulter legt, und Alix (mittlere Reihe, dritte von rechts), die hier einmal lächelt. Sergej und Ella sitzen mit den Kindern in der ersten Reihe, während rechts außen der künftige König Eduard VII. von England steht.

Cousins), auch wenn es darüber in den riesigen Archiven, in denen die Korrespondenz der europäischen Königshäuser verwahrt wird, nicht den geringsten Hinweis gibt. Es ist behauptet worden, Alix habe ihre Meinung hinsichtlich einer Heirat mit Nikolaus geändert, als ihr klar wurde, daß die von ihr so verabscheute Ducky ihren Platz als Darmstadts Grande Dame einnehmen würde. Doch wahrscheinlich war dies einfach der letzte Strohhalm, und so bekam Nikolaus die Chance, auf die er so lange gewartet hatte.

Als der Zarewitsch mit seinem Gefolge Mitte April 1894 nach Coburg fuhr, hatte er nur einen Gedanken: Er würde Alix einen Heiratsantrag machen, und sie würde ihn annehmen. Während sich der europäische Hochadel in diesem deutschen Nest versammelte, um die Hochzeit von zwei unbedeutenden Angehörigen zu feiern, spielte sich in den Gemächern des Residenzschlosses Ehrenburg ein weitaus fesselnderes Drama ab.

Bei der frühestmöglichen Gelegenheit, am Morgen seines zweiten Tages in Coburg, sorgte Nikolaus dafür, daß er mit Alix allein war. Zwei Stunden lang trug er seine Werbung vor. Die Prinzessin war innerlich zerrissen. Einerseits liebte sie Nicky, andererseits konnte sie noch immer nicht den Gedanken ertragen, ihrer Religion zu entsagen. Als Nicky auf sie einsprach, kamen ihr immer wieder die Tränen, und wiederholt flüsterte sie: »Nein, ich kann nicht.« Als das Zwiegespräch beendet war, waren beide erschöpft, und Nikolaus zog sich ohne die so sehr erhoffte Antwort zurück.

An den nächsten beiden Tagen vergoß Alix weitere Tränen, lief mit kummervollem Gesicht herum und betete. An der Hochzeit ihres Bruders nahm sie wie in Trance teil – offensichtlich bereitete ihr Nikolaus' Antrag große Probleme. Die Hochzeit selbst geriet fast zur Nebensache angesichts der eigentlichen Frage des Tages: Würde Alix von Hessen den künftigen Zaren heiraten? Queen Victoria war weiterhin gegen diese Verbindung, aber andere einflußreiche Stimmen drängten Alix nun, ja zu sagen. Als erster suchte Kaiser Wilhelm II., »Cousin Willy«, sie am Hochzeitsabend auf und erklärte ihr, es sei ihre »Pflicht und Schuldigkeit«, Nikolaus zu heiraten. (Wilhelm versprach sich von dieser Verbindung politische Vorteile, würde sie doch Rußland zwangsläufig von Frankreich entfernen und einer

Allianz mit Deutschland näherbringen.) Aber am überzeugendsten befürwortete zweifellos Ella diese Ehe – hier äußerte sich nicht nur schwesterliche Liebe, sondern auch die persönliche Erfahrung einer Konversion zur russischen Religion. In ihrem neuen Glauben, versicherte sie Alix, habe sie mindestens ebensoviel Trost gefunden wie im alten. Als Ella Alix' Zimmer verließ, war die Prinzessin bereit, ihren Prinzen zu nehmen. Es bedurfte nur noch eines zweiten Antrags, und der erfolgte am nächsten Tag, am 20. April.

Sie trafen sich in einem Zimmer, das auf die Schloßgärten hinausging, während draußen ein Gewitter tobte. Nikolaus hatte einen Strauß Blumen dabei, den er sich von einem Tisch geschnappt hatte, und trug einen Paradedegen, der ihm von Kaiser Wilhelm II. hastig umgeschnallt worden war, während er ihn drängte, die Angelegenheit voranzutreiben.

Wieder vergoß Alix Tränen, aber diesmal waren es Freudentränen, Tränen der Zustimmung – gegenüber dem jungen Mann, der schon bald über ein Weltreich herrschen würde, und gegenüber allem, was das Schicksal für sie bereit hielt.

Nun konnte sie endlich jene »süßen Küsse« bekommen, wie sie später ihrem Mann schrieb, »von denen ich lange Jahre geträumt und nach denen ich mich so gesehnt hatte«.

»Der Allmächtige allein weiß, was dann mit mir geschah«, schrieb Nikolaus seiner Mutter. »Ich weinte wie ein Kind, und sie auch; aber ihr Ausdruck hatte sich gewandelt; ihr Gesicht war von ruhiger Zufriedenheit erhellt.«

In Alexandras Familie herrschte große Freude, und in Rußland wurde die Neuigkeit allgemein mit unerwarteter Befriedigung zur Kenntnis genommen.

Aus St. Petersburg erkundigte sich Nikolaus' Mutter brieflich, welche »Steine« seine »teure Alix« am liebsten habe – »Saphire oder Smaragde? Ich möchte es gern für die Zukunft wissen« –, während Queen Victoria, ganz Gefühlsmensch, das Paar auf Schloß Rosenau segnete und Alix nach dem Eintreffen eines »entzückenden Armbands« ihrer Schwiegermutter ermahnte, nicht »zu stolz« zu werden. Nur im engsten Zirkel gestand sie ein, es »laufe ihr eiskalt den Rücken hinunter«, wenn sie an die Zukunft ihrer Enkelin denke.

Nikolaus und Alexandra (oben) am Tag ihrer Verlobung. An diesem Tag wurde auch dieses berühmte Gruppenfoto aufgenommen (links). Vorne in der Mitte sitzt Queen Victoria, zwischen ihrem ältesten Enkel, Kaiser Wilhelm II., und seiner Mutter – Victorias Tochter –, der Kaiserin Viktoria. Nikolaus und Alexandra stehen links neben der Queen. Rechts neben Alix ihre Schwestern Victoria von Battenberg und Irene von Preußen, hinter Nikolaus steht Albert, der Prince of Wales.

DRITTES KAPITEL

Ein neuer Zar

Nikolaus und Alix blieben nur sechs Monate, ihr stilles Glück zu genießen – »ein Geschenk des Himmels«, wie Nikolaus es nannte – ehe das Schicksal sie auf den Thron Rußlands beförderte. Das Datum der Hochzeit stand noch nicht fest, als Nikolaus nach St. Petersburg zurückkehrte, aber sie waren nicht lange getrennt. Im Juni fuhr der Zarewitsch nach England, um seine Verlobte in Walton-on-Thames wiederzusehen, wo Alix' älteste Schwester, Prinzessin Victoria von Battenberg, ein Ferienhaus hatte. Hier erlebten sie »ein wahres Idyll«: »Den ganzen Tag waren wir bei schönem Sommerwetter draußen, fuhren im Boot den Fluß hinauf und hinunter und picknickten am Ufer.« Alix stickte, und Nikolaus las, und »alles«, erinnerte er sich, »... Natur, Menschen, Orte, alles schien so schön, kostbar und liebenswert«. Bereits damals, also unmittelbar nach ihrer Verlobung, wurde es Alix zur Gewohnheit, Nikolaus' Tagebuch zu lesen und an den Rand eigene Einträge zu schreiben. Eines Morgens zeichnete sie ein Herz neben ihr Gelöbnis, ihm unsterblich treu zu sein: »*Toi, toi, toi, toi...*«. Ihre Liebe zu Nikolaus war geradezu ekstatisch und beruhte zum großen Teil auf einer leidenschaftlichen Sexualität, die die meisten Menschen ihr angesichts ihres steifen Auftretens in der Öffent-

*D*ieses Gemälde einer Bauernprozession von Ilja Repin ist eine realistische Darstellung des Landes wie der Religion.

lichkeit gar nicht zutrauten. »Ich drücke Dich an meine sehnende Brust«, schrieb sie ihm einmal, als sie bereits über zwanzig Jahre verheiratet waren, »ich küsse all die teuren Stellen, die ich so zärtlich liebe. Für immer, Nicky, mein Engel, mein Schatz, mein Sonnenschein, mein Leben.«

Nikolaus hatte ihr seine Affäre mit Mathilde Kschessinska gebeichtet, und sie hatte ihm mit einem Herzenserguß von innigem Verständnis vergeben: »Ich möchte Dir sagen, daß Du meiner Liebe zu Dir ganz sicher sein kannst«, erklärte sie, »und daß ich Dich nur um so mehr liebe, seit Du mir diese kleine Geschichte erzählt hast, Dein Vertrauen in mich hat mich, ach, so tief berührt, und ich bete zu Gott, daß ich mich dieses Vertrauens stets würdig erweisen werde.«

Von Walton aus fuhren die Liebenden nach Windsor, als Gäste von Queen Victoria, die Nikolaus aufforderte, sie Granny zu nennen, und ihn als »gut«, »lieb« und sogar als »liberal gesinnt« bezeichnete — womit sie ihr Wunschdenken zum Ausdruck brachte, daß diese Ehe, wenn sie schon unvermeidlich sei, doch nicht zu einer Katastrophe führen möge. Aus Rußland kamen zwei Abgesandte: eine Sprachlehrerin, Jekaterina Schneider (»Trina«), die Alix' *lectrice* in Rußland, ihre Vorlesedame und eine ihrer vertrautesten Bediensteten und Freundinnen wurde, sowie Vater Johann Janyschew, der Beichtvater der Familie Romanow, der ganz beeindruckt war von Alix' Frömmigkeit und ihrer »Gründlichkeit« im Hinblick auf die Konversion. Nachdem sie sich einmal zu diesem Schritt entschlossen hatte, blickte sie nicht mehr zurück. Sie ging im orthodoxen Glauben mit einer wahren Inbrunst auf, lernte die Riten und die Namen der Heiligen, brütete über schwierigen theologischen Werken und weigerte sich nur, den Teil der Konversionszeremonie zu befolgen, der verlangte, daß sie dreimal auf den Boden spucken müsse, um ihrer alten Religion abzuschwören. Als dann schließlich die feierliche Handlung in Rußland stattfand, wurde das Spuckritual einfach weggelassen.

Diese Gelegenheit kam eher, als man erwartet hatte, ungeachtet der Tatsache, daß sich Alexanders III. Gesundheit verschlechterte. Im Sommer 1894 wurde die Diagnose gestellt, daß der neunundvierzigjährige Zar an Nephritis, einer akuten Nierenentzündung, leide. Die Krankheit war vermutlich auf eine fast unglaubliche körperliche Überanstrengung zurückführen, zu der es sechs Jahre zuvor gekommen war. 1888 war der Zar mit seiner Familie im kaiserlichen Zug nach Charkow gefahren, als sich in der Nähe der Stadt Borki ein schreckliches Unglück ereig-

Während Nikolaus um Alix warb, schrieben sie einander fast jeden Tag. In diesem Brief aus Windsor Castle (links) schildert Alix die Ankunft ihrer Russischlehrerin Jekaterina Schneider, die bis zu ihrem Ende ihre vertraute Dienerin blieb. Der sterbende Zar (gegenüber) erteilt seinem Sohn und Erben letzte Ratschläge, während vor dem Palast in Livadija (ganz oben und oben) die Menschen auf Bulletins über den Gesundheitszustand des Zaren warten.

No. 14.

Windsor Castle.

May 14th 1894

My precious Darling,

Fondest thanks for your dear letter, I received this morning. How terribly sad poor old Aunt Hatty's Death. Was it not very sudden? I am glad Hélène was there; how unhappy she must be, but it is lucky she is married. What horrors this life does bring! — Fräulein Schneider has arrived — such a little woman, insists on only talking Russian with me, without being able to understand anything, my memory ...

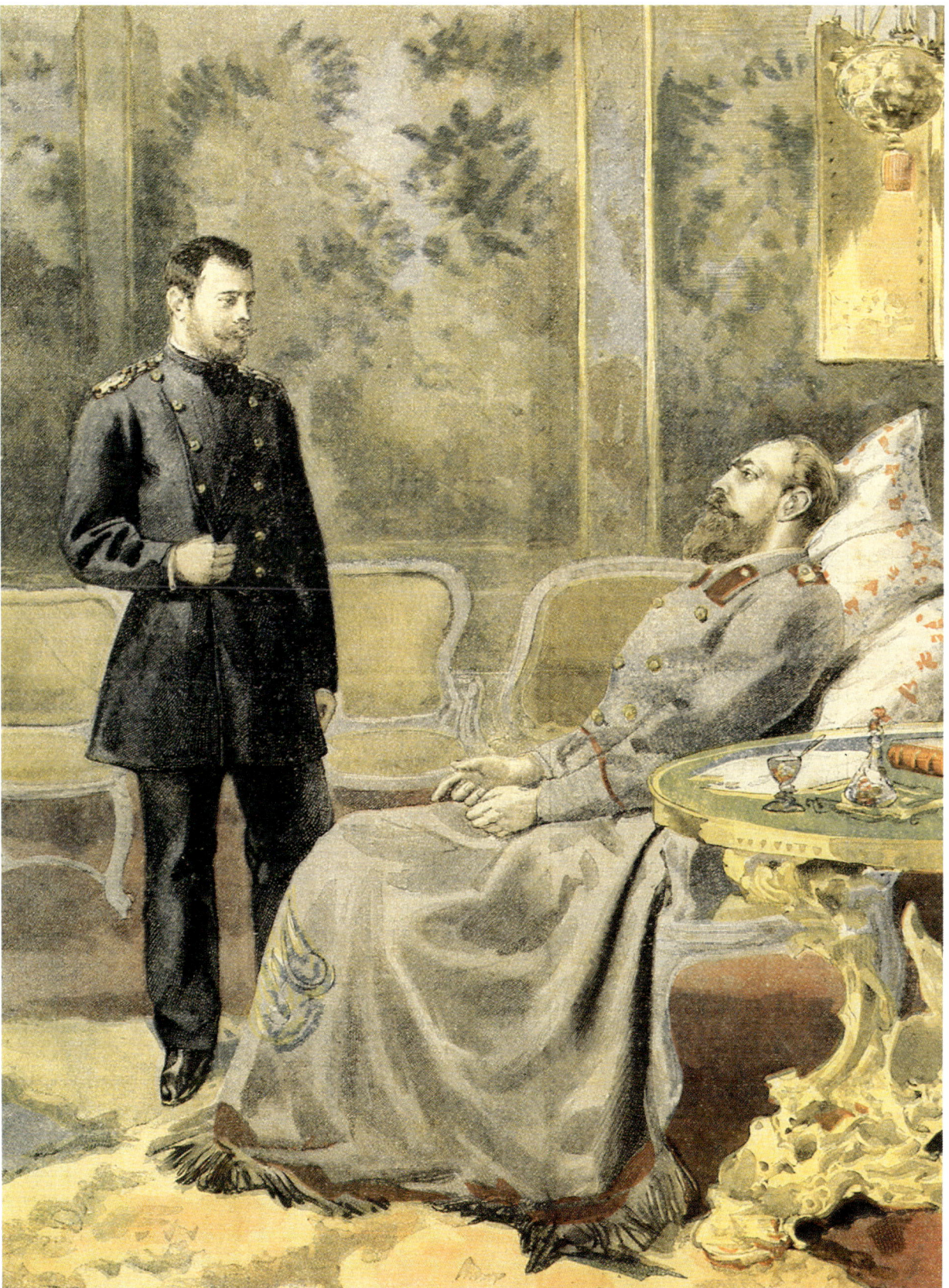

nete: Der Zug sprang aus den Schienen, und das Dach brach über dem Speisewagen ein, in dem die Zarenfamilie gerade beim Essen saß. Sie blieben zwar unverletzt, wurden aber eingeklemmt, und da zwängte sich Alexander durch eine schmale Lücke am Boden des Waggons, hob das eiserne Dach mit seinen Schultern an und hielt es so lange hoch, bis alle in Sicherheit waren. Man vermutete, daß diese Anspannung zu bleibenden Schäden an seinen inneren Organen geführt haben könnte. Und nun war er sterbenskrank, ausgemergelt, fand keinen Schlaf und spuckte Blut. Im Oktober war klar, daß sein Ende nahte, und Alix wurde aus Darmstadt, wohin sie im Anschluß an ihr englisches Sommeridyll zurückgekehrt war, eiligst herbeigerufen, um sich zur Zarenfamilie am Sterbebett des Zaren zu gesellen.

Diese befand sich in Livadija auf der Krim, ihrem Sommersitz an den Ufern des Schwarzen Meeres. Aber weder die Ruhe hier noch die Medizin konnten ihm helfen, und so starb er still, aufrecht in seinem Sessel sitzend, am Nachmittag des 1. November. Dennoch, Alix hieß er noch in voller Gardeuniform willkommen, wie es einer künftigen Zarin gebührte. Alix wiederum versicherte dem sterbenden Zaren, daß ihre Konversion zum orthodoxen Glauben unmittelbar bevorstehe – bis zu ihrer Hochzeit würde sie »die wahrhaft gläubige Großfürstin Alexandra Fjodorowna« sein. Sie war mit der ganzen Familie zugegen, als der Imperator starb, worauf sie sich »wie ein kleiner trostreicher Engel« verhielt, wie ihre Schwester Ella später berichtete. Danach ignorierte man sie völlig. Die Zarenwitwe Maria Fjodorowna zog sich in ihre privaten Gemächer zurück, wo sie sich mehrere Tage von ihrer Schwester, der Prinzessin von Wales, trösten ließ, während der sechsundzwanzigjährige Nikolaus von Kummer überwältigt und ganz sprachlos vor Entsetzen war angesichts der Aussicht, Zar zu werden. Nun mußte er sich noch mit Plänen für die Beisetzung seines Vaters sowie mit den unvermeidlichen Ritualen und Zeremonien anläßlich seiner Inthronisation befassen.

»Mein Gott! Mein Gott! Was für ein Tag!« notierte er in seinem Tagebuch. »Der Herr hat unseren angebeteten, heißgeliebten Papa zu sich gerufen.« Es war das Schlimmste, was Nikolaus sich vorstellen konnte, der Augenblick, den er am meisten gefürchtet hatte. Als ihm die »entsetzliche Wahrheit« aufzugehen begann, suchte er Halt bei seinem Cousin Sandro, dem Großfürsten Alexander Michailowitsch.

»Sandro, was soll ich tun?« rief er verzweifelt aus. »Was wird mit uns geschehen, mit mir, mit dir und Xenia, mit Alix und Mutter, mit ganz Rußland? Ich bin nicht darauf vorbereitet, Zar zu sein. Ich habe

nie einer werden wollen. Ich verstehe nichts von Regierungsgeschäften. Ich habe nicht einmal eine Idee, wie ich zu den Ministern sprechen soll.« Sandro versuchte, ihn zu beruhigen, sah aber keinen Sinn darin, Nikolaus seine Ängste auszureden – denn auch er teilte sie: Alexander III. hatte Rußland ganz allein mit der sprichwörtlichen eisernen Hand zusammengehalten. Jeder wußte es, und jeder in Livadija hatte allen Grund, sich um die Zukunft des Reiches zu sorgen. »Ich kann gar nicht beschreiben, wie verloren wir uns alle fühlten«, meinte Marie von

Nikolaus steht neben dem Prince of Wales (unten links) beim Begräbnis Alexanders III. Zur Erinnerung erhielt jedes Familienmitglied ein goldenes Blatt von einem Grabkranz. Dieses Blatt (unten) gehörte Nikolaus' Schwester, der Großfürstin Olga.

Die Bestattung von Alexander III. (gegenüber) in der Peter-und-Pauls-Kathedrale in St. Petersburg. Nikolaus und seine Mutter, die nunmehrige Imperatorenwitwe, weinten, während der Sarkophag versenkt wurde. Alix (unten rechts) stand still und diskret hinter der Familiengruppe.

Griechenland, »wir verehrten [Alexander III.] und erachteten ihn für unseren besten Freund. Unser einziger Trost war der Anblick des wunderbaren Ausdrucks von Frieden und Gelassenheit auf seinem lieben Gesicht.«

In der Zeit, die bis zur Beisetzung verging, begann dieses geliebte Gesicht zu verfaulen. Einige der gramgebeugten Verwandten des Imperators, die sich von den Höfen Europas zur Bestattung eingefunden hatten, konnten es sich nicht verkneifen, den aus dem offenen Sarg dringenden Gestank zu

erwähnen, als Alexander feierlich aufgebahrt wurde – zuerst in Livadija, dann in Moskau und schließlich (nach einer zweiwöchigen Reise durch das Herz Rußlands, während der auch seine Untertanen einen Blick auf den Leichnam werfen konnten) in St. Petersburg, wo alle Romanows seit Peter dem Großen bestattet worden waren. Eine weitere ganze Woche war die Zarenfamilie verpflichtet, zweimal am Tag einer Messe für die Seele des Zaren beizuwohnen, und das bedeutete brauchgemäß auch, daß sie sein zerfallenes Gesicht beim Betreten und beim

Verlassen der Kirche küssen mußten. Als der Imperator endlich zur letzten Ruhe in der Peter-und-Pauls-Kathedrale gebettet wurde, waren Nikolaus, Alix und die meisten anderen Familienmitglieder einem Zusammenbruch nahe.

»Kommet alle her, die ihr mich liebet, und gebet mir den letzten Kuß«, verlas der Metropolit von Petersburg, als der Sarg in die Gruft gesenkt wurde, »…denn ich trete nun vor den Richter, der ohne Ansehen der Person richtet.« Nikolaus und seine Mutter brachen in diesem Augenblick in Tränen aus,

49

während Alix – nunmehr Alexandra – ein wenig abseits stand, blaß und ernst und ohne äußere Anzeichen des Aufruhrs der Gefühle in ihrem Inneren. Mit diesem schwerwiegenden Verlust für die Familie ihres Verlobten, der zugleich eine politische Katastrophe für ihr unsicheres Reich bedeutete, wurde sie in Rußland eingeführt. Als sie ihren geliebten Nicky am 26. November 1894 in der Kapelle des Winterpalastes von St. Petersburg heiratete, konnte sie zwischen beiden Zeremonien kaum einen Unterschied feststellen.

»Meine Hochzeit erschien mir wie eine bloße Fortsetzung der Totenmessen«, erklärte Alexandra später, »mit dem einzigen Unterschied, daß ich nun ein weißes Kleid statt eines schwarzen trug.« Nikolaus hatte sofort heiraten wollen, während sie noch in Livadija waren, aber ein Konsortium von Romanow-Onkeln und -Vettern hatte ihn überredet, zu warten und es »richtig« in St. Petersburg zu tun. Unter anderen Umständen wäre Alexandra vermutlich nach Darmstadt zurückgekehrt, um die offizielle Trauerzeit abzuwarten, bevor sie den Zaren heiratete, aber Nikolaus wollte nichts davon hören, daß sie St. Petersburg verließ, wenn er sie so dringend brauchte, und es gehörte keine Überredungskunst dazu, sie zum Bleiben zu bewegen. »Mein armer Nicky trägt ein schweres Kreuz«, schrieb sie später, »und dies um so mehr, als er niemanden hat, auf den er sich wirklich verlassen kann und der für ihn eine echte Hilfe ist … Er bemüht sich so sehr, arbeitet mit solcher Ausdauer, aber der Mangel an ›echten‹ Männern, wie ich es nenne, ist groß. Natürlich muß es sie irgendwo geben, aber es ist schwer, sie zu finden.« Einstweilen wollte sie ihm Mann und Frau zugleich sein, wenn es die Umstände erforderten. Sie erklärte ihrem Mann, daß sie unter

ihren wehenden Gewändern ein Paar »unsichtbarer Hosen« trage. Sie würde für ihn »alles sein, alles wissen und alles teilen« mit ihm. »Mein Geliebter«, schrieb sie in zahllosen Briefen, »höre auf mich.«

Sie fuhr zu ihrer Hochzeit ganz in Weiß, saß neben Nikolaus' Mutter in einer goldenen Kutsche und winkte der Menge am Newskij-Prospekt steif zu, während einundzwanzig Salutschüsse von der Peter-und-Pauls-Festung abgefeuert wurden. Mit Rücksicht auf die Trauer der Familie hatte man nur eine »kleine« Hochzeit geplant. Es sollte keinen Empfang geben, kein Hochzeitsfrühstück und keine Flitterwochen, aber zumindest war für diesen Tag das Schwarz verbannt. Nikolaus trug seine Husarenuniform (und suchte mühsam nach seinen Antworten, bis der Priester sie ihm soufflierte), während Alexandra im hinreißenden Aufzug zaristischer russischer Bräute erschien: einer tief ausgeschnittenen Robe aus Silberbrokat, einem Cape aus Goldbrokat, auf dem Haar ein mit Diamanten besetzter Kokoschnik und majestätisch geschmückt mit Ordensbändern, Orden, Anhängern und Perlen. Vier Pagen mußten ihre Schleppe tragen, und in einem Anflug von Panik unmittelbar vor der Zeremonie murmelte sie nervös: »Ich glaube nicht, daß ich mich bewegen kann. Das drückt mich ja zu Boden.«

Ihre künftige Schwiegermutter, die Zarenwitwe, die ihr bei ihrer Frisur geholfen hatte, meinte: »Ja, ich weiß, wie schwer dies alles ist, aber ich fürchte, das ist nur eine der geringeren Bürden, die eine russische Kaiserin zu tragen hat.«

Angesichts der ungewöhnlichen Umstände, die Alexandra nach Rußland gebracht hatten, wie auch aufgrund ihrer sehr scheuen Persönlichkeit waren diese Bürden in der Tat schwer. Ihre künftigen Un-

Gäste bei der Zarenhochzeit (oben) gehen die Jordantreppe im Winterpalast (gegenüber) hinunter. Beim Anblick des kaiserlichen Paares (unten) sagte ein Vetter, der künftige König Georg V., er habe »nie zwei verliebtere Menschen gesehen«. Diese Hochzeitspostkarte (links) gehörte zu den zahlreichen Erinnerungsstücken, die in ganz Rußland verteilt wurden.

tertanen hatten sie zum erstenmal in Trauerkleidung zu Gesicht bekommen, eine düstere und geheimnisvolle Gestalt bei den endlosen Riten und Zeremonien, die den Tod des Zaren begleiteten. »Sie hat unser Land hinter einem Sarg betreten«, verkündeten die bäuerlichen Seher. »Sie bringt uns Unglück.«

Erschwerend kam hinzu, daß die junge Prinzessin von Hessen schlicht überfordert war von dem unvermittelten Sprung aus dem verschlafenen Darmstadt in das glanzvolle Zentrum eines riesigen Weltreichs. Der unerwartete Tod von Alexander III. hatte sie, im Alter von zweiundzwanzig Jahren, auf den höchsten (auf jeden Fall imposantesten) Thron der Welt versetzt. »Der Imperator aller Russen besitzt die höchste und unumschränkte Macht«, lautete Artikel I der Grundrechte des russischen Reichs, eines Dokuments, das so etwas wie eine ernsthafte Verfassung während der Herrschaft von Nikolaus II. darstellte. »Nicht nur Furcht, sondern auch das von Gott selbst gebotene Gewissen ist die Grundlage des Gehorsams gegenüber dieser Macht.« Als Nikolaus' Frau würde Alexandra die gleichen Titel und Beinamen wie ihr Gatte tragen: »Geheiligte«, »Heiligste«, »Allmächtige«, »Erhabene«. Es war schon ein gigantischer Sprung für eine junge Frau, die noch wenige Wochen vor ihrer Ehe zur Kur in einer Herberge in Harrogate gewesen war und Radausflüge mit ihrer Schwester durch die englische Landschaft unternommen hatte – etwas, von dem keine russische Zarin je zu träumen gewagt hätte (ganz zu schweigen davon, daß es ihr von der Tag und Nacht wachsamen Polizei niemals erlaubt worden wäre). Sie hatte kaum Zeit, Luft zu holen oder sich gar an die einzigartige Mischung von strengem Protokoll und leichtfertiger Frivolität zu gewöhnen, die so typisch war für den russischen Hof. Sie hatte Heimweh, fühlte sich unsicher, war von Fremden umgeben und schlicht verwirrt.

»Ich wünschte, Sie würden mir ein wenig von diesen Menschen erzählen«, beklagte sich Alexandra gegenüber der Fürstin Maria Galizin, die von der Zarenwitwe ungefragt zur ersten Hausdame ihrer Schwiegertochter ernannt worden war. »Dann

würde ich wissen, worüber ich mit ihnen sprechen kann.« »Was spielt es schon für eine Rolle, was Sie zu ihnen sagen?« erwiderte die Fürstin. »Es ist für sie Ehre genug, daß sie der Zarin unter die Augen treten dürfen!«

Die »Gattin Alexanders III. hatte siebzehn Jahre vor ihrer Krönung un_ununterbrochen in Rußland geweilt«, nahm Nikolaus' Vetter Sandro Alexandra in Schutz, »Prinzessin Alix jedoch waren genau sechsundneunzig Stunden vergönnt, um die Sprache und die Sitten des Landes kennenzulernen.« Sie brauchte Jahre, um die russische Sprache zu beherrschen. Sie sprach ein englisch-deutsches Kauderwelsch, und bei öffentlichen Zeremonien, die ihr zutiefst verhaßt waren, drückte sich ihr Unbehagen in Schweißausbrüchen, Zittern und häßlichen roten Flecken im Gesicht aus. Ihre natürliche Schönheit wurde fast gänzlich vom Entsetzen vor gesellschaftlichen Auftritten überschattet, und nur wenn sie mit ihrem Mann, ihren Kindern und einigen wenigen verehrungsvollen Freunden beisammen war, konnte die Prinzessin Sonnenschein aus ihrer Kindheit wieder zum Vorschein kommen.

Alexandras öffentlicher wie privater Charme verfehlte seine Wirkung auf ihre Schwiegermutter völlig. Von Anfang an war das Verhältnis zwischen Alexandra und der Zarenwitwe – zum Kummer des Zaren und zur unverhüllten Schadenfreude des russischen Hofes – wenn schon nicht von Feindseligkeit, so doch von deutlicher Angespanntheit, Verlegenheit, ja oft von Widerwillen geprägt und beschränkte sich bald auf reine Höflichkeitsbekundungen. Olga, die Schwester des Zaren, glaubte, die beiden Frauen hätten »versucht, einander zu verstehen«, aber sie seien »so ganz und gar verschieden in ihrem Charakter, ihren Gewohnheiten und Einstellungen« gewesen, als entstammten sie zwei unterschiedlichen Sternen.

Auch der Umstand, daß Nikolaus und Alexandra nach ihrer plötzlichen Eheschließung noch kein eigenes Heim gefunden hatten, belastete die häusliche Situation. Sie hatten einfach nicht die Zeit gehabt, eigene Gemächer auszusuchen und einzurich-

*D*as Anitschkow-Palais *(gegenüber, oben) war die ständige Stadtresidenz der Imperatorenwitwe (oben) – hier wohnten nach ihrer Hochzeit auch der neue Zar und seine Frau (unten). Die Mutter des Zaren liebte es, ihre Familie und deren Gefolge unter einem Dach zu versammeln, aber dadurch wurde es im Palast ziemlich eng, und es kam zu Spannungen zwischen Angehörigen des »alten Hofs« und des »neuen Hofs«. Gegenüber, unten: Fern von der »lieben geliebten Mama« küßt der neue Zar seine Frau auf der Treppe zum Garten in Peterhof, während seine Schwester Xenia auf dem Schoß ihres Gatten Sandro sitzt und seine jüngste Schwester Olga gleich zum Fliegen anzusetzen scheint.*

ten, und so wohnten sie in den ersten Monaten ihrer Ehe unter einem Dach mit der Zarenwitwe, in Nikolaus' Knabenzimmern im Anitschkow-Palais in St. Petersburg. Es sei nicht die richtige Zeit, erklärte Nikolaus, der »lieben geliebten Mama« einen »weiteren leeren Platz an ihrer Tafel« zuzumuten. Alexandra war zwar bereit, auch diese unvorhergesehene eheliche Bürde zu tragen, aber da ihr Mann »den ganzen Tag beschäftigt« sei, wie sie in einem Brief nach Deutschland schrieb, und seine Mutter sie bei jeder Mahlzeit ignorierte, überkam sie das Gefühl, als wäre sie in Rußland nur »zu Besuch« und überhaupt nicht mit dem Zaren verheiratet. Als sie

allerdings erfuhr, daß sich das Protokoll des Haushalts der Zarenwitwe auch auf das öffentliche Leben erstrecken würde, war Alexandra zutiefst verärgert. Und schließlich begehrte sie auf.

Zum Krieg zwischen den beiden Kaiserinnen kam es aufgrund einer Frage des Protokolls: in welcher Reihenfolge die Mitglieder der Zarenfamilie Räume betreten und verlassen durften, welche Namen bei rituellen Gebeten für ihre Gesundheit zuerst genannt wurden und wer neben wem bei Tische saß. Nach dem Hausgesetz der Romanows rangierte die Mutter eines Zaren höher als seine Frau, aber früher hatte man nie auf diesem Punkt bestanden –

ja er hatte bisher keine Rolle gespielt. Die Zarenwitwe hatte das Glück gehabt, ihre Jahre auf dem Thron ohne eine Schwiegermutter genießen zu dürfen, und das ist die einzig denkbare legitime Entschuldigung für ihr herzloses Verhalten gegenüber Alexandra. Sie konnte nicht wissen, wie demütigend es war, in aller Öffentlichkeit an die Seite gedrängt zu werden. Nichtsdestoweniger weigerte sie sich nachzugeben, und während der gesamten Herrschaft von Nikolaus schritt sie bei jeder Staats- oder Familienfeier Arm in Arm mit ihm allen voran, während Alexandra in Begleitung eines der beiden Brüder ihres Mannes, eines älteren Großfürsten oder eines zu Besuch weilenden Würdenträgers folgen mußte.

Alexandra bekam rasch mit, daß auch das kleinste Detail der russischen Hofetikette nicht kampflos geändert werden konnte – selbst der Zar war machtlos gegenüber seiner Mutter, wenn es um protokollarische Dinge ging. Aber als sich Maria Fjodorowna weigerte, auf die Kronjuwelen zu verzichten, die dem Staat gehörten und rechtmäßig von der herrschenden Zarin getragen werden sollten, schlug Alexandra zurück. Wenn die liebe Mama die Juwelen so sehr begehre, erklärte sie, dann solle die liebe Mama sie auch haben. Ihre scheinheilig edle Geste drohte einen kleinen Skandal heraufzubeschwören, und die Imperatorenwitwe, die auch ihren Stolz hatte, mußte die Romanow-Juwelen ihrer Schwiegertochter aushändigen. Am Ende war der russische Hof unter Nikolaus II. in zwei Lager gespalten: hier die Gefolgsleute der Zarenwitwe und darüber hinaus der glanzvollen Tradition und der Sinnenfreuden des alten St. Petersburg – da die viel kleinere Schar der Anhänger von Alexandra und ihrer »puritanischen« Lebensart. Von Anfang an wurde sie von der Petersburger Gesellschaft verachtet, die sie für hochnäsig, prüde, snobistisch, schwierig und uncharmant hielt.

Abfällig äußerten sich die vornehmen Petersburger auch über die schlichten häuslichen Tätigkeiten, denen sich Alexandra gern widmete. »Die

russische Aristokratie konnte einfach nicht verstehen, warum ihre Kaiserin um Himmels willen Schals und Kopftücher als Geschenke für ihre Freunde strickte«, berichtete Julia (»Lili«) Dehn, eine der ganz wenigen Frauen aus der höfischen Gesellschaft Rußlands, die Alexandra ins Herz schloß. »Sie hatten eine ganz andere Vorstellung von kaiserlichen Geschenken und keinen Sinn für die Liebe, die in die verachteten Schals oder die nützlichen Tücher hineingeflossen war.« Eines der ersten Projekte von Alexandra in

St. Petersburg war ein Wohltätigkeitsstrickkreis, eine Handarbeitsgesellschaft, deren adelige Mitglieder alljährlich drei Kleidungsstücke für die Armen stricken sollten. Diese Idee wurde als provinziell und die Kaiserin als hoffnungslos teutonisch abgetan. Sie verbrachte ihre erste Zeit in Rußland in einem Alptraum von fehlgeleiteten Bemühungen, »verloren in einem Dornengestrüpp«, wie einer ihrer Biographen es formulierte – sie war einsam, zunehmend verärgert und fand Trost nur in den Armen ihres Mannes, ihrem »sweetheart«, ihrem »darling boysy dear«.

Die Kluft zwischen der Zarin und ihrer Schwiegermutter bestand nicht offiziell oder wurde gar offen eingestanden, aber nach 1895, als Nikolaus und Alexandra bei seiner Mutter ausgezogen waren, bestand kein Zweifel mehr an ihrer Rivalität.

Sie siedelten nicht in den Winterpalast über, die offizielle Residenz des regierenden Zaren in St. Petersburg, sondern zogen nach Zarskoje Selo (das Dorf des Zaren), in die Märchensiedlung der Romanows südlich von St. Petersburg. Seit der Ermordung Alexanders II. im Jahr 1881 hatte keiner der Romanows mehr mitten in der Hauptstadt leben wollen. Die Bedrohung durch Attentate war etwas, an das sich Alexandra nur schwer gewöhnen konnte. Sie durfte sich nirgendwohin ohne Wachpersonal begeben. Jeder, der mit ihr sprach, wurde anschließend von der Geheimpolizei verhört: »Worüber haben Sie sich mit Ihrer Kaiserlichen Majestät unterhalten?« Alix sehnte sich nach den schlichten Freuden ihrer Kindheit in Darmstadt zurück, und sie fand sie wieder – genauer gesagt: Sie erschuf sie sich neu.

Zehn Tage nach ihrer Hochzeit hatten Nikolaus und Alexandra dem Alexanderpalais in Zarskoje Selo einen Besuch abgestattet – hier hatten sie während Alix' Rußlandaufenthalt im Winter 1889 die ganze Nacht hindurch getanzt. Nun beschlossen sie, dort zu wohnen. Es war das kleinere von zwei im 18. Jahrhundert in Zarskoje Selo erbauten Palais, ein unprätentiöser zweiflügeliger Bau mit einer (nach

kaiserlichen Maßstäben) bescheidenen Flucht von hundert Zimmern. Nikolaus war hier geboren – an »diesem bezaubernden, lieben, treuen Ort« –, aber in neuerer Zeit war das Palais hauptsächlich für kleine Empfänge und als eine Art Logis für die Verwandten und Gäste der Zarenfamilie verwendet worden. Nicht weit entfernt ragte wie ein blauweißes Schlachtschiff aus dem kunstvollen Park von Zarskoje Selo das Katharinenpalais, das sogenannte Große Palais, das später nach Katharina der Großen benannte Rokoko-meisterwerk von Bartolomeo Rastrelli.

Alexandras Entscheidung für das bescheidene Alexanderpalais – statt für das Katharinenpalais, für Gatschina (ebenfalls in Reichweite von St. Peters-burg) oder für den Winterpalast selbst – stärkte die Gesellschaft in ihrem Urteil über ihren fragwürdigen Geschmack. Und als die von ihr veranlaßten Reno-vierungsarbeiten abgeschlossen waren, blieben keine Fragen mehr offen. Sie hatte das Palais nach dem Stil einer englischen Landedelfrau ummodeln lassen, es mit Nippes vollgestopft und unter Chintz be-graben. Ihr Mobiliar kam von Maples in London

(zum Entsetzen des Hofes per Post bestellt), und ihr berühmtes Mauve Boudoir, in dem jeder Quadratzentimeter in dieser Farbe gehalten war, erschien fast jedem, der es sah, als ein wahres Schreckenskabinett. Die Zarin von Rußland war im Grunde eine richtige Hausfrau: Sie setzte Himmel und Erde in Bewegung, um für ihre Familie eine ge-mütliche Insel in einem Meer von Gold zu schaffen.

1895 wurde sie schwanger. Ihre primäre Funktion als Kaiserin bestand natürlich darin, einen Thronfolger zur Welt zu bringen, und da Frauen

Das offizielle Porträtfoto von Nikolaus und Alexandra mit Olga, ihrer Erstgeborenen. Queen Victoria bezeichnete das Baby als »großartig«, trotz seines »enormen Kopfes«.

aufgrund des Edikts von Zar Paul I., dem Sohn von Katharina der Großen, von der Thronfolge ausgeschlossen waren, beteten Nikolaus und Alexandra zu Gott, er möge ihnen einen Sohn bescheren.

»Es ist sehr groß geworden, stößt mit den Füßen und rührt sich überaus lebhaft«, schrieb Nikolaus seiner Mutter – aber es war ein Mädchen, ein »entzückendes« Kind, groß und rosig und den Kopf voller Haare, worin die russische Amme ein Omen für ihr späteres Glück erblickte. Das Baby wurde Olga genannt, und obwohl ihr Geschlecht eine gelinde Enttäuschung darstellte, machten sich die Eltern noch keine Gedanken über die Zukunft der Dynastie. Im Gegenteil, sie »strahlten vor Glück« über ihren »kleinen Schatz«, die ranghöchste Großfürstin des zaristischen Rußland, und freuten sich, sie dem russischen Volk zu präsentieren, als sie zu ihrer Krönung nach Moskau fuhren.

❧

Als Nikolaus II. in der Mitte des letzten Jahrzehnts des 19. Jahrhunderts den Thron bestieg, erbte er nicht nur ein Weltreich, sondern auch eine Regierungsform – die Autokratie (Selbstherrschaft) –, die ihm buchstäblich Allmacht über das Leben seiner Untertanen verlieh, von so zentralen Fragen wie Krieg und Frieden bis hin zu den kleinen Streitereien seiner Bauern um den Besitz einer Kuh. Der Zar von Rußland war Rußland – vor dem Gesetz gab es keinen Unterschied zwischen dem Willen des Herrschers und der Wohlfahrt seines Volkes. Eine auf zehn Prozent der männlichen Stadtbevölkerung geschätzte und von der Macht des Militärs, der Kirche und der Geheimpolizei gestützte riesige Bürokratie hatte die Aufgabe, die Befehle des Zaren auszuführen. Ihre Autorität ging direkt auf ihn zurück, und die seine stammte natürlich von Gott.

»Ich habe den festen, absoluten Glauben«, hat Nikolaus einmal gesagt, »daß das Schicksal Rußlands wie auch mein eigenes Geschick und das meiner Familie in der Hand Gottes liegen, der mich auf meinen Platz gestellt hat. Was immer auch geschehen mag – ich werde mich Seinem Willen beugen in dem Bewußtsein, nie etwas anderes gewollt zu haben, als dem Land zu dienen, das Er mir anvertraut hat.«

Im Januar 1895, in einer Rede vor einer hilflosen Delegation von Landadeligen in St. Petersburg, bekräftigte Nikolaus unverhohlen die Theorie der absoluten Herrschaft. Kurz und bündig tat er das weitverbreitete Verlangen nach einer Verfassungsreform – auch die eines beschränkten Systems einer repräsentativen Regierung – als »albernen Wunschtraum« ab. »Ich werde die Prinzipien der Autokratie ebenso fest und unveränderlich aufrechterhalten, wie es mein unvergeßlicher Vater getan hat.« Nikolaus' Rede zerschlug die Hoffnungen des russischen Volkes, daß der neue Zar liberaler sein würde als sein Vater, und verursachte einen Aufruhr im ganzen Land. Dabei spielte es keine Rolle, daß seine Worte nichts weiter waren als eine kaum veränderte Formulierung der alten Politik seines Vaters, denn nur daran konnte Nikolaus sich zu Beginn seiner Herrschaft ja halten. Aus dem Exil schmuggelten Revolutionäre und politische Dissidenten Flugblätter nach Rußland, auf denen sie dem Zaren androhten, sie würden »bis zum bitteren Ende kämpfen«. Seine Rede wurde gar als die eigentliche Provokation, die letztendliche Beleidigung bezeichnet, die zur Gründung der Russischen Sozialdemokratischen Arbeiterpartei geführt habe, die sich später in Bolschewiki und Menschewiki spaltete und zur treibenden Kraft der Revolution von 1917 wurde.

Sogar Nikolaus' Familie und der Hochadel waren vor den Kopf gestoßen und hielten seine Formulierung von dem »albernen Wunschtraum« für taktlos und überflüssig zu einer Zeit, da der Terrorismus erheblich zurückgegangen war und im Volke Frieden herrschte. In Alexandra sahen sie die wahre Schuldige: Nach nur drei Monaten in Rußland sei sie bereits zaristischer als der Zar geworden und treibe ihren Mann unerbittlich an, »ein Mann zu sein« und sich durchzusetzen. Dieser Verdacht war bis zu einem gewissen Grade berechtigt, aber mit seinen Bemühungen, ein starker Herrscher zu sein – »Sei Peter der Große«, riet ihm Alexandra, »sei Iwan der Schreckliche« –, konnte sich Nikolaus nur blamieren, war er sich doch kaum der disparaten Kräfte bewußt, die ihn bedrängten. Die Rede vom Januar 1895, in der er seinen Glauben an die absolute Alleinherrschaft artikulierte, war der erste einer ganzen Reihe vermeidbarer Fehler, die für Nikolaus' Herrschaft typisch waren – Fehleinschätzungen, die von seinem Volk als Herzlosigkeit angesehen wurden und die ihm letztlich den Beinamen Nikolaus der Blutige einbringen sollten.

Ein in jeder Hinsicht schreckliches Unheil ereignete sich bei der Krönung des Zaren im Mai 1896. Bei der Krönung eines russischen Zaren war es Brauch, daß der Herrscher ein Fest für seine Untertanen gab, wobei er ihnen nicht nur unbegrenzte Mengen von Essen und Bier auftischen ließ, sondern auch noch Pardon und Amnestie gewährte, geringe Bußen aufhob und kleine Geschenke verteilte: Pokale, Becher, Medaillen und so weiter, die alle mit dem Zarenmonogramm, den Initialen des neuen Zaren und dem Datum versehen waren. Hunderttausende von Menschen, Bauern zumeist, waren aus ganz Rußland angereist, um einen Blick auf den Zaren zu erhaschen, als er im Triumph zum Kreml zog. Mindestens eine halbe Million drängte sich auf dem Chodynkafeld, einem für Militärübungen verwendeten Sturzacker am Rande von Moskau, wo man hastig über einer Reihe von Gruben

Die Menschen versammeln sich in Moskau zur Krönungsprozession.
Man schätzte, daß über eine Million Russen in die Stadt strömten, um einen Blick auf das neue Zarenpaar zu erhaschen.

Tische und Zelte errichtet hatte und wo die Menge untergebracht und der Pöbel in sicherer Distanz zum Zaren, seiner Familie und seinen Gästen gehalten werden sollte. Eine »Armee von Prinzen« war laut dem Tagebuch des Zaren aus Europa angereist, aber keine Könige oder Königinnen, kein regierender Monarch, der ihm bei der Krönungsfeierlichkeit den Rang hätte streitig machen können.

Für den Zaren und seine Frau bedeutete ihre Krönung am 26. Mai in der Uspenski-Kathedrale im Kreml die offizielle Vermählung mit Rußland. Es war der Augenblick von Nikolaus' göttlicher Salbung und aus religiöser Sicht das bedeutendste Ereignis seiner Herrschaft. Im Hinblick auf die eigentliche Zeremonie hatte man keine Kosten gespart, auf kein Detail verzichtet. Nikolaus schwor seinen Eid als »Herr und Richter« des russischen Volkes und krönte Alexandra eigenhändig – »so behutsam«, wie sich seine Schwester, die Großfürstin Olga Alexandrowna, erinnerte, »so zärtlich«, daß den Anwesenden die Tränen in die Augen stiegen.

Sie küßten einander, setzten sich auf ihre mit Gold und Elfenbein verzierten Throne, wo sie für den Rest der fünfstündigen Zeremonie verblieben, und starrten feierlich geradeaus, während ein Diakon ihre sämtlichen Titel verlas: »Nikolaus Alexandrowitsch, Imperator und alleiniger Herrscher aller Reußen, Zar von Moskau, Kiew, Wladimir, Nowgorod« – und dann folgte eine ganze Liste von Provinzen und Lehen, die vom russischen Zaren rechtmäßig beansprucht wurden: »Polen, Finnland, Bulgarien, Twer… Semigalien, Samogotien, Armenien und den Bergfürsten.« Draußen wurden am Ufer der Moskwa Kanonen abgefeuert, die Glocken läuteten, und in der ganzen Stadt waren Rufe wie »Hurra!«, »Viele Jahre!« und »Gott erhalte den Zaren« zu vernehmen. An diesem Abend, im Anschluß an die

Das Krönungsei von Fabergé (oben) greift das Muster vom Krönungsmantel des Zaren auf, und beim Öffnen kommt eine Miniaturausgabe der Krönungskutsche zum Vorschein; sie war maßstabgetreu in Gold dem Original nachgebildet, das in der Prozession (oben links) zur Himmelfahrtskathedrale (gegenüber) mitfuhr.

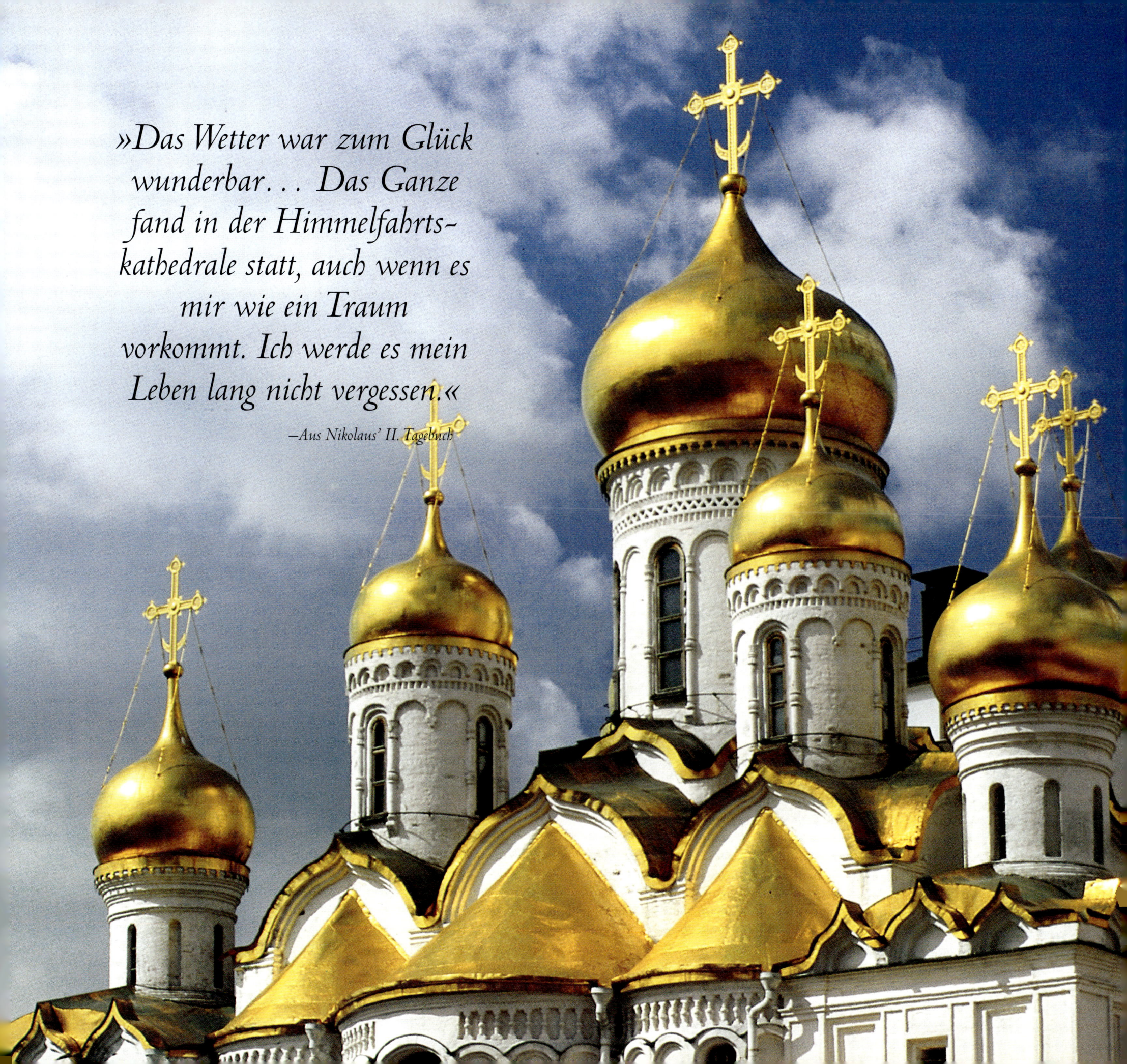

»Das Wetter war zum Glück wunderbar... Das Ganze fand in der Himmelfahrtskathedrale statt, auch wenn es mir wie ein Traum vorkommt. Ich werde es mein Leben lang nicht vergessen.«

—Aus Nikolaus' II. Tagebuch

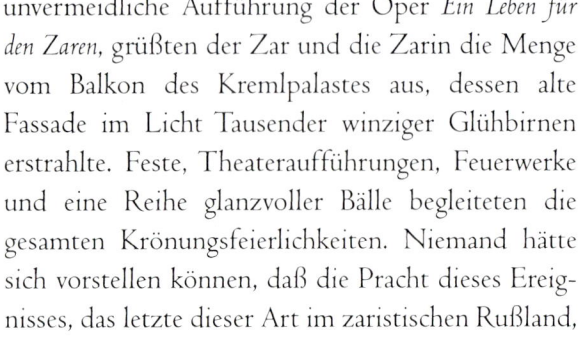

unvermeidliche Aufführung der Oper *Ein Leben für den Zaren*, grüßten der Zar und die Zarin die Menge vom Balkon des Kremlpalastes aus, dessen alte Fassade im Licht Tausender winziger Glühbirnen erstrahlte. Feste, Theateraufführungen, Feuerwerke und eine Reihe glanzvoller Bälle begleiteten die gesamten Krönungsfeierlichkeiten. Niemand hätte sich vorstellen können, daß die Pracht dieses Ereignisses, das letzte dieser Art im zaristischen Rußland,

gleich wieder aus dem Gedächtnis des Volkes getilgt werden sollte.

»Die Menge, die in Erwartung des Essens und der Becher auf dem Chodynkafeld übernachtet hatte«, notierte Nikolaus am nächsten Tag in seinem Tagebuch, »rückte gegen die Gebäude vor, und es kam zu einem schrecklichen Gedränge, bei dem etwa 1300 Menschen totgetrampelt wurden.« Die genaue Ursache dieser Massenpanik konnte nie ermittelt

Nikolaus und Alexandra (oben) in ihren Krönungsgewändern. Der Zar nimmt vor seiner heiligen Salbung das Abendmahl (oben links), später küßt er die Zarin, nachdem er ihr die Krone von Katharina der Großen aufgesetzt hat (ganz oben). Am Ende nimmt das Zarenpaar die Huldigungen der Kirche, der Regierung und einer Reihe von Abgesandten des Volkes entgegen (oben Mitte).

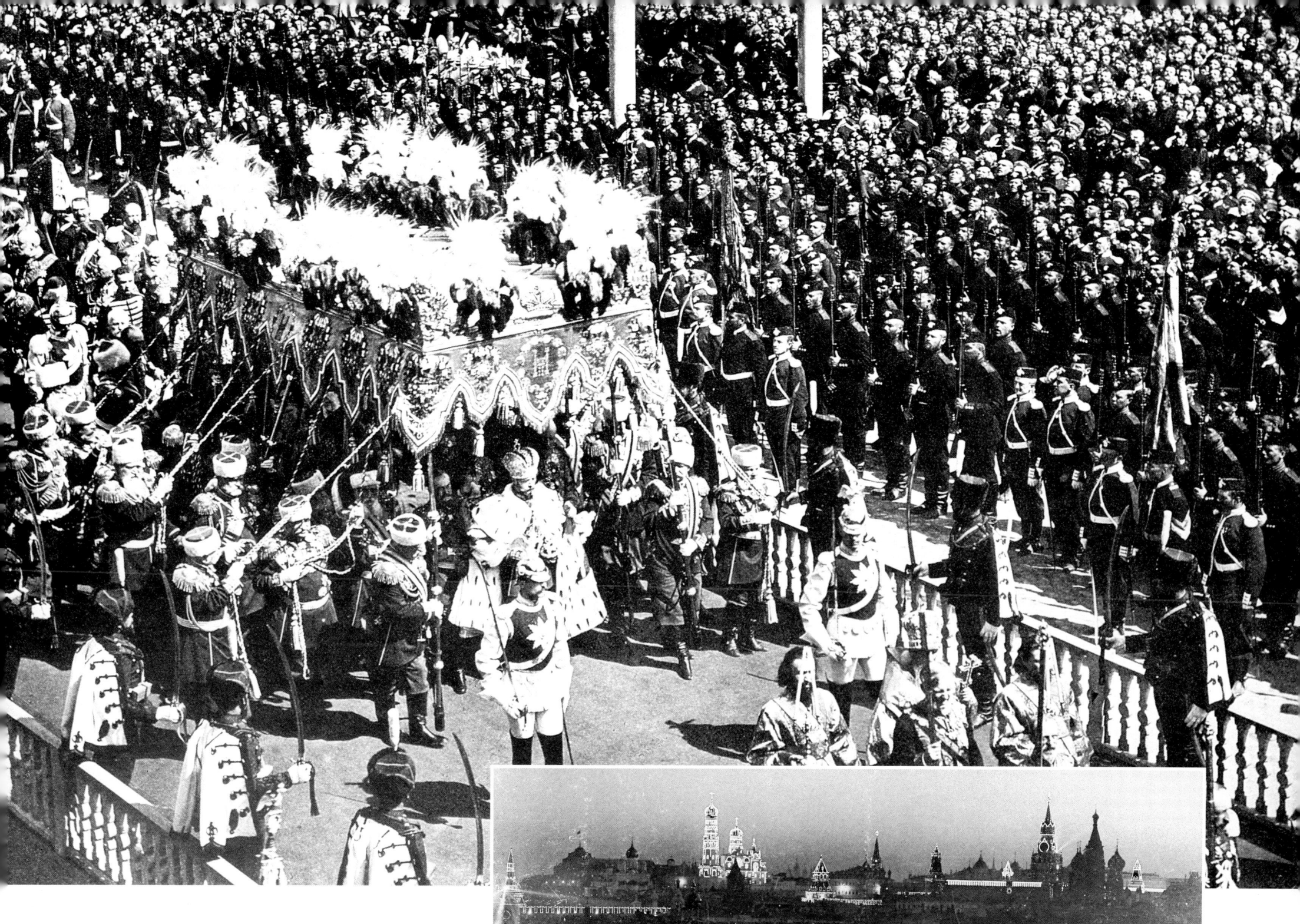

*G*esalbt und gekrönt
schritt Nikolaus II. unter einem von Adligen
getragenen Baldachin aus der Kathedrale
(oben). Die Zarin folgte ihm in einer
Kutsche. An diesem Abend war der Kreml
von Tausenden kleiner Glühbirnen erleuchtet
(rechts), einem elektrischen Wunderwerk, über
das die Untertanen staunten.

61

»Bis jetzt lief alles glatt, aber heute hat sich ein großes Unglück ereignet.«

— *Tagebuch Nikolaus' II.,*
30. Mai 1896

werden. Meist führte man sie auf die Ungeduld der Menge zurück, unter der sich schon viele Betrunkene befanden. Es gab wohl das Gerücht, daß der Nachschub an Bier zur Neige ginge, und viele stürzten sich vor, um noch etwas zu ergattern. Hunderte von Menschen fielen in die Gruben und wurden von den nachdrängenden Massen erdrückt oder erstickten langsam unter ihrem Gewicht. Den Berichten zufolge bewegte sich die Masse wie »ein einziger Körper« vorwärts, außerstande, innezuhalten oder umzukehren, und »wogte und brandete« gegen die Polizeiabsperrungen am anderen Ende des Feldes. Die Polizei hatte natürlich ihre eigenen

Methoden im Umgang mit ungebärdigen russischen Menschenmassen und verschlimmerte die Katastrophe noch, indem sie der anrückenden Front den Durchzug verwehrte. Als alles vorbei war, ragten grausige Massen von gebrochenen und verdrehten Beinen und Armen aus den Gräben, die man hastig für die Toten ausgehoben hatte.

An diesem Tag war auch das Erscheinen des Zars und der Zarin auf dem Chodynkafeld geplant, und um ihre zarten Nerven zu schonen, wurden die Leichen hastig mit Planen zugedeckt und auf Lastwagen geworfen, die auf der Suche nach Friedhöfen und Leichenhallen durch Moskau fuhren. Sie

Nikolaus II. trinkt ein Glas Wodka auf dem Chodynkafeld (oben). Während einer Krönungsfeier, die dort für die Öffentlichkeit abgehalten wurde, entstand bei der Verteilung von Gedenkbechern (gegenüber, oben) und anderen Gunstbeweisen eine Panik in der Menge, und weit über tausend Menschen wurden zu Tode getrampelt (gegenüber, Mitte und unten).

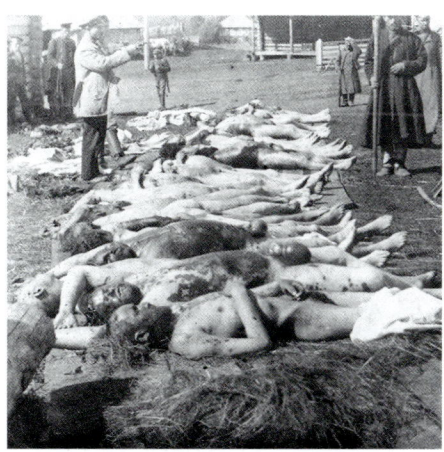

nahmen dieselben Straßen, fuhren in dieselbe Richtung wie die Krönungsgäste, die in vergoldeten Kutschen unterwegs waren, zu einer Party, einem Ball oder einem Diner mit Ente in Sahnesauce. Es hätte keinen krasseren Gegensatz geben können, und für das einfache Volk war die Tatsache, daß die Partys weitergingen, ein Skandal für sich.

Der Tod von tausend zertrampelten Menschen (oder zwei- oder dreitausend – niemand erfuhr jemals die genaue Zahl) wäre unter normalen Umständen schon entsetzlich genug gewesen. Doch da dies der unerwartete Höhepunkt einer Staatsfeier war, die auf der Annahme einer direkten Willensäußerung Gottes beruhte, verband sich das Entsetzen mit einer mystischen Tradition und entwickelte sich zu einer apokalyptischen Vision, einem furchtbaren Omen für die Zukunft Rußlands und einem schrecklichen Schatten über der Herrschaft von Nikolaus II. In seinem Tagebuch notierte der Zar: »Bis jetzt lief alles glatt, aber heute hat sich ein großes Unglück ereignet.« Die Situation wäre vielleicht noch zu retten gewesen, wäre der für die Sicherheit bei der Krönung Verantwortliche nicht Nikolaus' Onkel, der Großfürst Sergej, gewesen, der harte und vielgehaßte Gouverneur von Moskau, und wären Nikolaus und Alexandra am Abend nach der Katastrophe nicht dem unglücklichen Rat gefolgt, wie geplant auf einem Ball in der französischen Botschaft zu erscheinen. Frankreich war Rußlands einziger Verbündeter in Europa, und der Botschafter hatte in die Vorbereitungen des Balles über eine halbe Million Rubel investiert.

Nach der übereinstimmenden Meinung von Beobachtern war das Zarenpaar nach der Tragödie ganz verstört – ihre Augen seien rot und ihre Gesichter vom Weinen verquollen gewesen, als sie die Polonaise zur Eröffnung des Balls anführten. In den nächsten Wochen brachten der Zar und die Zarin ihren Kummer um die Chodynka-Opfer ernsthaft zum Ausdruck, indem sie Hunderte von Verletzten in Krankenhäusern besuchten und die Familien der Toten großzügig unterstützten. Dennoch blieb der erste Eindruck hängen: Sie tanzten, während Russen starben. Sie verhöhnten das Leid des Volkes.

Zu allem Überfluß wurde anschließend auf eine Bestrafung oder auch nur auf einen ernsthaften Tadel des Großfürsten Sergej verzichtet, der es versäumt hatte, für ausreichende Sicherheitsmaßnahmen auf dem Chodynkafeld zu sorgen. Nach dieser Tragödie fühlte sich Nikolaus hin und her gerissen zwischen den widerstreitenden Ambitionen und den törichten Streitereien in seiner Familie. Seine Mutter, die die Katastrophe in Grenzen halten wollte und Sergej (den Bruder ihres verstorbenen Mannes) nicht mochte, wünschte, daß er seinen Posten als Gouverneur von Moskau verlor. Sergejs Schwägerin, die Zarin Alexandra, war verständlicherweise dagegen.

Eine offizielle Untersuchung enthielt sich jeder Schuldzuweisung, und Nikolaus bekundete zum ersten Mal offiziell seinen Regierungsstil, indem er schlicht auf die letzte Stimme hörte, die er vernahm. In diesem Fall war es unglücklicherweise die Stimme der Verwirrung, und daher tat er gar nichts und bestätigte damit die schlimmsten Befürchtungen seines Volkes. Der Zar war gegen das Volk – wieder einmal hatte ein Tyrann den Thron bestiegen.

So begann also die Herrschaft von Nikolaus II. mit einer Katastrophe, mit Unordnung und in einer allgemein negativen Stimmung. Im ersten Jahrzehnt seiner Herrschaft sollte der Zar taumeln und herumtasten und Gott anrufen, ihn in seiner schweren Aufgabe zu führen. Anfangs hörte er auf den Rat seiner Mutter, dann auf seine Onkel und schließlich auf seine Frau. Sie bemühte sich, ihn vor den »schlechten Männern« der Regierung und den »Vipern« der Petersburger Gesellschaft zu schützen – bis es ihr letztlich gar gelang, ihm den Boden der Wirklichkeit unter den Füßen zu entziehen, indem sie ihn in ihren gemütlichen Gemächern in Zarskoje Selo einspann, ihn seiner Familie entfremdete, seine Minister vor den Kopf stieß und ihm geradezu fanatisch seine Herrschaft als heiligen Kreuzzug darstellte, der in seinen Intentionen unfehlbar war und von gewöhnlichen Sterblichen nicht kritisiert oder behindert werden durfte.

Der letzte Ball

Szenen vom großen kaiserlichen Kostümball im Februar 1903 im Winterpalast. Sein Thema war das alte Rußland unter Alexej I., dem zweiten Romanow-Zaren, den Nikolaus unter seinen Ahnen am meisten bewunderte. In ihren juwelenbesetzten traditionellen Roben posierten die Gäste für einen Fotografen im Eremitage-Theater (rechts), das vor kurzem wieder in seiner alten Eleganz restauriert wurde (gegenüber). Dieser legendäre Abend erwies sich als glanzvoller Schwanengesang. Das darauffolgende Jahr brachte Krieg und Unruhen, und Alexandra zog sich aus der St. Petersburger Gesellschaft zurück. Der Winterpalast hatte seinen letzten Ball erlebt.

Das Zarenpaar erschien als Zar Alexej und dessen Gemahlin (oben, links und zweite von links). Alexandras Kopfputz und Ohrringe waren so schwer, daß sie ihren Kopf nicht bewegen konnte. Anders als ihre Schwiegertochter genoß die noch immer jugendliche Imperatorenwitwe (dritte von links) große Feste. Ihre Tochter Xenia (vierte von links) trug einen von Fabergé gestalteten Straußenfächer (links), der sich heute in der Forbes Collection befindet. Sie wurde begleitet von ihrem Mann Sandro (dritter von rechts). Kunstvoll kostümiert waren auch Alexandras Schwester Ella und ihr Mann Sergej (zweite von rechts und ganz rechts).

VIERTES KAPITEL

Der Thronerbe

Zwischen 1897 und 1901, nach einer Reihe komplizierter Schwangerschaften, die ihre Gesundheit ruinierten und sie zu einer Halbinvaliden machten, gebar Alexandra Nikolaus drei weitere Töchter – Tatjana, Maria und Anastasia –, aber keinen Sohn, keinen Thronerben, der eine Zarendynastie fortführen konnte, deren Zukunft nun von ihr abhing. So war sie schließlich ganz besessen davon, diese Zukunft zu sichern.

Nichts spricht dafür, daß die Zarin jemals politische Ambitionen im herkömmlichen Sinne gehabt hätte. Aktiv an den Staatsgeschäften beteiligt war sie etwa seit dem Herbst 1900, als der Zar während eines Urlaubs auf der Krim an Typhus erkrankte und fast daran gestorben wäre. Unvermittelt stellte sich die Frage der Nachfolge in einer dramatischen Form. Damals war sie gerade mit Anastasia schwanger, die später die berühmteste Romanow werden sollte, und nicht nur ihr kam der Gedanke, daß ihr nicht mehr viel Zeit blieb. Bis kurz zuvor noch war Nikolaus' Bruder Georg Zarewitsch und Thronerbe gewesen, aber Georg starb 1899 an Tuberkulose, und nun war Michael, der zweite Bruder des Zaren, der Thronerbe. Großfürst Michael, einem sehr beliebten, aber hohlköpfigen Menschen, der abwechselnd »Mischa« und »Flopsy« genannt wurde, galt das intensive Mißtrauen der

Die Wiege des letzten Zarewitsch (oben) wurde vor kurzem aus einem Magazin hervorgeholt. Gegenüber: Ein Porträt der Zarenfamilie, kurz nach der Geburt von Anastasia im Jahre 1901 aufgenommen. Die Zarin trägt Schwarz – sie trauert um ihre Großmutter Queen Victoria, die im Januar jenes Jahres gestorben war.

Zarin. Nicht ohne Grund glaubte sie, daß die Zarenwitwe hoffte, Michael eines Tages auf dem Thron zu sehen. Da Nikolaus dem Tode nahe zu sein schien, überredete Alexandra den Zaren, Michael den offiziellen Titel des Zarewitsch abzuerkennen, so daß ihm nur noch die Stellung eines vorübergehenden Erben blieb: der Reihenfolge nach der nächste, der aber bald abgelöst werden sollte.

Während Nikolaus' Krankheit hielt Alexandra jeden, auch seine Minister, vom Krankenbett fern und machte allen klar, sie erwarte, im Falle seines Todes zur Regentin von Rußland ernannt zu werden. Ihr Kind könnte ja ein Junge sein, erklärte sie, und dann würde sie an seiner Stelle regieren, bis er volljährig wäre. Dieser Vorschlag provozierte allseits wütenden Protest, und weil Nikolaus wieder genas, mußte am Ende nicht die Probe aufs Exempel gemacht werden. Aber noch nie hatte sich Alexandra so heftig gewünscht, einen Sohn zur Welt zu bringen.

Rückblickend kann man sich des Verständnisses für die Not der Zarin nicht erwehren. Ihre Schwestern (außer der kinderlosen Ella, deren Gatte Sergej sie aufgrund seiner »merkwürdigen Vorlieben« nie berührt hatte) hatten alle Jungen bekommen, und Nikolaus' Schwester Xenia hatte sogar schon sechs geboren, bis sie neunundzwanzig war – stramme Burschen, die für Alexandra in ihrem Kummer ein ständiger Affront gewesen sein müssen.

Nach der Geburt von Alexandras dritter Tochter, Maria, im Jahre 1899 begann die Zarin eine Reihe von Mystikern, Hexen, Sehern und Geistheilern zu konsultieren, von denen sie sich Hilfe »durch Gott« versprach, mit einem Jungen schwanger zu werden. Bei ihrer Suche wurde sie von den sogenannten Schwarzen Schwestern unterstützt, den beiden Töchtern des Königs von Montenegro, die russische Großfürsten geheiratet hatten und in aristokratischen Kreisen tonangebend waren beim damals in Rußland gerade so modischen Tischerücken und sonstigem spirituellem Zauber. Im Gegensatz zu den meisten übrigen Mitgliedern der Zarenfamilie behandelten die »Montenegrinerinnen« Stana und Miliza Alexandra mit unterwürfigem Respekt, indem sie bei jeder Gelegenheit vor ihr katzbuckelten und sie umschmeichelten.

1901, als Alexandras vierte Schwangerschaft bereits weit fortgeschritten war, brachten die Schwestern sie mit Philippe Nizier-Vachod – »Monsieur Philippe« – zusammen, einem französischen »Seelenarzt« und ehemaligen Metzgergehilfen, der der Zarin mit seinen Gebeten, Gesängen und Anrufungen des Allmächtigen den Verstand umnebelte. Er sagte voraus, daß das Kind, das Alexandra unter dem Herzen trage, ein Junge würde – doch ein Mädchen kam zur Welt. Er überzeugte die Zarin 1903, daß sie erneut schwanger sei – sie war es nicht, lief aber etliche Monate lang in Umstandskleidern herum, sagte alle Verabredungen ab und ergriff die Gelegenheit, sich vom Hofleben in St. Petersburg zurückzuziehen.

Diese Scheinschwangerschaft, von den Ärzten als »hysterisch« bezeichnet, führte später zu erstaunlichen Behauptungen über die Geburt einer *fünften*

Tochter von Nikolaus und Alexandra, die heimlich aus Rußland hinausgeschafft worden sei, angeblich auf Befehl des Zaren, um die Dynastie zu erhalten. Philippe wurde wieder nach Frankreich zurückgeschickt, aber zuvor erklärte er Alexandra noch, sie würde bald »einen anderen Freund haben, der wie ich zu Euch von Gott sprechen wird«. Damit war der Weg bereitet für die Ankunft von Rasputin – dem »Starez«, dem »heiligen Teufel«, dem »wahnsinnigen Mönch Rußlands«, dessen Einfluß auf Nikolaus und Alexandra sich für die Monarchie als verhängnisvoll erweisen sollte. Nach Philippes Abreise suchte Alexandra Hilfe bei dem Geist eines Mönchs und Eremiten namens Serafim von Sarow, der bereits 1833 gestorben war, nachdem er jahrelang als lokaler apokalyptischer Seher in der Sarow-Wüste gelebt hatte. Obwohl er einige der üblichen Kriterien eines Heiligen nicht erfüllte – Serafims Leichnam zum Beispiel war fast zerfallen –, erzwang Alexandra seine Heiligsprechung durch die orthodoxe Kirche mit dem Argument, daß »alles in der Macht des Zaren steht, selbst die Ernennung von Heiligen«. Im Sommer 1903 führte sie die ganze Zarenfamilie auf einer Pilgerschaft zu Serafims Kloster, wo sie nackt in einem Teich bei Mondlicht badete und den Heiligen um einen Sohn bat. Ein Jahr später wurden Alexandras Gebete erhört, und damit war ein für allemal ihr Glaube an die Gnade – und die geheimnisvollen Wege – Gottes besiegelt.

So geschah es, daß am 12. August 1904 dreihundert Kanonenschüsse von der Peter-und-Pauls-Festung die Geburt des Thronerben und Zarewitschs Alexej verkündeten. Es war ein »unvergeßlicher, großer Tag«, notierte Nikolaus in seinem Tagebuch in Peterhof, wohin sich die Familie wie immer

Nachdem sie vier Töchter zur Welt gebracht hatte (oben, um 1904), betete Alexandra um einen Sohn. Man empfahl ihr, Hilfe beim Geist des heiligen Mannes Serafim von Sarow zu suchen, und so ließ sie ihn heiligsprechen. Die Feier von 1903 wurde von Fabergé auf dem juwelenbesetzten Ei zur Erinnerung an den 15. Jahrestag der Krönung dargestellt (links). Olga und Tatjana (gegenüber, oben), hier als kleine Mädchen, hießen nach der Geburt ihrer jüngeren Schwestern Maria und Anastasia »die beiden Großen« (gegenüber, unten links). Gegenüber, unten rechts: eine über sieben Jahrzehnte erhalten gebliebene Puppe der Großfürstinnen.

begeben hatte, um der Sommerhitze zu entfliehen. Er und die Kaiserin hatten gerade am Mittagstisch Platz genommen, als bei Alix die Wehen einsetzten. Nur eine Stunde später wurde ein anscheinend gesunder, acht Pfund schwerer Junge geboren.

»Ich glaube, Sie haben noch gar nicht meinen lieben kleinen Zarewitsch gesehen«, pflegte der Zar gern zu seinen Ministern und Beamten zu sagen, offenbar zum Verdruß seiner Frau. Zwar war Alexandra »ganz erfüllt von der überwältigenden Freude einer Mutter, deren sehnlichster Wunsch sich endlich erfüllt hatte«, schrieb Pierre Gilliard, der

Schweizer Hauslehrer, der die Zarentöchter in Französisch unterrichtete. Aber mit ihren Vorstellungen von Privatleben und Schicklichkeit war es unvereinbar, daß der Zar den kleinen Alexej, noch nackt vom Bade, vor jedem, der gerade vorbeikam, auf den Armen wiegte.

Mit dem Wiegen war es bereits sechs Wochen später vorbei, als der Säugling aus dem Nabel zu bluten begann und dieser beunruhigende Zustand auch in den nächsten beiden Tagen anhielt. Dieser erste Zwischenfall, sagten sich die Eltern, könnte auf einen zu scharfen Schnitt an der Nabelschnur bei der Geburt zurückzuführen sein. Später, als jeder winzige blaue Fleck sich zu einer häßlichen dunkelblauen Anschwellung auswuchs, ließ sich die wahre Ursache des Problems nicht länger leugnen. Ihr Sohn litt an Hämophilie, einer genetisch bedingten Bluterkrankheit, die nur männliche Nachkommen bekamen, die aber von ihren Müttern übertragen wurde und in jedem Fall tödlich endete. Die Zarin kannte die Symptome nur zu gut. Mehrere ihrer Neffen litten an dieser Krankheit, und ihr eigener Bruder war daran gestorben, ebenso einer ihrer Onkel, Queen Victorias jüngster Sohn Leopold, der Herzog von Albany. Als Victoria von Leopolds Krankheit erfuhr, hatte sie dies einfach bestritten, indem sie auf ihre brüske Art erklärte, »diese Krankheit gibt es nicht in unserer Familie«.

Aber die Queen hatte vier Söhne, Alexandra hingegen nur einen. Ihre Verzweiflung war unbeschreiblich.

Alexandra wußte, daß das »strahlende« Aussehen ihres Sohnes keinen Schutz in seinem Kampf gegen die Krankheit bieten

»*Um 13.15 Uhr gebar Alix einen Sohn . . . Mir fehlen die Worte, um Gott angemessen für den Trost zu danken, den er uns beschert hat . . .*«

— Tagebuch Nikolaus' II., 12. August 1904

Die Zarenfamilie nach Alexejs Geburt (oben). Über seinen Eintrag vom 20. September 1904 (links) klebte Nikolaus die ersten Fotos des Zarewitschs ins Tagebuch und schrieb dazu: ». . . unser ›Sonny‹ ist sichtlich gewachsen und gesund, Gott sei Dank.« Gegenüber: Vater und Sohn.

würde. Über vierzig Ärzte waren am russischen Hof akkreditiert, aber es sollte noch viele Jahre dauern, bis die Medizin eine effektive Behandlung der Hämophilie entwickelte. Die meiste Zeit seines Lebens befand sich Alexej in der Obhut von Sergej Petrowitsch Fjodorow, Wladimir Nikolajewitsch Derewenko und Jewgeni Sergejewitsch Botkin (der 1909 Leibarzt des Zaren und der Zarin wurde). Die Ärzte konnten für Alexej nichts weiter tun, als ihm aufzuerlegen, vorsichtig zu sein, und ihm das Leben während der schlimmsten Anfälle zu erleichtern. Ihre Behandlungsmethoden erschöpften sich im wesentlichen in Schlammbädern für seine steifen Glieder und in Sedativa für seine Schmerzen.

Dr. Botkin stand der Zarenfamilie nicht nur als Allgemeinarzt zu Diensten, sondern mußte sich auch täglich um die immer schlimmer werdenden körperlichen Beschwerden der Zarin kümmern. Nach Alexejs Geburt bekam Alexandra Atemnot und hatte Mühe, längere Zeit zu gehen oder zu stehen. Sie litt an Erschöpfung, hatte Kreislaufprobleme und »ein vergrößertes Herz«, wie sie es nannte, eine möglicherweise psychosomatisch bedingte Angina. »Wenn man seinen Kummer unterdrückt«, sagte sie, »alles schluckt, wird es nur schlimmer.« Botkin beruhigte sie und versicherte ihr, daß ihre Leiden real seien. Er stammte aus der berühmtesten Ärztefamilie in Rußland, und obwohl er kein Monarchist war, reichte seine Ergebenheit gegenüber Nikolaus und Alexandra doch weit über alle Politik hinaus. Ein Großteil dessen, was wir über das Privatleben der letzten Romanows wissen, stammt aus den Memoiren der Kinder von Dr. Botkin, Tatjana und Gljeb.

Nachdem die Revolution ihre ohnehin sehr geringe Zahl dezimiert hatte, gab es am Ende nur eine Handvoll Menschen, die sich kompetent über dieses Leben auslassen konnten: die Botkins, eine oder zwei Hofdamen der Zarin, die Zarenschwester Olga (die fast jedes Wochenende vor dem Ersten Weltkrieg bei der Familie ihres Bruders in Zarskoje Selo verbrachte), die Hauslehrer der Kinder, Diener und Dienstmädchen – und Anna Wyrubowa, die »Anja« in Alexandras Briefen.

Die pummelige, puppengesichtige, leicht erregbare und altjüngferliche Anja (trotz einer kurzen Ehe noch Jungfrau) war Alexandras einzige Vertraute. Sie hatte keine offizielle Stellung bei Hofe inne, und Alexandra gedachte ihr auch nie eine zu geben. »Sie ist meine Freundin«, erklärte die Zarin wiederholt. »Und das soll sie auch bleiben.« Ihre Nähe zur Zarenfamilie und der ungehinderte Zugang zum Alexanderpalais trugen ihr den Haß der Petersburger Gesellschaft ein (man nannte sie La Vache, die Kuh), und dies um so mehr, als bekannt wurde, daß sie auch Alexandras Hauptverbindungsperson zu Rasputin darstellte.

Vom Augenblick seiner Geburt an war der Zarewitsch der unumstrittene Mittelpunkt der Familie – ihr Stolz und ihre Freude, ihr »lieber Kleiner«, ihr »kleiner Schatz«, ihr »Sonnenstrahl«, dem all ihre Aufmerksamkeit und Fürsorge galten.

Sein von Natur aus lebhaftes und ausgelassenes Wesen war im Hinblick auf seine heikle Gesundheit besonders bemerkenswert. Am liebsten wollte er so sein wie andere Jungen. Er versuchte, seiner Krankheit zu trotzen, und schien manchmal das Schicksal herauszufordern. Jeder Schnitt, jeder Sturz, jede kleine Prellung konnte bei Alexej zu einer tödlichen oder zumindest qualvollen Blutung führen, da sein Blut nicht gerinnen konnte und in seinem Körper brodelte und gegen seine Muskeln und Knochen drückte, bis es nirgendwo anders hingelangte. Es war entsetzlich, die Qualen des Jungen während seiner Hämophilieanfälle mitansehen und seine Schmerzensschreie mitanhören zu müssen. Viele Male bat er, man möge ihn sterben lassen, ihn durch Vergiften oder Ersticken von seinem Leiden erlösen, und dann schrie er: »Herr, habe Erbarmen mit mir!« und »Mama, hilf mir! Warum hilfst du mir nicht?«

Das Kavaliershaus im kaiserlichen Park (unten links), das Alexandra ihrer ergebenen Freundin Anna Wyrubowa überließ, war Schauplatz vieler Begegnungen mit Rasputin. »Anja« unterhält die Kaiserin um 1914 in ihrem Landhaus (ganz unten) und ruht sich mit Alix, Tatjana und Maria auf einem Ausflug, einige Jahre zuvor, aus (unten). Auf dem 1906 aufgenommenen Foto der Zarenfamilie in Peterhof (gegenüber) wirkt die Zarin »groß und schlank wie eine Gerte«, wie eine andere Freundin, Lili Dehn, dazu bemerkte.

Es dauerte jeweils Monate, bis sich Alexej von einer dieser Krisen wieder erholt hatte, und das erklärt wohl auch sein langsames Wachstum wie die riesigen Lücken in seiner Bildung. Seine Lehrer hielten ihn für aufgeweckt und liebenswert, aber auch für chronisch unaufmerksam und nicht wirklich interessiert, etwas anderes zu lernen als das, was mit Soldaten, Seeleuten oder Zügen zu tun hatte. Er war widerspenstig und eigensinnig. So weigerte er sich beispielsweise, mit seiner Familie englisch zu sprechen, was diese zumeist tat, sobald sie unter sich war, und er wollte unbedingt die Vorliebe seines Vaters für »russische« Kleidung teilen: Bauernhosen und kragenlose Hemden. Aber all dem zog er noch eine Marineuniform vor, und über viele Jahre war er wie ein Matrose der kaiserlichen Jacht gekleidet, wobei seine Anzüge und Mützen mit der Aufschrift »Standart« eigens für ihn angefertigt wurden.

Niemand zweifelte daran, daß Alexej ein verzogenes und launisches Kind war. Der Engländer Sidney Gibbes, den die Zarin als Englischlehrer für ihre Kinder eingestellt hatte, nahm sich augenblicklich vor, dem Zarewitsch einige »häßliche« Angewohnheiten auszutreiben. (Gibbes verdankte seine Anstellung Alix' Onkel Bertie, inzwischen der englische König Eduard VII., der sich bei der Zarin über das mangelhafte Englisch ihrer Kinder beklagt hatte.) Das schlechte Benehmen von Alexej bestand etwa darin, daß er »in Gesellschaft aß«, seine Lektionen unterbrach und nach den Dienern klingelte, wenn er irgend etwas wollte – einen Imbiß oder etwas Schokolade, die er dann gierig verschlang, als wäre er auch nur einer von den einfachen Kumpanen, diesen »schlichten« Jungen, Söhnen von Seeleuten und Lakaien, die seine Mutter als einzige Spielgefährten neben seinen Schwestern für ihn ausge-

sucht hatte. Laut Fürstin Jelisaweta Naryschkina (»Madame Zizi«, Alexandras erste Kammerfrau) benahmen sich alle fünf Zarenkinder »generell wie junge Wilde«, und Gibbes hatte nur wenig Erfolg mit seinen Bemühungen, Alexej seinen Trotz auszutreiben.

Der Junge konnte durchaus den Zarewitsch herauskehren, wenn es ihm beliebte. Der Zar soll einmal scherzhaft erklärt haben, er »zittere um Rußland« unter der künftigen Herrschaft seines Sohnes, »Alexej des Schrecklichen«.

In den ersten Jahren seines Lebens war Alexej meist gesund, auch wenn seine Hämophilie wie eine bedrohliche Wolke über all seinen sonnigen Tagen hing. Die wahre Gefahr für die Herrschaft des Zaren lauerte indes anderswo: in dem Gewitter der sozialen Unruhe, das sich über seinem riesigen Reich zusammenbraute.

Der Zarewitsch (links) mit einer Spielzeugtrommel auf der Standart, um 1908. Ein paar Jahre später paßt Derewenko gut auf (oben, ganz links), während Alexej die finnische Küste erkundet. 1917 steht Nagorny in Mogiljow (unten, ganz links) mit dem halbwüchsigen Alexej, seinen zwei Gefährten und dem alten Russischlehrer Petrow. Unten: Derewenko in jüngeren Jahren mit seinem zweijährigen Schützling.

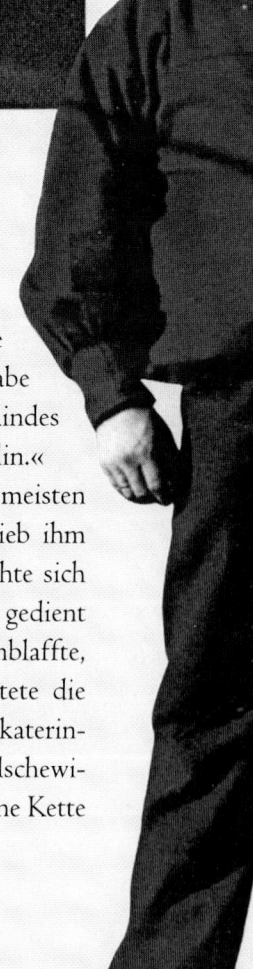

Matrosen als Kindermädchen

Als seine Bluterkrankheit feststand, achteten der Zar und die Zarin besonders darauf, daß Alexej nie unbeaufsichtigt blieb. Zwei Matrosen der Kaiserlichen Marine, Andrej Derewenko und Klementi Nagorny, wurden abkommandiert, um sich um den Thronerben zu kümmern. War der Zarewitsch krank, pflegten sie ihn. »Derewenko war so geduldig und erfinderisch, daß er oft wahre Wunder vollbrachte, um die Schmerzen zu lindern«, erinnerte sich Anna Wyrubowa. »Ich höre noch, wie Alexej mit klagender Stimme den großen Matrosen bat: ›Heb meinen Arm!‹, ›Leg mein Bein hoch!‹, ›Wärm meine Hände!‹« Die beiden kleinen Söhne von Derewenko waren oft Alexejs Spielkameraden in Zarskoje Selo. Als der Zarewitsch ins schulfähige Alter kam, wurden Hauslehrer eingestellt, und einer von ihnen, Pierre Gilliard, hielt die Matrosenkindermädchen für problematisch. »Ich glaube, daß die ständige Anwesenheit des Matrosen Derewenko und seines Assistenten Nagorny dem Kinde schadeten«, schrieb er in seinen Memoiren. »Die äußere Macht, die sich bei jeder drohenden Gefahr einschaltete, schien mir die Entwicklung der Willenskraft und der Beobachtungsgabe zu behindern. Was vielleicht der Sicherheit des Kindes zugute kam, führte zu einem Fehlen von echter Disziplin.«

Derewenko war zwar der erste (und am meisten fotografierte) Wärter des Kindes, doch Nagorny blieb ihm treu bis zuletzt. Nach der Abdankung des Zaren rächte sich Derewenko an dem Knaben, dem er zehn Jahre lang gedient hatte, indem er ihn mit Beleidigungen und Befehlen anblaffte, ehe er aus dem Palast verschwand. Nagorny begleitete die Familie ins Exil in Sibirien und wurde in einem Jekaterinburger Gefängnis erschossen, nachdem er eine bolschewistische Wache daran gehindert hatte, Alexej eine goldene Kette zu stehlen.

Alexejs Geburt im August 1904 vermochte für kurze Zeit von Rußlands fatalem Krieg mit Japan abzulenken, der sechs Monate zuvor begonnen hatte. Eigentlich hätte er nichts weiter als ein kleiner siegreicher Krieg sein sollen, ausgetragen im landgierigen Geist des für das 19. Jahrhundert typischen Imperialismus und, in Rußlands Fall, verbunden mit dem zynischen Versuch, die Aufmerksamkeit von der zunehmenden Unruhe im Lande abzulenken.

In den Jahren vor Nikolaus' fernöstlichem Abenteuer hatte die soziale Struktur Rußlands Risse bekommen. 1897 und 1898 gab es Mißernten, gefolgt von Hungersnot und einer Massenlandflucht von Bauern in die Städte. Es kam zu Bankzusammenbrüchen und wilden Wertschwankungen des Rubels, verursacht durch die rapide Industrialisierung eines Landes, dem jede Grundlage für diese veränderten Bedingungen fehlte. Inzwischen setzte Nikolaus II. beharrlich das offizielle Programm der »Russifizierung« (»Rußland den Russen«) fort. Mit dieser unter Alexander III. eingeleiteten, abscheulichen Politik der rassischen Säuberung hoffte die russische Regierung ethnische Unterschiede im Einflußgebiet des Reiches zu beseitigen und jede andere Kultur außer der eigenen zu vernichten. Infolgedessen nahmen die Pogrome gegen die Juden zu (niemand kennt die genaue Zahl der Juden, die mit stillschweigender Billigung von Nikolaus II. ermordet wurden, aber sicher waren es Tausende); der traditionelle Nationalismus der Reichsprovinzen – Polen, Ukraine sowie der östlichen und islamischen Länder – bekam etwas Erbittertes und Rachsüchtiges, wofür Rußland noch heute, am Ende des 20. Jahrhunderts, bezahlen muß.

In allen innenpolitischen Angelegenheiten hörte Nikolaus auf den einen oder anderen Ratgeber, aber nur selten längere Zeit auf denselben. Daß der russische Thron im Grunde verwaist war, blieb niemandem in der Regierung des Zaren verborgen. »Gott bewahre einen davor«, soll einer seiner Minister gesagt haben, »in irgendeiner Angelegenheit auch nur für eine Sekunde auf den Kaiser angewiesen zu

Der Teddybär und die kleine Kosakenuniform des Zarewitsch sind heute im Palast von Pawlowsk ausgestellt.

sein – er ist nicht in der Lage, irgend jemanden in irgendeiner Sache zu unterstützen.« Nicht minder führungslos war Nikolaus' Regierung auch in der Außenpolitik. Sie verfolgte keine bestimmte Strategie und ließ sich nur von dem Verlangen, Rußlands etablierte territoriale Interessen zu wahren, sowie von einem amorphen Ehrgeiz nach Expansion leiten, der sich anfangs auf die Türkei, dann auf Persien und schließlich auf China und den Fernen Osten konzentrierte – wo der Zar, einem seiner Generäle zufolge, »grandiose Pläne« zur Annexion der Mandschurei, von Korea, Tibet oder sonst einem Land hatte, das sich anbot, geschluckt zu werden.

1898 hatte Rußland Port Arthur, seinen ersten eisfreien Pazifikhafen, gepachtet, anschließend sein Territorium im Fernen Osten um große Teile der Mandschurei erweitert und diese »vorübergehend« während des Boxeraufstands von 1900 ganz besetzt. Als nächstes stand Korea auf der Liste, in das Rußland 1903 ernsthafte Vorstöße unternommen hatte. Unglücklicherweise betrachteten die Japaner die koreanische Halbinsel mit allem Nachdruck als Teil ihrer Interessensphäre. Nach wiederholten Aufforderungen an Rußland, sich zurückzuziehen, entschlossen sich die Japaner schließlich zu handeln.

Im Februar 1904 griffen sie den russischen Flottenstützpunkt Port Arthur an, und der Zar zog in den Krieg, auf den schlechen Rat seines Innenministers Wjatscheslaw Plehwe hin, einem widerwärtigen Antisemiten und Offizier der Geheimpolizei, den Nikolaus nach dem Mord an seinem Vorgänger in dieses höchste innenpolitische Amt berufen hatte. Plehwe selbst starb im Juli, noch bevor der Krieg mit Japan vorbei war, durch die Bombe eines Terroristen. Niemand dachte im Traum daran, daß Japan die gewaltige russische Armee schlagen könnte. Aber am östlichen Ende der süd-

lichen Nebenspur der noch nicht ganz fertiggestellten Transsibirischen Eisenbahn befanden sich die Russen in schrecklichem Nachteil.

Durch den Überraschungsschlag gegen Port Arthur war die russische Fernostflotte bereits vor Kriegsbeginn dezimiert, und Japan errang sofort die Herrschaft auf dem Meer. Nun konnte die japanische Armee nach Belieben landen. Und auf dem asiatischen Festland waren die russischen Streitkräfte den Japanern zahlenmäßig unterlegen und auch auf sehr viel schwächere Nachschublinien angewiesen. Am Ende gab es eine demütigende Schlappe für Zar Nikolaus' Legionen. Aber das Schlimmste kam im Januar 1905, als Port Arthur schließlich vor den japanischen Belagerungstruppen kapitulieren mußte. Der Verlust von Port Arthur war das Zündholz am Pulverfaß des sozialen Aufruhrs in Rußland. Die lauteste Explosion erfolgte in St. Petersburg, wo ein kleiner Streik in einem Stahlwerk sich rasch zu einer massiven Arbeiterdemonstration auswuchs. Die protestierenden Arbeiter benötigten nur noch einen Führer, und der fand sich in der Person des Priesters Grigori Apollonowitsch Gapon, einem jungen aktivistischen Popen, der ursprünglich ein geheimer Mitarbeiter des Innenministeriums gewesen war, aber nun ein fanatischer Revolutionär wurde. Er kam auf die Idee, einen Marsch zum Winterpalast zu unternehmen, um dem Zaren eine Petition zu überreichen – das Volk wandte sich direkt an seinen Souverän. Die Petition forderte fundamentale Reformen wie die Gründung einer verfassunggebenden Versammlung und die Gewährung des allgemeinen Wahlrechts.

Unglücklicherweise erfuhr Nikolaus von dem bevorstehenden Marsch erst am Samstag, dem 21. Januar, also am Vorabend, und niemand hatte

*Ein Kosak, der einen japanischen Soldaten verspeist (gegenüber),
spiegelt die Stimmung in Rußland zu Beginn des »kleinen siegreichen Krieges« wider.
Die Imperatorenwitwe schaut zu, wie ihr Sohn die Truppen segnet,
die 1904 in den Osten aufbrechen. Unten: Szenen aus einem katastrophal endenden
Unternehmen (von links): Wehrpflichtige bei der Mobilmachung in St. Petersburg;
eine russische Geschützstellung während des Falls von Port Arthur; ein Kavallerieangriff
der Kosaken; einige der über 30 000 russischen Toten.*

wohl die Möglichkeit in Betracht gezogen, der Zar könnte sich tatsächlich vor den Protestdemonstranten einfinden und ihre Beschwerden anhören wollen. Statt dessen ließ der russische Innenminister, Fürst Peter Swjatopolk-Mirski, zusätzliche Truppen in die Stadt einrücken und beschwor damit ein Blutbad herauf.

Die Demonstration begann friedlich, als über 100 000 streikende Arbeiter aus den ärmeren Vierteln der Stadt zum Winterpalast strömten. Die Demonstranten trugen Ikonen und Porträts von Nikolaus II., und ihre Stimmung war gelöst und erwartungsvoll. Einige sangen Lieder und die Nationalhymne »Gott erhalte den Zaren«. Aber bevor die sich vereinigenden Reihen der Demonstranten den Winterpalast erreichen konnten, stießen sie auf Trupps schwerbewaffneter Soldaten. Die Demonstranten zogen weiter. Da eröffneten die Soldaten das Feuer. Hunderte von Menschen wurden bei diesem Gemetzel getötet, darunter eine größere

Ein Wintertag am Palastplatz beschwört die Erinnerung an das Massaker vom Blutigen Sonntag (rechts).

Anzahl Arbeiterfrauen und Kinder, die sich dem Marsch aus Solidarität und zum Zeichen ihres guten Glaubens angeschlossen hatten. Dieser sogenannte »Blutige Sonntag« war der Auslöser der Revolution von 1905.

Nikolaus war in Zarskoje Selo, als die Schießerei stattfand, und erfuhr von der Tragödie erst, als sie vorbei war. Sein einziger Kommentar dazu in seinem Tagebuch: »Ach, Gott, wie schmerzlich und schwer ist es!« Auch die Kaiserin war bemüht, dieses

entsetzliche Massaker herunterzuspielen. »Glaube nicht all die schrecklichen Dinge in den ausländischen Zeitungen«, schrieb sie ihrer Schwester Victoria nach England. »Da stehen einem ja die Haare zu Berge – widerwärtige Übertreibungen. Ja, leider waren die Truppen gezwungen zu feuern. Wiederholt hatte man die Menge aufgefordert, sich zurückzuziehen, und erklärt, daß Nicky nicht in der Stadt sei... und daß man gezwungen sei zu schießen, aber die Leute wollten nicht hören, und so kam es zu diesem Blut-

*S*zenen von den revolutionären Unruhen
des Jahres 1905. Über mehrere Monate nach der
militärischen Niederlage gegen Japan befanden
sich weite Teile Rußlands praktisch im Streik. Es
kam nur deswegen nicht zu einer richtigen
Revolution, weil der Zar widerstrebend zu
politischen Zugeständnissen bereit war und seinem
Volk eine konstitutionelle Regierung gewährte.

Eine zeitgenössische Darstellung der großen Bauernaufstände von 1905/1906. Die Gewalt richtete sich zumeist gegen das Eigentum, wobei man das Land enteignete und Gebäude auf den Gütern der Grundbesitzer in Brand setzte. Erst nach zwei Jahren kehrte Ruhe auf dem Lande ein, und Hunderte von Bauern wurden während der anschließenden Welle der Repression aufgehängt.

vergießen.« Das russische Volk sei »seinem Souverän ergeben«, betonte Alexandra weiterhin. In zahlreichen Briefen äußerte sie im Laufe vieler Jahre die Ansicht, die Russen seien zwar »kindlich«, sanftmütig und »gut«, aber »äußerst unausgeglichen« und »die Peitsche« gewohnt.

Die Erregung über den »Blutigen Sonntag« konnte nicht so ohne weiteres abgetan, geschweige denn beigelegt werden durch Alexandras rückhaltlose »Bekehrung« zur Selbstherrschaft oder einen irregeleiteten Glauben an die »heilige Innerlichkeit« russischer Bauern. »Wir haben keinen Zaren mehr«, erklärte der Pope Gapon. »Ströme von Blut trennen den Imperator vom Volk.«

Noch mehrere Monate lang weigerte sich Nikolaus nachzugeben – oder wußte vielleicht nicht wie –, während sich die Revolte von St. Petersburg über das ganze Land ausbreitete und sich zu einer gewaltigen Woge von Krawallen, Streiks, Meutereien, Morden, der Zerstörung von Stromleitungen und Anschlägen auf die Eisenbahn auswuchs. Die Rebellion der – überhaupt nicht kindlichen – Bauern gelangte schließlich auch in die letzte Ecke von Rußland. Tausende von Rebellen wurden ohne jeden Prozeß in der anschließenden Welle der Unterdrückung umgebracht, aber die Streiks gingen weiter, und der Aufstand weitete sich aus – »wie ein Pferd«, meinte die Zarin in ihrer Verwirrung, »das man sehr

fest im Zaume gehalten hat, und plötzlich läßt man ihm die Zügel schießen«.

Die innenpolitische Krise spitzte
sich zu, als die »japanischen Affen« im
Mai die russische Ostseeflotte vernich-
teten, die die ganze Strecke von Europa
bis in den Fernen Osten in der verzweifelten Hoffnung zurückgelegt
hatte, das Steuer des Krieges doch
noch herumreißen zu können. Die
Schlacht von Tsuschima stellte für das
Zarenreich eine unerträgliche Schlappe
dar. Diese letzte Katastrophe überzeugte den Zaren davon, daß ihm

Kreuzfahrt durch die finnischen
Schären auf der kaiserlichen Jacht
Standart geben, denn man befürchtete,
das Schiff könnte unter Torpedo-
beschuß geraten oder versenkt werden.
»Es macht mich ganz krank, wenn ich
die Zeitungen lese«, bemerkte Nikolaus von seinem erzwungenen Refugium aus, »Streiks in Schulen und
Fabriken, ermordete Polizisten, Kosaken, Krawalle. Aber statt kurz entschlossen zu handeln, versammeln sich
die Minister nur im Rat wie eine Schar
aufgescheuchter Hühner und gackern

nichts weiter übrigblieb, als um Frieden zu bitten, aber der Schaden war damit
nicht wiedergutzumachen. Die Niederlage von Tsuschima fachte die Flammen der
Revolution im Lande nur weiter an.

über mögliche gemeinsame Maßnahmen.«

Und die ganze Zeit lebte die Zarenfamilie zurückgezogen in Peterhof am
Finnischen Meerbusen, wo sich der Zar nach Ansicht seiner Minister gege-
benenfalls rasch aus Rußland absetzen könnte. In diesem Sommer würde es keine

Im September hörte dann auch das Gackern auf. Die Minister waren wie
gelähmt, und in der Regierung funktionierte überhaupt nichts mehr. Als es
schließlich im Oktober zu einem landesweiten Eisenbahnerstreik kam, sah sich der
Zar vor die Wahl gestellt, entweder seine Machtbefugnisse auf eine Militärdiktatur
zu übertragen – das heißt auf seinen Onkel, den Großfürsten und Ober-

*Die Vernichtung
der russischen Ostseeflotte bei Tsuschima
(gegenüber oben) zwang den Zaren,
Sergej Witte (oben) zu einer von Präsident
Theodore Roosevelt in Portsmouth,
New Hampshire, organisierten
Friedenskonferenz mit den Japanern
(gegenüber unten) zu entsenden.
Auf die Unruhen in Rußland nach dem
Krieg spielt diese Karikatur
(oben rechts) in einer britischen Zeitschrift
an – Unterschrift:
»Riecht es hier irgendwie verbrannt?«*

befehlshaber der Armee Nikolai Nikolajewitsch –
oder sich der Realität zu beugen und Rußland eine
Verfassung zu gewähren. Dies tat er denn auch
schließlich am 17. Oktober, aber erst nachdem
Nikolai Nikolajewitsch, wie es hieß, eine Pistole aus
der Tasche gezogen und gedroht hatte, sich auf der
Stelle zu erschießen, falls der Zar nicht einlenke.

»Es blieb kein anderer Ausweg, als sich zu
bekreuzigen und das zu bewilligen, wonach jedermann verlangte«, erklärte der Zar seiner Mutter in
einem ausführlichen Brief. Daß die Revolution im
ersten Anlauf scheiterte, ist wohl auf die Klugheit
jener zwei oder drei Minister in Nikolaus' Kabinett
zurückzuführen, die imstande waren, politisch klar
zu denken. Die bedeutsamste Rolle spielte dabei
Sergej Witte, der einzige Mann, dem man im
damaligen Rußland so etwas wie staatsmännisches
Format attestieren konnte. Der Zar belohnte den
Architekten des Oktobermanifests, den Mann, der
die Monarchie gerettet hatte, mit dem Grafentitel.

Nicht lange danach allerdings verlor Witte seine
Gunst und mußte aus seinem Amt scheiden.

Auf dem Papier stellte das Oktobermanifest
alle traditionellen Freiheiten einer liberalen Demokratie – die Presse-, Religions- und Versamm-
lungsfreiheit sowie andere Rechte – in Aussicht und
garantierte, daß in Rußland kein Gesetz erlassen
würde »ohne die Zustimmung der Staatsduma«, des
neu konstituierten Parlaments. Da sich der Zar
jedoch das Recht vorbehielt, die Duma aufzulösen,
wann es ihm beliebte (vorausgesetzt, er legte auch
sofort ein Datum für Neuwahlen fest), und da er
noch immer die Armee, die Bürokratie, die Polizei,
die Thronfolge, die Außenpolitik und fast die Hälfte
des Staatshaushalts kontrollierte, war das neue
System fast zwangsläufig zum Scheitern verurteilt.

Die ersten beiden Abgeordnetenversammlun-
gen, die sich vorwiegend aus Linken zusammen-
setzten und lautstark radikale Maßnahmen for-
derten, wurden dann auch wenige Wochen später

wieder aufgelöst. Erst als die Wahlgesetze im Jahre 1907 unter Ministerpräsident Peter Arkadjewitsch Stolypin reformiert wurden, wobei das Wahlrecht der Arbeiter und Bauern zugunsten der herrschenden Klassen begrenzt wurde, konnte eine stabile Duma einberufen werden, die den Ruf nach einer gewaltsamen Revolution entschärfte. Mit seiner Duma war Rußland das einzige Land auf der Welt, das sich als konstitutionelle Monarchie unter einem autokratischen Zaren bezeichnen konnte. Nikolaus soll in Tränen ausgebrochen sein, als er die Verfassung unterzeichnete. Gewiß weinten auch seine Frau und seine Mutter bei der Eröffnungssitzung der ersten Duma im Frühjahr 1906. Alexandra witterte in ihrer

Umgebung nur Böses, und Maria Fjodorowna, die eifersüchtig über ihre Privilegien wachte, war noch »mehrere Tage danach niedergeschmettert« von den «unbeschreiblichen Gefühlen«, die sie angesichts dieser Szene durchlitten hatte.

»Wir wollen hoffen, daß etwas Gutes dabei herauskommt«, schrieb sie ihrem Kindermädchen nach Dänemark, »auch wenn es nicht danach aussieht … Was für ein Unglück, und wie traurig ist es doch, so einen Niedergang zu erleben.« Die Zarenwitwe untertrieb nicht. Ihrem Sohn war es zwar vorübergehend gelungen, seine Krone zu retten, aber indem er eine Verfassung und dem Volk gewisse Rechte gewährte, so beschränkt und begrenzt beide

D̲ie Ausstellung eines Gemäldes, das Nikolaus darstellt, wie er seine Rede bei der Eröffnung der ersten Staatsduma 1906 im Winterpalast verliest. Links neben dem Thron stehen Mitglieder der Zarenfamilie, trotzig in ihrem prächtigen Aufzug. Der Rest der versammelten Menge besteht aus Hofbeamten und den jüngst gewählten Mitgliedern des ersten wirklichen »Parlaments« in der russischen Geschichte. Gegenüber: Obwohl Rasputin hier im Gewand eines Mönchs fotografiert ist, war er in Wirklichkeit ein Starez — ein ungeweihter Wanderprediger.

auch waren, hatte der Zar das eigentliche Wesen seiner Macht über Bord geworfen. Die Romanows herrschten über Rußland aufgrund eines als Religion verkleideten Aberglaubens. Als Demokraten machten sie keinen Sinn.

❧

»Wir haben einen Mann Gottes kennengelernt, Gregori, aus der Provinz Tobolsk«, vermerkte der Zar im November in seinem Tagebuch. Die leidvolle Erfahrung, eine Verfassung gewähren und seine autokratische Macht kompromittieren zu müssen, lag hinter ihm, aber der Gesundheitszustand seines Sohnes war nach wie vor prekär. Die Bekanntschaft Rasputins mit der Zarenfamilie war ebenfalls durch die Montenegrinerinnen eingefädelt worden, die die Zarin bereits mit dem französischen Okkultisten Philippe Nizier-Vachod zusammengebracht hatten.

Neben ihrer ersten Begegnung in St. Petersburg luden Nikolaus und Alexandra Rasputin nach Zarskoje Selo ein, wo er ihre Kinder kennenlernte und der ganzen Familie Geschenke überbrachte: heilige Ikonen und geweihtes Brot. Niemand kennt das genaue Datum, an dem er zum ersten Mal den Palast in seiner Eigenschaft als »Heiler« aufsuchte – das heißt mit dem Auftrag, den kranken Zarewitsch zu retten –, aber Alexej soll »hellauf gelacht« haben, als er Rasputin neben seinem Bett erblickte. »Auch Rasputin lachte«, heißt es in einem zeitgenössischen Bericht. »Er legte die Hand auf das Bein des Knaben, und sogleich hörte es auf zu bluten. ›Braver Junge‹, sagte Rasputin. ›Es geht dir wieder gut. Aber nur Gott weiß, was morgen geschieht.‹«

1907 war die Zarin felsenfest davon überzeugt, daß Rasputin die einzige Hoffnung für ihren Sohn und damit der Retter Rußlands war.

In Wirklichkeit war Rasputin kein Mönch oder Priester, und er stand auch nicht in irgendeiner offiziellen Verbindung zur orthodoxen Kirche. Er war ein Muschik, ein sibirischer Bauer, ein Trunkenbold und Wüstling, ein selbsternannter »Gottesmann«, der Erscheinungen Christi und der Jungfrau Maria gehabt haben wollte und daraufhin durch Rußland zog – mit einer Botschaft über Sünde und Erlösung, wie man sie normalerweise nicht in kirchlichen Kreisen vernahm. Die Sünde sei von wesentlicher Bedeutung, behauptete Rasputin – sonst ergäbe es ja keinen Sinn, ihr abzuschwören. Es könne keine Vergebung ohne eine Verfehlung, keine Erlösung ohne Abfall von der Gnade geben. Rasputins »Theologie« war im Grunde nichts weiter als ein populistisches Potpourri aus obskuren religiösen Überlieferungen in Rußland, die alle von der orthodoxen Kirche um der Ergebenheit der Bauern willen geduldet (aber nicht gebilligt) wurden. Genaugenommen war Rasputin ein *Starez*, ein nicht geweihter heiliger Mann, und ein *Strannik*, ein Pilger, aber seine »Heiligkeit« wurde von niemandem, der ihn kannte, in Frage gestellt, nicht einmal von den meisten seiner Feinde.

Er verfügte tatsächlich über hypnotische Heilkräfte. Immer wieder wird bestätigt, daß er das Leid von Kranken gelindert, Verwundete geheilt, sogar Sterbende aus dem Koma geholt habe – allein mit seinen Gebeten und durch Handauflegen. Seit seinem

Tod haben zahllose Bücher zu erklären versucht, wie ihm dies wohl gelungen sei – aber das Geheimnis blieb ungelüftet.

»In Rasputins Gegenwart verspürte man augenblicklich die Weisheit, den Ernst, das tiefe Einverständnis mit dem Leben und die Erhabenheit des Denkens, die ihm in so beachtlichem Maße zu eigen waren«, behauptete Elisabeth Judas, eine von jenen Frauen, die dem Starez ein Leben lang anhingen und deren kaum bekanntes Buch *Rasputin. Weder Teufel noch Heiliger* eines der authentischsten Porträts seines Charakters darstellt. Diejenigen, die ihn am besten kannten, haben immer wieder mit Nachdruck erklärt, daß seine »größte Gabe seine Fähigkeit gewesen sei, leidgeprüfte Seelen zu beruhigen und zu trösten«, und das habe sich wiederum auf die Heilung des Leibes ausgewirkt. Er errettete Alexej, er errettete den Sohn von Lili Dehn, der Freundin der Zarin, als alle glaubten, ihr Kind würde an Diphtherie sterben, und er errettete Anna Wyrubowa kurz vor seinem eigenen Tod, als sie bei einem Eisenbahnunglück im Jahre 1915 fast ums Leben gekommen wäre und für immer verkrüppelt war. Eine Hofdame, deren Tochter im Sterben lag und die als letzte, verzweifelte Maßnahme Rasputin herbeigerufen hatte, war außerstande zu erklären, was er getan hatte, um das Mädchen wiederzubeleben.

»Ich weiß nicht, was geschah«, berichtete sie. »Er nahm meine Hand. Sein Gesichtsausdruck veränderte sich, und auf einmal sah er wie ein Leichnam aus, gelblich, wächsern, und war schrecklich still. Er verdrehte die Augen, bis nur noch das Weiße darin zu sehen war… und sagte mit dumpfer Stimme: ›Sie wird nicht sterben, sie wird nicht sterben.‹ Dann ließ er meine Hand los, und das Blut schoß in seine Wangen zurück. Er sprach weiter, als wäre nichts geschehen.«

Anfangs, bevor er wegen des allgemeinen Skandals den Palast nicht mehr aufsuchen durfte, sah Rasputin die Zarin in der Regel am Abend, nachdem Nikolaus seine Arbeit beendet hatte und sich zu ihnen in den Salon gesellen konnte. »Sie küßten sich stets dreimal nach russischer Sitte und begannen

sich sodann miteinander zu unterhalten«, erinnerte sich Generalmajor Alexander Spiridowitsch, der für die Sicherheit des Zaren verantwortlich war. »Rasputin berichtete ihnen von Sibirien, von den Nöten der Bauern, von seinen Pilgerfahrten. Ihre Majestäten kamen stets auf die Gesundheit des Zarewitschs zu sprechen und auf ihre konkreten Sorgen um ihn. Wenn er sich nach einer etwa einstündigen Konversation mit der Zarenfamilie zurückzog, waren Ihre Majestäten stets fröhlicher Stimmung, ihre Seelen voll freudiger Hoffnung.«

Woher auch immer Rasputins Heilkräfte stammen mochten – Alexandras Umarmungen jedenfalls waren von lauteren Motiven erfüllt. Die Ergebenheit der Zarin gegenüber Rasputin beruhte auf ihrem Glauben, daß er das Leben ihres hämophilen Sohnes retten könne, daß seine Kräfte eine Gottesgabe seien und daß sein Rat, den er im Laufe der Zeit immer häufiger anbot, den Willen des russischen Volkes verkörpere – des »wahren« Volkes, wie sich Alexandra einredete. Angesichts der politischen Lage allerdings war sich sogar Alexandra von Anfang an darüber im klaren, daß hier unbedingt Diskretion zu walten hatte. Wenn sie mit Rasputin zusammenkam, dann normalerweise nicht im Palast, sondern in Anna Wyrubowas Kavaliershäuschen.

Anfangs wußten nur wenige Menschen darüber Bescheid, wie oft oder zu welchem speziellen Zweck Rasputin und die Zarin zusammenkamen. Aber bald begann die Gerüchteküche zu brodeln. Orgien, schwarze Messen, geheime Kontakte mit dem Kaiser oder dem Papst – all dies mußte immer wieder als Erklärung für die geheimnisvollen Treffen zwischen der Zarin und dem Muschik herhalten. Nikolaus und Alexandra dachten nie daran – keinem Monarchen wäre dies damals in den Sinn gekommen –, die tatsächlichen Umstände bekanntzugeben, die Wahrheit über Alexejs Krankheit zu verkünden und an die Sympathie und das Verständnis der Öffentlichkeit zu appellieren. Statt dessen zogen sie sich zurück, zusammen mit ihren Kindern, in die süßen Illusionen von Zarskoje Selo mit seinen Parks und Teichen, seinen vertrauten Gängen und heimeligen

*A*nna Wyrubowa mit Rasputin in seinem Heimatdorf Pokrowskoje, um 1913. Man hielt sie allgemein für seine Geliebte (eine von vielen), aber nach der Abdankung des Zaren und ihrem Gefängnisaufenthalt sprach die Provisorische Regierung sie von allen Vorwürfen der »Verderbtheit« frei und bescheinigte ihr in einem medizinischen Gutachten ihre Jungfräulichkeit.

Zimmern, seinen Wegen, Auffahrten und Flieder-
lauben. Hier, in ihrem »verzauberten Märchenland«,
wie Gljeb Botkin es nannte, konnte die Wirklichkeit
verdrängt, die Phantasie ausgelebt, die Autokratie
gewahrt werden.

❧

Rasputins Aufstieg fiel mit dem kurzlebigen und
unglücklichen Experiment einer konstitutionellen
Monarchie in Rußland zusammen. Im Frühjahr
1906, nach dem Erlaß des Oktobermanifests, wurde
Peter Stolypin Ministerpräsident. In der allgemein
optimistischen Atmosphäre, die die Einführung der
Duma begleitete, wurde er generell als Rußlands
letzte Hoffnung auf eine intelligente Regierung
angesehen, als der Mann, der eine uralte Selbstherrschaft in einen modernen, demokratischen Staat
hätte umwandeln können. Und für kurze Zeit blühte
das Land in der Tat unter seiner Führung auf. Sobald
er im Amt war, bemühte sich Stolypin, die Ordnung
im Lande wiederherzustellen; er regierte per Erlaß
und machte rücksichtslos seine Autorität geltend.
Bevor es seiner Ansicht nach zu einer Reform kommen konnte, mußte er die Bevölkerung »stabilisie-
ren« (ein Unterfangen, das zur brutalsten Polizei-
aktion führte, die Rußland je erlebt hatte). Erst dann
glaubte Stolypin, den dramatischen Sprung des Reiches ins 20. Jahrhundert unternehmen zu können.
Während seiner Amtszeit leitete er entscheidende
Fortschritte in der Industrie, im Bildungswesen und
in der Landwirtschaft ein. Es erfolgte eine massive
Umverteilung von landwirtschaftlichem Grund und
Boden, die den Gemeinbesitz aufhob und pro forma
durch Privatbesitz ersetzte: Zur Zeit der Revolution
existierten in Rußland über eine Million von diesen
neuen »konsolidierten Bauernhöfen«.

In den Städten war die Presse plötzlich
frei, und auch wenn sie immer noch mit Geldbußen
und Stillegungen rechnen mußte, ging es ihr in
Rußland weit besser als je zuvor. Politische Parteien
wurden über Nacht gegründet, Gewerkschaften
legalisiert, und wer weiß, welche sozialen Fortschritte
noch hätten erzielt werden können, wäre es nicht zu
den bald hereinbrechenden Katastrophen gekommen.

❧

Seine Reformbestrebungen machten Stolypin unvermeidlich zur Zielscheibe von Attentatsversuchen.
Die Radikalität seiner Landreformen trieb viele
russische Revolutionäre zur Verzweiflung. Aus seinem Exil in Europa schrieb der gescheiterte Revolutionär Wladimir Iljitsch Lenin: »Wenn das so
weitergeht, könnten wir uns gezwungen sehen, auf
jedes landwirtschaftliche Programm überhaupt zu
verzichten.«

Andere waren indes nicht so fatalistisch.
Während eines Besuchs in Kiew im September 1911
wohnte der Zar mit seinem Ministerpräsidenten
einer Aufführung von Rimskij-Korsakows Oper *Das
Märchen vom Zaren Saltan* in der Kiewer Oper bei. In
der zweiten Pause schlug der Meuchelmörder zu.

»Wir hatten gerade die [kaiserliche] Loge verlassen, da es so heiß war«, berichtete Nikolaus seiner
Mutter, »als wir zwei Geräusche vernahmen, als ob
etwas hinuntergefallen wäre, Ich dachte, vielleicht ist
jemandem ein Opernglas auf den Kopf gefallen, und
lief in die Loge zurück, um nachzusehen… Frauen
kreischten, und direkt vor mir im Rang stand
Stolypin… Langsam glitt er auf seinen Sitz und
begann, seinen Rock aufzuknöpfen… Olga und
Tatjana sahen, was geschah.« Bevor er zu Boden
sank, hob Stolypin noch in einer letzten, segnenden
Geste die Hand zu seinem Souverän auf.

Der Ministerpräsident blieb noch fünf Tage
am Leben. Der Zar besuchte die Privatklinik, in der
der Sterbende lag – allerdings ließ ihn Stolypins
Frau nicht zu dem Kranken vor –, und wohnte
einem Gedenkgottesdient zu seinen Ehren bei. Doch
offenbar betrauerte er nicht den Verlust für seine
Regierung, als dieser bedeutende Mann schließlich
verschied. Am Tag nach dem Anschlag in der Oper
notierte der Zar in seinem Tagebuch nur: Stolypin
»hatte eine schlechte Nacht«. Selbst ihre nahen
Verwandten waren über die Kaltblütigkeit und
Gelassenheit schockiert, mit der er und die Zarin auf
Stolypins Ableben reagierten. »Es darf einem nicht
um die leid sein, die nicht mehr sind«, erklärte
Alexandra gegenüber Stolypins Nachfolger, dem

*P*eter Arkadjewitsc Stolypin,
*die letzte große Hoffnung der
zaristischen russischen Regierung. Er war
seit 1906 Ministerpräsident
und wurde nach einer Reihe radikaler
politischer und landwirtschaftlicher
Reformen 1911 ermordet – nicht
zuletzt, weil er die Duma so umgestaltet
hatte, daß sie vorwiegend die
Interessen der Oberschicht vertrat.*

Grafen Kokowzow. »Wenn einer nicht mehr unter uns weilt, dann deshalb, weil er seine Rolle zu Ende gespielt hat. Stolypin ist gestorben, um Ihnen Platz zu machen.« Es gab jedoch einen besonderen Grund, warum Alexandra sich so gefühllos von dem Mann abwandte, der so viel für die Herrschaft ihres Mannes getan hatte: Stolypin hatte die Stirn gehabt, sich mit Rasputin anzulegen.

☙

In den vier Jahren, in denen sich Peter Stolypin bemüht hatte, Rußland friedlich ins 20. Jahrhundert hineinzuführen, führte die Zarenfamilie ihr glanzvolles Leben in der Isolation fort. Alles drehte sich um die Gesundheit des Thronerben Alexej. Es ist nicht bekannt, zu welchem Zeitpunkt und wie genau die jungen Großfürstinnen Olga, Tatjana, Maria und Anastasia über die Krankheit ihres Bruders unter-

richtet wurden, aber sie wußten, daß sie ein Geheimnis war, und sie behielten es bis an ihr Lebensende für sich. Sie liebten Alexej über alles – sie konnten ihm nichts abschlagen und hegten nie die geringste Eifersucht angesichts der besonderen Zuwendung, die ihm zuteil wurde. Die Mädchen bildeten eine Einheit, und gelegentlich unterschrieben sie ihre Postkarten und Briefe mit einem gemeinsamen Kürzel, gebildet aus den Anfangsbuchstaben ihrer Namen: »OTMA«. Tatjana war der Liebling der Zarin, sie war groß und stattlich wie ihre Mutter, die klassischste Schönheit unter den Schwestern und ihre erklärte Führerin – ihr Spitzname lautete »die Gouvernante«. Olga, die Ältere, war nachdenklicher und intelligenter, aber auch schwieriger, grüblerisch und leicht eingeschnappt. Als sie in die Pubertät kam, herrschte eine gewisse Feindseligkeit zwischen ihr

Dieses beeindruckend schöne offizielle Porträt der jungen Großfürstinnen (von links) Olga, Tatjana, Maria und Anastasia stammt aus dem Jahre 1906. In jenem Sommer posierten sie auch weniger förmlich in Matrosenanzügen an Bord der kaiserlichen Jacht Standart, zusammen mit ihrem kleinen Bruder Alexej (gegenüber links). Während eines Landgangs 1908 (gegenüber rechts) spielen Tatjana (oben), Maria und Anastasia (links) mit einer provisorischen Schaukel.

und ihrer Mutter, doch sie war nie so ausgeprägt, daß man von einer Rebellion oder einem offenen Konflikt hätte sprechen können. »Die Kinder mit all ihrer Liebe haben nun einmal ganz andere Vorstellungen und verstehen nur selten die Art, wie ich die Dinge sehe«, erklärte Alexandra seufzend, »auch die kleinsten – sie müssen immer recht haben, und wenn ich erzähle, wie ich aufgewachsen bin und wie man sein muß, dann können sie es nicht verstehen, finden es langweilig. Nur wenn ich in aller Ruhe mit Tatjana rede, begreift sie es. Olga reagiert immer ganz ungehalten auf jeden Vorschlag, auch wenn sie am Ende vielleicht doch tut, was ich möchte. Und wenn ich einmal streng zu ihr bin, dann schmollt sie.«

Die beiden jüngsten Töchter lebten nicht lange genug – oder zumindest nicht lange genug in Frei-

heit –, um ihren Charakter voll entwickeln zu können. Nach allgemeiner Ansicht war Maria »ein Engel«, pausbäckig und niedlich und mit Augen wie »Untertassen«, ein warmherziges und liebes Mädchen, das einmal einen russischen Soldaten heiraten und zwanzig Kinder haben wollte. Als Maria einmal bei irgendeiner Dummheit ertappt wurde, äußerte ihr Vater scherzhaft seine Freude darüber, daß sie auch nur ein Mensch sei: »Ich hatte schon befürchtet, daß ihr eines Tages Flügel wachsen würden.« Maria war so lieb und artig, daß die anderen Mädchen sie als ihre Stiefschwester bezeichneten.

Anastasia, die Jüngste, war fast vom Augenblick ihrer Geburt an eine Legende in der Familie Romanow. Sie war von untersetzter Gestalt, lebhaft und »ein ausgesprochener Spaßvogel«, eine komödiantische Natur und das Enfant terrible der Familie des

letzten Zaren. Russische Höflinge haben in ihren Memoiren immer wieder Anekdoten über Anastasias Streiche, ihren Witz, ihre Gedankensprünge und ihre lebhafte Phantasie zum besten gegeben. Ihre Cousinen, die die Revolution überlebten, haben sie als »wild und ungebärdig« geschildert, als »gräßliche Göre«, die die Bediensteten gern an den Haaren zog, in die Waden biß oder ihnen ein Bein stellte. Da sie für ihr Alter klein war, konnte sie es nicht ertragen, wenn irgend jemand, der gesellschaftlich unter ihr stand, größer war als sie.

Aber die jungen Großfürstinnen spielten nur selten mit ihren Romanow-Cousinen oder mit irgend jemandem außerhalb der eigenen Familie, und wenn, dann nur unter strenger Aufsicht. Die Zarin hielt sie von äußeren Einflüssen strikt fern. Sie kümmerte sich um jede Kleinigkeit, wählte ihre

Die Schwestern am Strand von Livadija – Anastasia (oben, links) hält ihre Kamera in der Hand. Jedes der Mädchen besaß eine Kodak-Boxkamera, und manchmal entwickelten sie ihre Fotos selbst. Ihre Alben waren mit Aquarellen und gepreßten Blumen verziert. Hier Szenen auf der Standart und von Landausflügen auf ihre finnische Lieblingsinsel.

Kleider aus und zog sie alle gleich an, überwachte ihre extrem beschränkte Erziehung (die viel engstirniger als ihre eigene war) und sorgte dafür, daß sie – nicht geistig, aber gesellschaftlich – zurückgeblieben aufwuchsen, jedenfalls im Hinblick auf die Art und Weise, wie sie die Welt sahen und sich gegenüber anderen Menschen verhielten.

Als junge Frauen sprachen sie beunruhigenderweise wie Zehnjährige. Sie kicherten, stießen einander in die Rippen, tuschelten miteinander und konnten nichts weiter als schlichte Briefe in den vier Sprachen schreiben, in denen sie unterrichtet wurden: Russisch, Englisch, Französisch und Deutsch. Ihr Leben lang gingen sie nie ohne Begleitung oder ohne einander irgendwohin, außer wenn sie in Pärchen eingeteilt wurden, in die »Großen« und die »Kleinen«.

Diese Mädchen müssen sehr einsam gewesen sein, auch wenn ihre Ergebenheit gegenüber ihren Eltern nicht gespielt war. Die Großfürstinnen waren vollkommen glücklich über die Abende en famille, während ihr Vater vorlas oder die Zarin und Anja vierhändig Klavier spielten – ausnahmslos alle klebten unzählige Schnappschüsse von der Familie in Fotoalben aus grünem und mit dem zaristischen Siegel versehenem Leder. Diese Fotos wurden überall und bei jeder Gelegenheit aufgenommen, ganz gleich, ob sich die Familie in Zarskoje Selo, in Peterhof, in Livadija (wo 1911 ein strahlend weißer Marmorpalast im Neorenaissancestil an Stelle des düsteren Herrenhauses errichtet wurde, in dem Alexander III. gestorben war) oder in Spala befand, dem rustikalen Blockhaus des Zaren in der polnischen Reichsprovinz, wohin sich die Familie im Herbst zur Jagd begab. Hier, in den tiefen Wäldern, sah die Welt stets düster und unheilverkündend aus.

Bezeichnenderweise wurde die Verbindung zwischen der Zarin und Rasputin während eines Besuches in Spala im Oktober 1912 für immer besiegelt. Ein paar Wochen zuvor hatte sich Alexej in der Leistengegend eine Quetschung zugezogen, als er auf den Rand einer Badewanne gestürzt war. In Spala wurde die Verletzung, von der er sich schon erholt zu

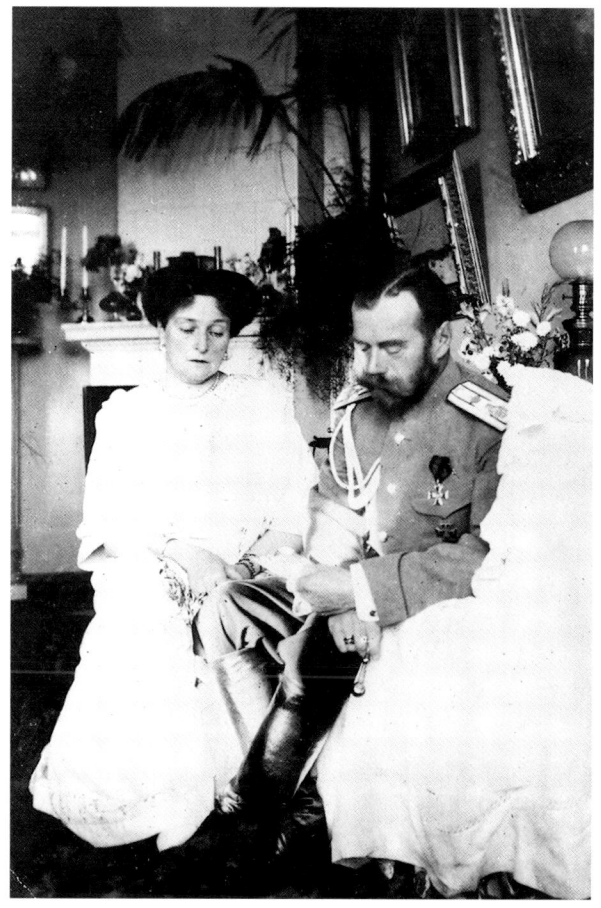

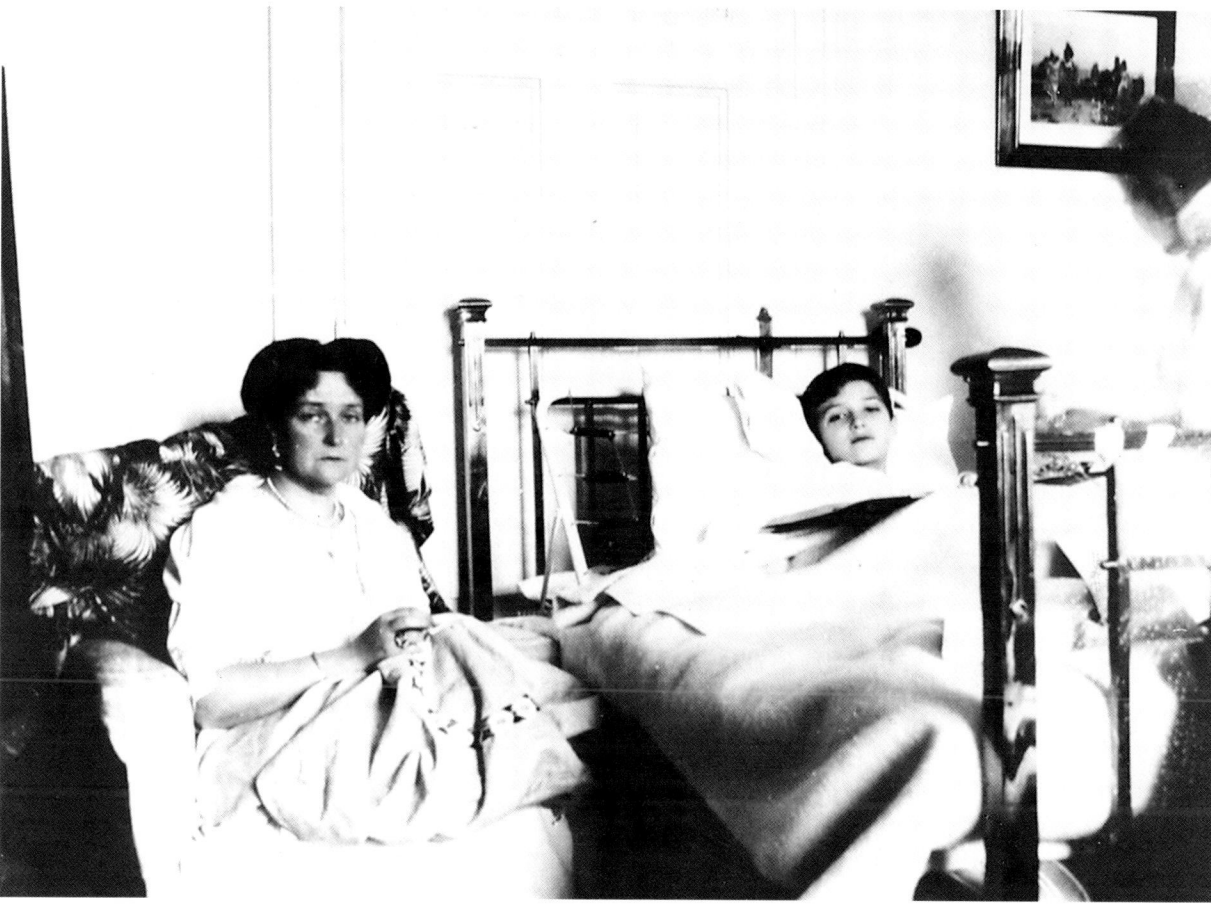

*Nikolaus und Alexandra
lesen Briefe und Telegramme mit Gebeten
und Tröstungen (oben) während
der lebensbedrohlichen Erkrankung des
Zarewitschs in Spala.
Oben rechts: Alexandra am Bett
ihres Sohnes kurz nach seiner Genesung,
durch die Tortur sichtbar gealtert.
Ganz rechts, teilweise verdeckt, steht
Alexandra Tegljewa, Anastasias Amme
und das Kindermädchen aller
Zarenkinder.*

haben schien, plötzlich schlimmer. Jeden Tag strömte mehr Blut in seine Leistengegend, in den Unterleib und ins Bein, das er so weit beugen mußte, bis das Knie gegen seine Brust drückte. Alexandra verbrachte zehn Tage schlaflos am Bett ihres Sohnes und mußte sich seine Schreie und sein Stöhnen anhören, während die Ärzte hilflos daneben standen. Als der Schmerz unerträglich wurde, bat Alexej, man möge ihn sterben lassen. Während dieser qualvollen Nachtwachen bekam das blonde Haar der Zarin graue Strähnen. Nach elf Tagen war der Junge so geschwächt, daß die Eltern glaubten, sein Ende wäre nahe. Man entwarf bereits ein Bulletin, das den Tod des Thronerben verkündete. In der Nacht zum 9. Oktober, als keine Hoffnung mehr zu bestehen schien, verabreichte ihm ein Priester die Sterbesakramente.

Erst jetzt wandte sich Alexandra an den Mann, der ihrem Sohn schon einmal geholfen hatte.

Möglicherweise war sie bereit gewesen, den Starez angesichts des wachsenden Widerstands gegen seinen Einfluß auf ihre Familie nicht mehr zu konsultieren. Jedenfalls befand sich Rasputin zu Hause in Sibirien, wo ihn Anna Wyrubowas Telegramm erreichte.

»Gott hat Eure Tränen gesehen und Eure Gebete erhört«, telegrafierte er sofort zurück. »Grämt Euch nicht. Der Kleine wird nicht sterben. Laßt nicht zu, daß die Ärzte ihn zu sehr plagen.« Wie es heißt, soll Alexandra danach erst gar nicht abgewartet haben, bis sich ihr Sohn wieder erholte, sondern gleich im Salon erschienen sein, strahlend und völlig entspannt.

»Die Ärzte stellen zwar keine Besserung fest«, verkündete sie, »aber ich bin nicht im geringsten beunruhigt.« Und tatsächlich: Am nächsten Morgen befand sich der Junge bereits auf dem Weg der Besserung.

Krise in Spala

»Einer der feuchtesten, düstersten Paläste, die ich je gesehen habe« – so beschrieb Anna Wyrubowa das Jagdhaus der Zaren in Spala bei Warschau. Seine dunklen Räume bildeten die passende Szenerie für die Krankenwache am Bett des leidenden Zarewitschs im Oktober 1912. Während seiner Krankheit zog sich die Zarin zuweilen in die mit Vorhängen geschützte Loggia (gegenüber, links) zurück, die sich am einen Ende des Jagdhauses befand (gegenüber, rechts oben). Da es auf dem Anwesen keine Kirche gab, wurde im Garten ein großes grünes Zelt als provisorische Kapelle errichtet (gegenüber, rechts unten). Kurz vor dem scheinbar unmittelbar bevorstehenden Tod des Zarewitschs erhielt die Zarin ein beruhigendes Telegramm von Rasputin. Binnen Stunden ließ das Bluten nach, und Alexej begann langsam zu genesen. Und schon bald hatte der Zar wieder Zeit fürs Jagen (rechts).

FÜNFTES KAPITEL

Das Jahr des Zaren

Von 1905, als die Familie Nikolaus' II. in den Alexander-Palast in Zarskoje Selo übergesiedelt war, bis zum Ausbruch des Ersten Weltkriegs im Jahre 1914 beherrschte eine unabänderliche Routine ihren Alltag. Der Zar stand um acht Uhr auf, frühstückte mit seiner Frau und seinen Kindern – normalerweise in Alexandras Schlafzimmer oder im Mauve Boudoir, da die Zarin ihr Bett selten vor Mittag verließ –, schwamm dann eine halbe Stunde, ehe er im Garten spazierenging. Eine Stunde lang, von neun Uhr dreißig bis zehn Uhr dreißig, beschäftigte sich Nikolaus mit Hofangelegenheiten und von zehn Uhr dreißig bis ein Uhr mittags mit den Regierungsgeschäften, indem er sich die Berichte seiner Minister im grünen, mit Walnußholz getäfelten Arbeitszimmer anhörte. Das Mittagessen

*S*zenen aus dem Familienleben:
Alexej besteigt einen Schlitten, um 1915 (gegenüber),
im Hintergrund sein Rollstuhl;
Olga in der Uniform ihres Husarenregiments (rechts);
die Zarin um 1912 im Mauve Boudoir
mit drei ihrer Töchter (unten rechts)
und mit Anastasia, Alexej und Marie 1910
an der Ostsee (unten). Ganz unten:
der Zar und Alexej 1913 in Paradeuniform.

war kurz und wurde in dem Zimmer serviert, wo es Ihren Majestäten gerade gelegen kam. Am Nachmittag empfing der Zar bis fünf Uhr Botschafter und Bittsteller, Würdenträger und Militärbefehlshaber. Von sechs bis acht Uhr hörte er sich weitere »Rapporte« an, und nach dem Abendessen der ganzen Familie machten sie es sich gemütlich – sie lasen, nähten und klebten Fotos in ihre Alben ein. Um elf gingen sie zu Bett, außer dem Zaren und der

Zarin, die sich in ihre Gemächer zurückzogen, aber oft bis tief in die Nacht hinein arbeiteten.

Pünktlich um fünf Uhr nachmittags wurde der Tee serviert. Die Teestunde, zentrales Ereignis in jedem russischen Haushalt, war – wie sich Anna Wyrubowa erinnerte – in Zarskoje Selo eine starre Zeremonie: »Stets war derselbe kleine Tisch mit einem weißen Tuch, dem Silberbesteck, den Gläsern in ihren Silberhaltern sowie mit schlichten Tellern gedeckt, auf denen warme Buttertoasts und ein paar englische Biskuits gereicht wurden. Nie gab es etwas Neues, nie eine Überraschung … Oft pflegte sich die Zarin darüber sanft zu beklagen – andere Leute hätten doch viel interessantere Teetafeln, aber sie selbst, die angeblich über fast unbegrenzte Macht verfügte, war in Wirklichkeit außerstande, auch nur das kleinste Detail des tödlich langweiligen und seit Generationen nahezu identischen russischen Hofzeremoniells zu ändern.

Nicht anders war es »unterwegs«, wenn sich die Zarenfamilie aus Zarskoje Selo zu einem ihrer anderen Häuser begab. Der Zug der Zaren war ein Palast en miniature. Seine sieben dunkelblauen Salonwagen beherbergten ein malvenfarbenes und graues Wohnzimmer für die Zarin, ein Arbeitszimmer mit grünen Ledermöbeln für den Zaren, einen holzgetäfelten Salon für die Angehörigen des Zarengefolges und einen Speisesaal für zwanzig Personen. Der Wagen für die Kinder war mit dem vertrauten weißlackierten Mobiliar ausgestattet. Ein identischer Zug, eine Attrappe, um Terroristen zu täuschen, fuhr ein paar Kilometer vor dem Zug, der die kaiserliche Gesellschaft beförderte.

Wenn es im März zu tauen begann und das auf sumpfigem Gelände erbaute St. Petersburg wieder zu

einem Pfuhl wurde, begab sich der Zar mit seiner Familie auf die lange Bahnfahrt zur Krim. Alle waren sich darin einig, daß Livadija bei Jalta ihr Lieblingsort und der dortige Palast ihre Lieblingsresidenz war, und normalerweise hielten sie sich hier mindestens bis über die Osterzeit auf. Im Mai oder Anfang Juni fuhren sie erneut gen Norden, um wieder ihre Residenz in Peterhof zu beziehen. Dort stiegen sie niemals im herrlichen Schloß von Peter dem Großen an der Ostsee ab, sondern stets in dem in toskanischem Stil erbauten Haus im Alexandria-Park, wo sich Nikolaus und Alexandra einst kennengelernt und als Kinder heimlich verlobt hatten. Peterhof war der Stützpunkt für die sommerlichen Kreuzfahrten auf der *Standart*, der in Dänemark erbauten 4000-Tonnen-Jacht, die den Neid aller anderen Herrscher der Welt erregte. In jedem Sommer verbrachte man mehrere Wochen auf See, kreuzte zwischen den finnischen Schären und machte häufig Rast zu Picknicks oder üppigen Mahlzeiten am Strand oder in den Wäldern.

Im August begab sich die Familie zur »Jagd« in den damals noch zum russischen Reich gehörenden Teil von Polen. Es gab mehrere kaiserliche Jagdhäuser im Wald von Bjelowesch, aber Spala war die bevorzugte Residenz. Alexandra hatte sie nie gemocht und wollte nach Alexejs fast tödlich endendem Anfall im Jahre 1912 nie wieder dorthin fahren. Im September ging es erneut nach Livadija, dann im November zurück nach Zarskoje, wo man den langen russischen Winter verbrachte.

»Wie weit weg«, schrieb Anna Wyrubowa in den zwanziger Jahren aus dem finnischen Exil, »wie unglaublich weit weg scheinen heute jene friedvollen Tage zu sein.«

»*So monoton es auch gewesen sein mag – im Privatleben des Zaren und seiner Familie herrschte noch ungetrübtes Glück.*«

— Anna Wyrubowa

Der junge Zar (links) um 1898. Seine beiden ältesten Töchter, Olga und Tatjana (gegenüber, oben), 1903 in einem Fenster des Zarenzuges. Nikolaus II. und Kaiser Wilhelm II. besichtigen im November 1910 die Tagesstrecke nach einer Jagd in den Wäldern von Oranienburg (gegenüber, unten rechts). Der Zar bei seiner Familie (gegenüber, unten links) an der Seite der Ausflugskutsche der Zarin in Zarskoje Selo (um 1913).

Zarskoje Selo

❧

»Eine Welt für sich, ein Märchenreich« – so hat Gljeb Botkin, der Sohn des Hofarztes, Zarskoje Selo geschildert. Auf diesem über 300 Hektar großen, zwanzig Kilometer südlich der Hauptstadt gelegenen Areal befanden sich der riesige Katharinen-Palast (unten), in dem sich die letzte Zarenfamilie nur zu offiziellen Anlässen aufhielt, und der kleine Alexander-Palast (ganz oben rechts), ihre Hauptresidenz. Die beiden Paläste waren umgeben von gepflegten Rasenflächen und Gärten mit Brunnen, Obelisken und Zierbauten, einem künstlichen See und einem chinesischen Dorf. Auf dem ausgedehnten Gelände frönten Nikolaus II. und seine Kinder den Aktivitäten im Freien, die ihnen eine willkommene Abwechslung von der täglichen Routine boten.

Der Alexander-Palast

❧

Mit nur hundert Zimmern war der Alexander-Palast eine relativ kleine und schlichte Behausung für einen russischen Zaren. Das ockerfarbene Gebäude im Stil von Palladio besaß zwei Flügel, die von einer halbkreisförmigen Kuppelhalle ausgingen. Vor dem Hof stand eine Kolonnade aus korinthischen Säulen (rechts). Die Zarenfamilie bewohnte im Westflügel Räume, die Alexandra in einem heimeligen, überladenen Stil mit Chintzbezügen und Palmenkübeln hatte einrichten lassen – in deutlichem Kontrast zum Gold- und Marmorglanz der offiziellen Räumlichkeiten. Das berühmteste Zimmer des Palastes ist das Mauve Boudoir der Zarin; auf der anderen Seite der Halle befanden sich das Arbeitszimmer von Nikolaus, seine Privatgemächer und ein großes Salzwasserschwimmbad.

Die Zarin (links oben) im Mauve Boudoir, umgeben von Vasen mit frischen Blumen. Die von ihr bevorzugten passenden Chintzbezüge sind auf dem um 1906 entstandenen Foto von Tatjana und Olga (links Mitte) zu erkennen. Links unten: Chefhauslehrer Petrow unterrichtet Alexej im Schulzimmer des Palastes.

Das Fjodorowski Gorodok (oben links), ein von Nikolaus II. im Park erbautes Dorf im russisch-romanischen Stil. Ganz oben: der Haustierfriedhof der Familie auf der Kinderinsel beim Alexander-Palast. Oben: Schnee bedeckt einen zurückgelassenen Schlitten auf dem Palastgelände.

*D*er erste Schnee fällt in St. Petersburg Ende Oktober,
und die Wintertage sind kurz. Aber wie die meisten Russen genoß auch die Zarenfamilie die Annehmlichkeiten
dieser Jahreszeit: Schlitten- und Skifahren, Eislauf und sogar Schneeschaufeln.
In Zarskoje Selo (unten, von links): Olga und Alexej helfen Anastasia auf einen Schneeturm hinauf;
Nikolaus steht neben Alexej und Tatjana sowie Nikita, dem Sohn seiner Schwester Xenia;
Alexej ruht sich draußen in einem Rollstuhl aus; ein seltener Anblick — die Zarin fährt Schlitten auf dem
künstlich angelegten Hügel im Park, der auch heute noch existiert (ganz rechts).

Im 18. Jahrhundert ließ die Zarin Elisabeth einen Kanal (oben) von Zarskoje Selo nach St. Petersburg anlegen. Er wurde zwar nie fertiggestellt, bot aber, zusammen mit den Seen des Parks, ihren Nachkommen (ganz oben links) ideale Bedingungen für Bootsfahrten. Oben links: In Begleitung von Derewenko füttert Alexej einen Elefanten, ein Geschenk des Königs von Thailand. Oben rechts: Im Mai 1917 unter Hausarrest gestellt, rudern Tatjana und Anastasia am Spielhaus auf der Kinderinsel vorbei, das noch heute steht (rechts). Viele Familienfotos wurden auf dem Balkon der Zarin (unten rechts) aufgenommen, so auch das von Anastasia, die auf den Morgentee wartet (unten links) sowie das von Olga und Anastasia, hier in Pelze gehüllt (unten Mitte).

Livadija

»Wir fuhren bei strahlendem Sonnenschein unter dem zarten Frühlingsgrün der Bäume hindurch, bis der weiße Palast inmitten seiner Gärten voller blühender Blumen und üppiger Ranken uns in die entzückten Augen sprang«, schrieb Anna Wyrubowa über den ersten Besuch der Zarenfamilie im neuerbauten Palast in Livadija im Jahre 1911. Der strahlend weiße Marmorkomplex ersetzte den düsteren Holzpalast, in dem Alexander III. 1894 gestorben war. Die Zimmer waren mit weißen Möbeln und geblümten Chintzstoffen eingerichtet, und oft strömte der Duft von Rosen aus den Gärten herein. Die idyllischen Tage hier verbrachte man mit Spaziergängen, Schwimmen, Tennis und dem Sammeln von Beeren und Pilzen.

Der Livadija-Palast (rechts) heute.
Oben: ein handkoloriertes Foto aus dem Familienalbum.
Gegenüber, von links: der Zar beim Baden
mit seiner Schwester Olga, links, und Tatjana;
Alexej watet durchs Wasser; die Zarin
tröstet Alexej bei einer Schlammbadbehandlung.

Die im italienischen Renaissancestil gehaltenen Balkone des Palastes (gegenüber) bieten noch heute einen herrlichen Blick auf das Schwarze Meer und die Berge in der Umgebung. Der Innenhof (rechts) war ein beliebter Treffpunkt nach dem Mittagessen. Unten: Die Zarin bespricht sich mit Graf Benckendorff, während sich Alexej an einer Säule ausruht.

Nach dem Tennisspielen am Nachmittag wurde der Tee im kleinen Gartenhaus im Tudorstil serviert (oben); links sitzt Anna Wyrubowa. Rechts: Olga und Tatjana hocken auf der Balustrade, während sie Pierre Gilliard auf der Terrasse unterrichtet. Ganz rechts: Maria posiert 1913 fröhlich mit jungen Offizieren.

Die Standart

Die schwarze, schlanke, 130 Meter lange *Standart* war die prachtvollste kaiserliche Jacht. Unter den schimmernden Mahagonidecks befanden sich die Kabinen der Familie (ausgeschlagen mit dem Chintz, der das Signet der Zarin trug), Räume für die Angehörigen des Zarengefolges, eine Kapelle, Quartiere für die Diener, die Mannschaft und einen Zug der *Garde Equipage* sowie manchmal für eine Blaskapelle und ein Balalaikaorchester. Jeden Juni kreuzte die Zarenfamilie zwei Wochen entlang der finnischen Küste, und oft ging man an Land, um die felsigen Ufer und die Kiefernwälder der Inseln zu erkunden.

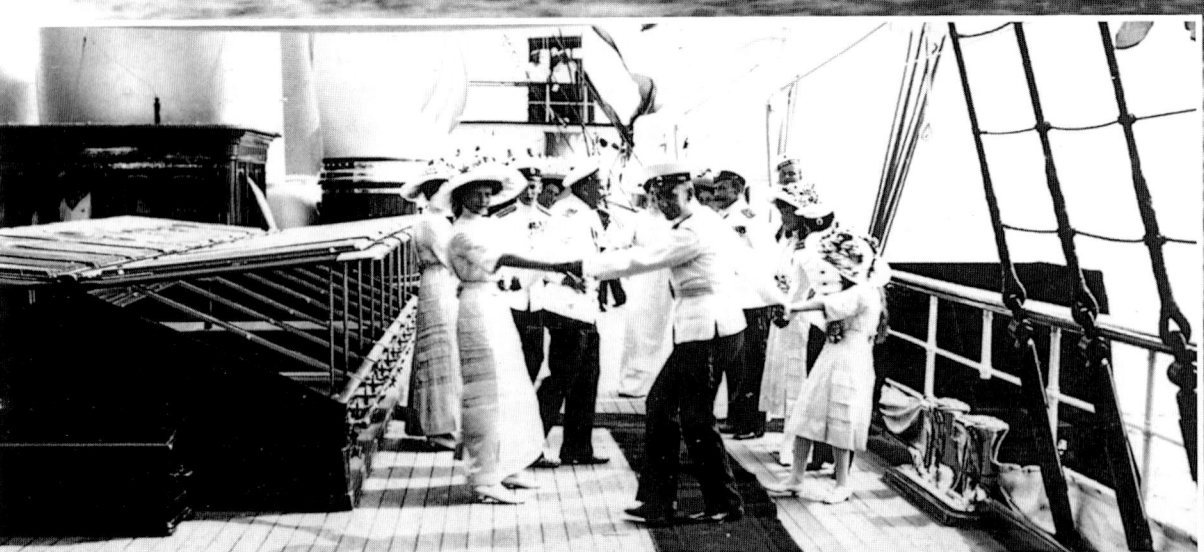

*Eine entspannte Ungezwungenheit herrschte an Bord der Standart.
Die Familie kannte viele Besatzungsmitglieder bei ihrem Namen, und die Großfürstinnen flirteten
mit schmucken jungen Offizieren. Unten, von links: Die Mädchen suchen sich Tanzpartner
am 22. Juli 1912, dem Namenstag der Imperatorenwitwe; Nikolaus liest,
und Alexandra stickt in einer stillen Minute an Deck; der Zar und der Thronerbe in
weißen Marineuniformen; ein Offizier äugt im Hintergrund nach den
vier Zarentöchtern, die neben ihrer Mutter sitzen.*

Landausflüge

❦

W ährend ihrer alljährlichen Kreuzfahrt durch den Finnischen Meerbusen ging die Zarenfamilie häufig in einer von kleinen Inseln umgebenen, geschützten Bucht vor Anker, die von den Zarenkindern »Bucht der *Standart*« getauft wurde. Jeden Morgen ging es auf der Lieblingsinsel an Land, zu Wanderungen, Picknicks und zum Tennisspielen auf einem Platz, den der Zar

eigens hatte anlegen lassen. Wegen ihres Ischias blieb die Zarin gewöhnlich an Bord und las, schrieb Briefe oder stickte.

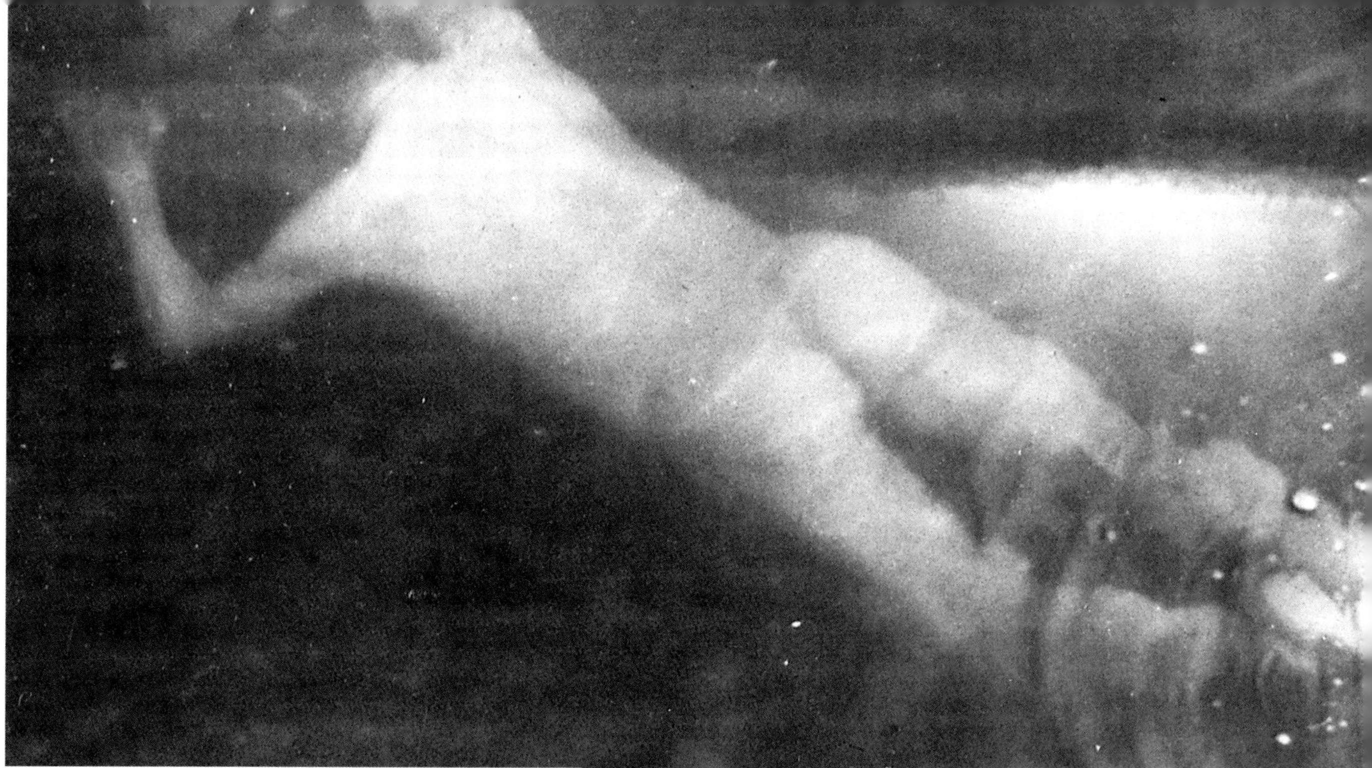

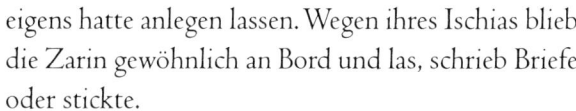

Nikolaus, die allgegenwärtige Zigarette
in der Hand (gegenüber),
mit Anastasia auf einem Zaun auf der Insel.
Gegenüber, kleines Bild: Offiziere und
Großfürstinnen bei einer ausgelassenen Rangelei.
Oben, von links: Alexej drillt die Schiffsjungen
am Sandstrand; der Zar nimmt ein kaltes Bad in der
Ostsee; eine Nahaufnahme (ganz oben rechts) enthüllt
das kaiserliche Hinterteil; Nikolaus in Tenniskleidung
auf dem Tennisplatz der Insel (Mitte, rechts).
Unten rechts: Anna Wyrubowa begleitet die Zarin
auf einer ihrer seltenen Landausflüge.

SECHSTES KAPITEL

Krieg

asputins Wunder wirkendes Telegramm nach Spala verschaffte ihm augenblicklich wieder die ganze Gunst der Zarenfamilie, die er im Jahr zuvor verloren hatte. 1911 wäre es seinen Feinden beinahe gelungen, seinen Einfluß auf Zarin Alexandra zu zerstören, doch erst sein gewaltsamer Tod sollte seinem Wirken am Hof ein für allemal ein Ende bereiten.

Von dem Augenblick an, da Rasputin im Jahre 1905 die Zarenfamilie zu besuchen begann, wurde er von der Geheimpolizei überwacht, und bald wurden Berichte über sein schamloses Benehmen pflichtschuldigst nach Zarskoje Selo weitergeleitet. Es ist

nicht bekannt, ob der Zar sie gelesen oder einfach beiseite gelegt hat, aber sicher hat er sie ignoriert. Er wußte, daß das innere Gleichgewicht seiner Frau wie auch der prekäre Gesundheitszustand seines Sohnes vom ungetrübten Wohlbefinden von »Vater Grigori«, »Grischka«, »Unserem Freund« abhing.

Zumindest anfangs hat Nikolaus Rasputin offenbar unbesehen geglaubt. »Er ist nur ein einfacher Russe«, bemerkte er, kurz nachdem er ihn kennengelernt hatte, »sehr religiös und gläubig. Die Zarin schätzt seine Aufrichtigkeit, sie glaubt an die Kraft seiner Gebete für die Familie und für Alexej, aber schließlich ist das allein unsere Angelegenheit, völlig privat.«

»Er war von Verehrerinnen umgeben«, bezeugte einer von Rasputins Bediensteten in St. Petersburg, als der Stern seines Herrn bereits aufgegangen war und er so etwas wie diplomatische Immunität genoß, »und er schlief auch mit ihnen. Er machte das ganz offen und schamlos. Er streichelte sie ..., und wenn ihm oder ihnen danach war, nahm er sie mit in sein Arbeitszimmer und trieb es mit ihnen.« Daß Rasputin in seinem sibirischen Heimatdorf Pokrowskoje eine Frau hatte, schien ihn dabei nicht zu stören, und auch diese blieb anscheinend von seinen Abwegen unberührt, äußerte sie doch einmal: »Er hat genug für alle.« Die Zahl von Rasputins weiblichen Eroberungen ist nicht bekannt. »Du glaubst, daß ich

In Rasputins St. Petersburger Wohnung (gegenüber, direkt unter dem Balkon) gingen die Besucher ein und aus, die den Starez (rechts) um Rat und Gunstbeweise baten. Unter den Verehrerinnen (links) befinden sich auch Anna Wyrubowa (zweite Reihe, dritte von links) und Lili Dehn (hintere Reihe mit Hut, vor dem Bild).

dich besudle«, beschied er unbotmäßige Partnerinnen, »aber das tue ich nicht. Ich reinige dich.« Tagtäglich suchten ihn vielleicht drei- oder vierhundert Menschen in seiner Petersburger Wohnung auf – »professionelle politische Intriganten, skrupellose höhere Beamte … Damen der Gesellschaft sowie viele Frauen aus seiner eigenen Schicht …, die sich von ihm irgendeine materielle Zuwendung erhofften. Sie wurden auch nicht enttäuscht, denn Rasputin half jedem, der Geld brauchte. Wann immer ein wohlhabender Besucher eine Menge Geld daließ, gab Rasputin etwas davon dem nächsten notleidenden Bittsteller, der bei ihm vorsprach.« Nicht einmal die Polizeispitzel, die um seine Wohnung herumstrichen, waren immun gegen Rasputins hypnotischen Charme.

»Vor allem fielen mir seine Augen auf«, berichtete einer von ihnen. »Mit einem starren, steten Blick loderten seine Augen wie eine phosphoreszierende Flamme. Es war, als ob er seine Zuhörer mit seinen Augen durchleuchtete … Ich bemerkte, daß sein Starren eine außerordentliche Wirkung ausübte, insbesondere auf Frauen, die schrecklich verlegen und unruhig wurden und ihn ängstlich anblickten, und oft fühlten sie sich zu ihm hingezogen und begannen mit ihm zu reden oder ihm zuzuhören. Nachdem er jemanden auf diese Weise angestarrt hatte, begann er mit jemand anders zu sprechen, um sich dann plötzlich wieder der Person zuzuwenden, die er zwanzig Minuten zuvor angestarrt hatte, und dann unterbrach er seine Unterhaltung und sagte: ›Das ist schlimm, Mütterchen, schlimm, ja, du kannst so nicht leben, schau, versuch es doch zu ändern, es ist ein Problem, ja … gut.‹ Dann wechselte er erneut das Thema und begann im Zimmer herumzugehen, während die Menschen sich flüsternd darüber unterhielten, daß er wohl irgendeine Vision gehabt habe, daß er die Wahrheit gesagt und das zweite Gesicht habe, und dann machte sich eine nervös exaltierte Stimmung breit, eine Stimmung, wie man sie in der Nähe heiliger Männer in Klöstern erlebt.«

Rasputin war unantastbar, solange die Kaiserin seine ihm fromm ergebene Schirmherrin war und sich

weigerte, irgendwelche gegen ihn erhobenen Beschuldigungen anzuhören. Er nutzte seinen besonderen Status, um sich unerhörten Reichtum und Privilegien zu verschaffen – unerhört zumindest für jemanden, der schließlich nichts weiter als ein Bauer war. Die russischen Bauern jedenfalls erfüllte Rasputins unvergleichlicher Wohlstand in der Hauptstadt mit immer mehr Stolz.

Mit seinem Einfluß nahm auch seine Kühnheit zu. Man hörte, wie er den Zaren und die Zarin in aller Öffentlichkeit als »Väterchen« und »Mütterchen« titulierte. Er brüstete sich damit, daß Nikolaus ihn als Christus in Menschengestalt ansah und daß er mit Alexandra tun könne, was er wolle. Aber die Zarin war taub für alles, was gegen ihn vorgebracht wurde.

»Man haßt ihn, weil wir ihn lieben«, formulierte Alexandra kurz und bündig ihre Einstellung. Dabei bestritt sie gar nicht, daß der Starez ·seine »Fehler« habe – sie wollte einfach nur nicht darüber reden. Bereits 1908 geriet Rasputin ernsthaft in Konflikt mit der Regierung des Zaren. Nachdem Nikolaus einen vernichtenden Bericht über ihn gelesen hatte, der ihm von Ministerpräsident Stolypin persönlich überreicht worden war, stimmte er vermutlich zu, daß er und die Zarin »ihn nicht mehr sehen« würden. Ein Befehl, demzufolge der Starez aus St. Petersburg verbannt werden sollte, wurde zwar aufgesetzt, aber nie vollzogen und vermutlich unter dem Druck des Hofes schließlich wieder aufgehoben. Anfang 1911 freilich machte sich kaum jemand außer Anna Wyrubowa, der Zarin und ein paar von ihren ergebensten Freunden noch irgendwelche Illusionen über Rasputins zwiespältigen Charakter. Seine einstigen Mentoren in der orthodoxen Kirche, die ihm vor allen anderen zu seinem Aufstieg verholfen hatten, verleugneten ihn nun, um ihren eigenen guten Ruf zu retten. Aber selbst der Bischof Theophan, Alexandras ehemaliger Beichtvater und ein Prälat von untadeligem Charakter, konnte den Einfluß des Starez nicht brechen. Theophan wandte sich auch als erster an den Zaren, um sich in aller Form über Rasputins lasterhaften

*D*iese beliebte, aber wiederholt unterdrückte Karikatur (oben) zeigt das Zarenpaar als Puppen in Rasputins Händen. Es wurden auch noch anzüglichere Karikaturen verbreitet, deren Aussagen sich in diesem bolschewistischen Plakat von 1920 widerspiegeln (gegenüber). In diesem Schreckenskabinett aus dem früheren Regime wird ein Blut trinkender Rasputin von einer nackten Zarina umklammert, gefolgt von einem entmannten Zaren.

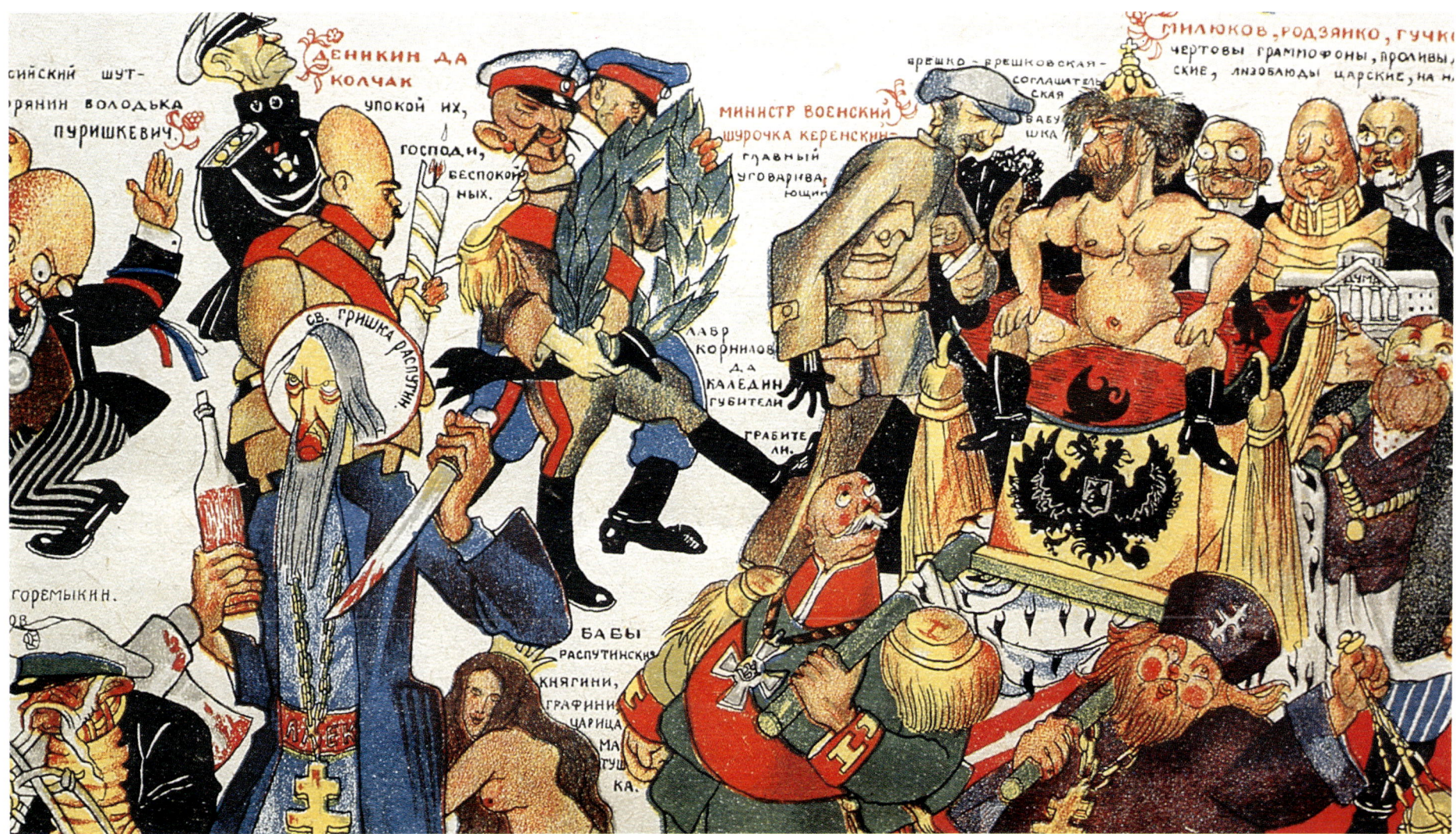

Lebenswandel zu beklagen. Aber als die Zarin dem schlauen Bauern diese Anschuldigungen vorhielt, wirkte er aufrichtig schockiert und leugnete alles ab. Daraufhin wurde nicht Rasputin, sondern Theophan selbst aus St. Petersburg verbannt. Ab 1911 begannen dann allerdings Abschriften von Briefen, die Rasputin von der Zarin und ihren Töchtern erhalten hatte, in ganz Rußland zu zirkulieren. Später wurde zwar behauptet, sie seien aus Rasputins Wohnung in St. Petersburg »gestohlen« worden, aber tatsächlich hatte er sie Jahre zuvor selbst in Umlauf gebracht, um seine »guten Beziehungen« am Hof zu belegen. Diese Briefe schienen eine Verbindung zwischen Rasputin und den Frauen der Zarenfamilie zu offenbaren, die weitaus intimer und

viel weniger religiös war, als man bislang angenommen hatte. »Ich wünsche mir nur eines«, hatte Alexandra an ihren Mentor geschrieben, »für immer an Deinen Schultern und in Deinen Armen in Schlaf zu sinken … Wo bist Du? Wo bist Du hin? Ach, ich bin so traurig, und mein Herz ist voller Sehnsucht … Wirst Du mir bald wieder nahe sein? Komm rasch … Ich liebe Dich immer. Mama.« Die Briefe der Großfürstinnen waren zwar weniger inbrünstig, aber nicht minder kompromittierend und eher noch schockierender, da das älteste Mädchen damals erst sechzehn war.

Ein Skandal war nicht mehr zu vermeiden. Pornographische Zeichnungen von Rasputin und der Zarin, auf denen ihre Töchter und Anna Wyru-

bowa nackt im Hintergrund herumtollten, machten rasch die Runde in St. Petersburg, neben Fotografien, die den Starez angeblich bei munteren Orgien mit mehreren Damen der Gesellschaft zeigten. Nur wenige Menschen konnten wissen, daß die Frauen der Zarenfamilie alle vertrauten Freunde in ihren Briefen mit »Liebling« ansprachen, sich nach ihrer Gegenwart »sehnten«, nach ihren Küssen »verlangten« und so weiter. Und Alexandra schämte sich auch nicht, von einem einfachen Bauern Matuschka genannt zu werden – wollte sie doch, daß man in ihr die Mutter Rußlands sah, weil sie eine fast mystische Beziehung zum Volk ihres Mannes hatte. Kurz, es gibt nicht den geringsten konkreten Beweis dafür, daß Alexandra jemals die Geliebte Rasputins war.

Aber der Skandal war außer Kontrolle geraten. In der Hoffnung, den Zaren endlich von der »wahren Natur« des Mentors der Zarin überzeugen zu können, hatte Stolypin eine weitere polizeiliche Untersuchung der Aktivitäten des Starez veranlaßt. »Der Bericht befaßte sich überwiegend mit Rasputins Privatleben«, erinnerte sich einer der hohen Sicherheitsbeamten des Zaren, »mit einer Reihe von alkoholreichen und zuweilen skandalösen und wilden Festen, einer Anzahl von sexuellen Verhältnissen und in neuerer Zeit mit dem Umgang mit dubiosen Unternehmern und Finanzleuten, die sich seinen Einfluß zunutze machen wollten.« In seiner typischen passiven Art las Nikolaus das Dokument und sagte nichts dazu – weder zu Stolypin noch zu seiner Frau. Also ergriff der Ministerpräsident erneut die Initiative und befal Rasputins Verbannung aus St. Petersburg.

Alexandra war außer sich. Sie stampfte wütend auf und erklärte, daß »Heilige stets verleumdet« würden zu ihren Lebzeiten, aber der Zar wollte den Mann, auf den seine Regierung so sehr angewiesen war, nicht in die Schranken weisen. Wie es hieß, hatte sich Rasputin offenbar mit dem Zaren geeinigt, eine Pilgerfahrt ins Heilige Land zu unternehmen, und so brach Rasputin im Frühjahr 1911 nach Jerusalem auf, blieb aber brieflich mit Alexandra in Verbindung. Sie hat Stolypin nie vergeben. Einem Bericht zufolge hatte Nikolaus seinem Ministerpräsidenten befohlen, mit ihm »nie wieder« über Rasputin zu sprechen. Ihre Beziehung zueinander war unwiderruflich abgekühlt.

Was der Zar wirklich von Rasputin hielt, gehört zu der langen Liste von Unwägbarkeiten in seinem Charakter. Eine geistreiche Bemerkung, die überaus ungewöhnlich ist für Nikolaus' übliche Rede und Schrift, wird immer wieder in Geschichtsbüchern zitiert. »Lieber einen Rasputin«, soll er angeblich gesagt haben, »als zehn hysterische Anfälle pro Tag.« Die außergewöhnliche Passivität des Zaren, die von seinen Verteidigern als »Fatalismus« bezeichnet und zu etwas Spirituellem verklärt wurde, erklärt vermutlich am ehesten, warum er sich

weigerte, der Wahrheit über die gefährliche Besessenheit seiner Frau ins Auge zu sehen. Sogar Dr. Botkin, dessen eigener Hang zu religiöser Exaltation mit seiner Bedeutung bei Hofe zunahm, bekannte noch vor der Revolution gegenüber seiner Tochter: »Als Arzt kann ich die volle Zurechnungsfähigkeit der Zarin nicht mehr bestätigen.«

Nach Stolypins Ermordung im September 1911 »verlor die Idee einer Regierung und ihrer Bedeutung an Wert«, bemerkte Graf Wladimir Kokowzow, der Nachfolger des Ministerpräsidenten – sie sei von der Vorstellung einer »rein persönlichen Natur« der Selbstherrschaft abgelöst worden: »Die Regierung wurde zunehmend als Mauer empfunden, die den Herrscher von seinem Volke trennt.«

Rasputins Verbannung währte nur kurz. Bereits im März 1912 war er wieder in St. Petersburg – lange bevor sein Telegramm nach Spala ihm wieder die Gunst der Zarenfamilie verschaffte –, hielt sich aber für eine Weile vor der Öffentlichkeit verborgen. Aber er gesellte sich heimlich zur Zarenfamilie, die während ihrer alljährlichen Ferien in Livadija auf der Krim weilte.

Seit Stolypin tot war, gab es offenbar niemanden mehr, der in der Lage war, dem Starez die Stirn zu bieten, außer auf sinnlose Weise. Als die in der Kasaner Kathedrale versammelte Gemeinde im März 1913 auf den Beginn des Tedeums zur Dreihundertjahrfeier wartete, sah Michail Rodsjanko zu seinem Erstaunen, daß Rasputin auf einem für einen Abgeordneten der Duma reservierten Platz saß. »Er trug eine prächtige russische Bluse aus purpurroter Seide«, berichtete der Dumapräsident, »Lacküberschuhe, Pluderhosen aus schwarzem Tuch« und einen mit Zobelpelz gesäumten Mantel. »Über seinem Gewand lag ein Brustkreuz an einer fein ziselierten Goldkette.«

»Hebe dich sofort hinweg, du widerlicher Ketzer«, befahl Rodsjanko. »In diesem heiligen Haus ist kein Platz für dich!«

»O Herr, vergib ihm diese Sünde!« erwiderte Rasputin und stapfte aus der Kathedrale hinaus.

Dann fuhr er in einem blankpolierten Automobil davon – einem Geschenk der Zarin.

Vielleicht hätte das Abgleiten der Monarchie in Chaos und Auflösung durch nichts aufgehalten werden können außer durch Rasputins oder Alexandras »Vernichtung« – ein Wort, das die Großfürstin Mari Pawlowna lange vor der Revolution gebrauchte. Die meisten Romanows hatten offenbar genug von der Zarin und ihrem seltsamen Verhalten. Und ganz sicher schwirrten Gerüchte über Anschläge – gegen Rasputin, gegen die Zarin – durch die eleganten Petersburger Salons, als sich das Jahr 1913 seinem Ende zuneigte.

Oberflächlich betrachtet, ging das gesellschaftliche Leben der Aristokratie so weiter wie bisher, doch währenddessen trat eine ganz neue Schicht von aufstrebenden Unternehmern und Künstlern in Erscheinung. Es war das Silberne Zeitalter der russischen Literatur und die Ära der *Ballets Russes* – aber die Musik war dissonant, die Malerei abstrakt und die Moral der Künstler höchst beunruhigend. Im Marjinskij-Theater tanzte Waslaw Nischinskij *Le Spectre de la Rose* in einem Trikot, das enger war, als es das Publikum gewohnt war, und eines Abends soll die Mutter des Zaren beim Anblick seines allzu betonten Unterleibs vor Entsetzen aus der kaiserlichen Loge gerauscht sein. Doch ihre offene Mißbilligung konnte die Vergnügungen der Stadt nicht beeinträchtigen. Die zaristische Hauptstadt sei ein riesiges »Cabaret«, erklärte die Fürstin Katharina Radziwill, die unter dem Pseudonym Graf Paul Wassili skandalumwitterte Bücher über die Zarenfamilie schrieb – hier lebe die Gesellschaft von einem Nervenkitzel zum nächsten, »begierig nur auf ihr Vergnügen und ihr Amüsement, stets auf der Suche nach neuen aufregenden Erlebnissen, bar jeden ernsthaften Gedankens und jede ernsthafte Beschäftigung verabscheuend«.

Mag dieses Urteil auch zu hart gewesen sein – das gesellschaftliche Spektakel jedenfalls war phantastisch: Pelze und Schmuck und Troikas im Winter, Karnevalsfeste, Opernpremieren, *bals blancs* und *bals roses.* Früher hatte diese Welt nur den angesehensten

*D̲ie Zarin mit ihren Kindern
und einer Krankenschwester (oben) auf
einem der seltenen Fotos mit Rasputin,
das in Anna Wyrubowas
Haus aufgenommen wurde.
Unten: Rasputin 1914 in Sibirien, wo
er sich von den bei einem Attentat
erlittenen Stichwunden erholte.*

russischen Familien offengestanden: den Orlows und Scheremetjews, den Jussupows und den Cantacuzinos, aber auf einmal war Geld nach Rußland gekommen, der westliche Kapitalismus, und damit fielen die alten Barrieren. Finanzielle Abenteuer, Investitionen und Projekte blühten fast über Nacht auf. Das Gespräch in den Salons wurde von den Zielen jedes profitgierigen Russen beherrscht: mehr Geld, mehr Börsengeschäfte, mehr Pfandbriefe und Bankkonten. Bei der Volkszählung von 1913 waren vierzigtausend Personen in St. Petersburg zugelassene Börsenspekulanten, und eine Welle von Selbstmorden begleitete die aufblühende Spielleidenschaft und die brutalen Morde, mit denen immer häufiger alte Rechnungen beglichen wurden.

Und während all dem tanzte die Gesellschaft. Sie tanzte von Neujahr bis Aschermittwoch, und nach der Fastenzeit tafelte man von großen Tellern: Lachs, Blinis, Pilze, Kaviar, Gurke, Stör, Rebhuhn und Dessert. Im Petersburger Jachtclub, dem exklusivsten privaten Refugium der Stadt, verkehrten Großfürsten und Generäle und dinierten, tranken und rauchten Zigarren, die ihnen von Dienern in prächtiger Livree gereicht wurden: smaragdgrüner Gehrock, scharlachroter Kragen, Goldtressen und Dreispitz. Es herrschte eine aberwitzige Vergnügungssucht – die Gesellschaft hatte den Kontakt zur Wirklichkeit ebenso verloren wie die frommen Herrscher in Zarskoje Selo.

In der Zurückgezogenheit dieses stickigen Treibhauses fehlgeleiteter Absichten war die Zarenfamilie zu Beginn des Jahres 1914 womöglich noch isolierter vom Reich als je zuvor. Wieder einmal mieden der Zar und die Zarin die Wintersaison der Petersburger Gesellschaft, aber außerhalb der aristokratischen Salons waren die Alarmzeichen überall unübersehbar.

Die Unzufriedenheit der Arbeiter nahm unaufhaltsam zu. Am Jahresanfang streikten über eine Million, im Juni bereits eineinhalb Millionen – und die Zahl stieg weiterhin an. Seit dem Mord an Stolypin waren die Minister des Zaren meist ein jämmerlicher Haufen. Immer orientierungsloser

trieb seine Regierung in einer Welt dahin, die sie nicht verstand.

Nicht jedes Mitglied der Zarenfamilie war blind für die Flut, die sich gegen sie erhob. Dr. Botkins Tochter Tatjana erinnerte sich, daß die beiden ältesten Kinder, Olga und Tatjana, sich »durchaus bewußt« waren, wie gefährlich der kurzsichtige Kurs ihrer Eltern war. Es ist auch fraglich, ob diese beiden Mädchen, ja fast schon jungen Frauen, noch immer die Küsse, Klapse und Tätscheleien von Rasputin mochten, der immer seltener in den Palast kam. Die Gouvernante Sophia Tjutschewa war bereits aus dem Alexanderpalast verwiesen worden, weil sie es gewagt hatte, Einwände gegen Rasputins Vertraulichkeit mit den jungen Mädchen zu erheben. Olga wurde unverhohlen mißmutig – »quengelig« nannte es ihre Mutter –, als sie älter wurde, und ließ sich offenbar nur durch die Streiche der jungen Anastasia aufheitern, deren gute Laune (und ausgesprochen fäkalsprachlicher Sinn für Humor) gegen Spannung und Düsterkeit immun zu sein schien. Alle Zarentöchter waren im Juni des herrlichen Sommers 1914 außer sich vor Freude, als das Erste Schlachtkreuzergeschwader der britischen Royal Navy Rußland einen offiziellen Besuch abstattete. Sie gingen an Bord des Flaggschiffs *Lion* von Admiral Beatty und wurden von einer Gruppe gutaussehender junger Seekadetten herumgeführt. »Niemals habe ich glücklichere Gesichter gesehen«, berichtete der britische Botschafter Sir George Buchanan.

Für Zar Nikolaus II. war der Vorfall, der einen Weltkrieg auslösen sollte, zunächst offenbar kein Grund, sich besondere Sorgen zu machen. Die Nachricht von der Ermordung Erzherzog Franz Ferdinands, des Thronerben der unruhigen österreichisch-ungarischen Doppelmonarchie, erreichte den russischen Herrscher an Bord der kaiserlichen Jacht *Standart* am vierten Tag der Ostseekreuzfahrt, die die Familie wie jedes Jahr auch in diesem Sommer unternahm. Der Tod des Erzherzogs in Sarajewo war zwar eine·ernste Angelegenheit, löste aber keine übermäßige Unruhe aus. Weitaus betroffener und mindestens genauso aufgeregt reagierten Nikolaus und Alexandra auf die bereits am nächsten Tag eintreffende Meldung von einem Mordversuch an Rasputin. (Die Täterin – eine wahnsinnige ehemalige Prostituierte, die im Namen eines anderen »verrückten Mönchs« handelte, des Scharlatans Sergej Iliodor, einem der erbittertsten religiösen Feinde des Starez – hatte Rasputin mehrmals ein Messer in den Bauch gestoßen und dabei geschrien: »Ich habe den Antichrist getötet!« Die Tatsache, daß Rasputin den Angriff überlebte, gab der Legende über seine offenbar übermenschlichen Widerstandskräfte neuen Auftrieb.) Doch die Ereignisse in Wien rückten die Balkankrise nur zu bald ins Blickfeld.

Für Kaiser Franz Joseph und seine Generäle war die Ermordung des Erzherzogs ein willkommener Vorwand, Serbien in die Schranken zu weisen. Der Attentäter war vielleicht ein bosnischer Serbe, also ein Bewohner ihres Reiches, aber die Anstiftung zur Tat war ganz sicher vom unabhängigen Königreich Serbien ausgegangen, das sich seit Jahren für seine südlichen slawischen Nachbarn stark gemacht hatte, das kaiserliche Joch abzuschütteln. Am 23. Juli 1914 stellten die Österreicher Serbien ein Ultimatum, das in seinen Forderungen so unvernünftig war, daß es auf eine Kriegserklärung hinauslief. Plötzlich drohte ein lokales Problem auf dem Balkan sich zu einem viel größeren Konflikt auszuweiten. Das zaristische Rußland war der traditionelle Beschützer der Serben, und Nikolaus hatte sein Wort gegeben, Serbiens Unabhängigkeit zu verteidigen. Wenn Österreich Serbien angriff, dann wäre Rußland verpflichtet, Österreich den Krieg zu erklären. Und trotz einiger verzweifelter Manöver in letzter Minute geschah genau dies. Am 28. Juli nahm die österreichisch-ungarische Artillerie Belgrad, die serbische Hauptstadt, unter Beschuß. Am nächsten Tag befahl Zar Nikolaus die Mobilmachung seiner Armeen entlang der österreichischen Grenze.

Ohne die Maßlosigkeit Kaiser Wilhelms II. wäre vielleicht sogar dann noch ein größerer europäischer Krieg zu vermeiden gewesen. Der Kaiser

hatte Rußlands Verbündeten Frankreich als militärisch bedeutungslos abgetan. Er zog nicht einmal die Möglichkeit in Betracht, daß England sich mit Frankreich und Rußland gegen Österreich und Deutschland verbünden könnte, und er bezweifelte, daß Cousin Nicky, den er bisher immer hatte manipulieren können, wirklich konsequent wäre und gegen Deutschland kämpfen würde. (Die russischen Armeen waren ja auch alles andere als kriegsbereit.) Aber als klar wurde, daß der Kaiser sich mit seinen Streitkräften rückhaltlos auf die Seite Österreichs stellen würde, statt in dieser wachsenden Krise zu vermitteln, schickte sich Nikolaus ins Unvermeidliche und befahl die Generalmobilmachung. Danach war der Erste Weltkrieg praktisch unausweichlich.

Die Kriegserklärung wurde in Rußland, wie überall in Europa, mit überwältigender Begeisterung begrüßt – es kam zu einer wahren Orgie nationalistischer Gefühle, die selbst die Beteiligten überraschte. Aufgebrachte Arbeiter vereinten sich mit erbitterten Revolutionären in einer Welle der Loyalität gegenüber Rußland und dem Zaren; Bauern sah man Gräfinnen küssen, und Zehntausende von Menschen knieten vor dem Winterpalast nieder und sangen die Zarenhymne, als Nikolaus und Alexandra am Tag der Kriegserklärung auf den Balkon hinaustraten, um die Menge zu begrüßen.

»Weder zuvor noch danach war ich mir über Rußlands künftigen Ruhm so sicher«, erinnerte sich später der damals vierzehnjährige Gljeb Botkin, »... nie war ich dem Imperator so grenzenlos ergeben, der mir plötzlich in meiner Einbildungskraft wie eine große Gottheit erschien und allein kraft seines Willens Himmel und Erde bewegte und das Schicksal der menschlichen Rasse gestaltete. Daß sich unsere Hoffnungen als eitel und töricht erwiesen ..., ist mir gleichgültig. Dies waren heroische Augenblicke, als wir alle die Probleme unseres täglichen Lebens vergaßen und bereit, nein, begierig waren, alles, sogar unser Leben, für ein abstraktes Ideal von allumfassender Glückseligkeit und Ruhm zu opfern.«

Nur die Zarenfamilie weinte – der Zar, weil es ihm nicht gelungen war, Feindseligkeiten zu ver-

»In diesem Augenblick war der Zar wirklich der Selbstherrscher, der militärische, politische und religiöse Führer seines Volkes, der absolute Herr über ihre Leiber und Seelen.«

— Maurice Paléologue, französischer Botschafter in Rußland, 1914

Heutige Ansicht vom Balkon des Winterpalastes (gegenüber), auf dem Nikolaus und Alexandra (kleines Bild) am Tag der Kriegserklärung gegen Österreich und Deutschland im August 1914 erschienen.

Menschenmassen auf dem Schloßplatz (gegenüber) begrüßen freudig die Kriegserklärung und die kaiserliche Familie. Ein Kriegsplakat (oben) zeigt den russischen Bären, wie er Kaiser Wilhelm II. und Kaiser Franz Joseph einen Baum hinaufjagt. Unten: Der Zar mit Großfürst Nikolaus (»Nikolascha«), Oberbefehlshaber der russischen Armeen.

hindern, die sein Land teuer zu stehen kommen würden, seine Kinder aus Furcht und die Zarin wegen eines Briefes, den Rasputin geschrieben hatte. (In den entscheidenden Tagen vor dem Krieg erholte sich Rasputin in Pokrowskoje von dem jüngsten Anschlag auf ihn.)

»Wieder sage ich, eine furchtbare Gewitterwolke hängt über Rußland«, hatte der Starez erklärt. »Unglück, Kummer, tiefe Dunkelheit und kein Licht. Ein Meer von Tränen, unendlich groß, und so viel Blut… Rußland ist ganz in Blut getränkt… Das Unglück ist groß«, schloß Rasputin, »und ohne Ende das Leid.« Sein Brief, der noch heute existiert, war mit »Grigori« unterschrieben und trug das Zeichen des Kreuzes.

Der Krieg brachte das Beste und das Schlimmste in Alexandra wie in Nikolaus zum Vorschein: einerseits ihr aufrichtiges und totales Engagement für den Sieg Rußlands und ihre Fürsorge für die leidenden Soldaten, andererseits ihre Blindheit gegenüber der Tatsache, daß der Krieg die innenpolitischen Probleme Rußlands nicht lösen konnte. Dieser Krieg war zehn- oder zwanzigmal größer als der Konflikt mit Japan im Jahre 1904. Der Erste Weltkrieg war nie ein ideologischer Konflikt, trotz allen Geschreis über Demokratie und die bösen Teutonen: Der allgemeine Jubel über den Sturz der Romanows im Jahre 1917 belegt doch, wie unangenehm es den russischen Verbündeten war, an der Seite eines Autokraten zu kämpfen, dem Inbegriff eines »blutrünstigen Tyrannen«, dessen Frau – das war nirgendwo auf der Welt mehr ein Geheimnis – eine religiöse Fanatikerin und angeblich die Geliebte eines sibirischen Bauern war. Aber ohne die Unterstützung der russischen Armeen, mit ihrer gewaltigen Truppenstärke und ihrer anscheinend unendlichen Opferbereitschaft, hätte der Krieg gegen Deutschland nie erfolgreich beendet werden können. Rußland zollte sein Blut für die Westmächte, und das hat kein Russe je vergessen.

In jener optimistischen Anfangsphase jedoch, als die alliierten Mächte sich der Illusion hingaben, der Krieg wäre bis Weihnachten vorbei, war die Moral großartig. Knapp einen Monat nach der offiziellen Kriegserklärung begab sich der Zar zum ersten Mal ins Hauptquartier an der Front. »Ich bin so glücklich um Deinetwillen, weil es Dir gelungen ist, fortzureisen«, schrieb ihm die Zarin im September, »da ich ja weiß, wie sehr Du während dieser ganzen Zeit gelitten hast… Egoistisch wie ich bin, leide ich furchtbar unter der Trennung – wir sind es nicht gewohnt, getrennt zu sein, und dabei liebe ich meinen kostbaren Jungen so unendlich.« Der Zar war in der Tat nie glücklicher, als wenn er mit Militärs zusammen war. Die Generäle, darunter auch sein Onkel, der Großfürst Nikolai Nikolajewitsch, der Oberkommandierende, waren Männer, die er vielleicht nicht mochte, denen er aber trauen und die er respektieren konnte – besonders Onkel »Nikolascha«, der ein Hüne von über zwei Metern und für das russische Volk bereits ein Held war.

Die Zarin »wurde über Nacht ein anderer Mensch«, erinnerte sich Anna Wyrubowa. Alexandra stürzte sich mit Feuereifer auf die Pflege der Verwundeten und bezog dabei auch ihre Töchter und Anja mit ein. »Jede körperliche Krankheit und Schwäche schien vergessen«, fuhr Anja fort. »Sofort begann sie einen umfassenden Plan für ein System von Krankenhäusern und Lazarettzügen zu entwickeln – für das schreckliche Heer der Verwundeten, mit dem man von der ersten Schlacht an rechnen mußte.« Bis Ende 1914 waren fünfundachtzig Lazarette und zehn »Sanitätszüge« unter Alexandras unmittelbarer Schirmherrschaft in Rußland eingerichtet worden. Der Winterpalast in St. Petersburg, das Katharinenpalais in Zarskoje Selo, der Petrowskij- und der Potjeschnij-Palast in Moskau wurden zu Notambulanzen, in denen auch Zimmer für die Frauen und Mütter der Verwundeten reserviert waren. Nach einer zweimonatigen Intensivausbildung hatten sich Alexandra, Anja, Olga und Tatjana als Krankenschwestern qualifiziert, während die beiden jüngeren Großfürstinnen, Maria und Anastasia, als »Patronessen« in einem kleineren Lazarett im Fjodorowski Gorodok in Zarskoje Selo fungierten. Sie waren die einzigen Wesen im kaiserlichen

Der Wappensaal im Winterpalast heute (links) und wie er 1914 aussah, als er in ein Lazarett umgewandelt wurde (gegenüber, kleines Bild links). Die Kaiserin und ihre beiden ältesten Töchter (rechts) als Krankenschwestern zur Betreuung der Verwundeten. Eine der Uniformen der Großfürstinnen (unten) ist erhalten geblieben.

Großfürstin Tatjana (gegenüber, kleines Bild rechts) assistiert bei einer Operation im Lazarett der Zarin in Zarskoje Selo und posiert (rechts) mit dem Rest ihrer Familie (außer dem Zaren) zusammen mit Verwundeten für einen Fotografen. Die Zarin sitzt in der Mitte, Olga steht direkt hinter ihr. Anastasia und Alexej stehen rechts oben, Maria und Tatjana links.

Komplex, die noch in Zivilkleidern herumliefen. Sonst trugen alle Uniform, auch Alexandra und die älteren Mädchen, die nur ganz selten ihre Gewänder als Barmherzige Schwestern ablegten. Laut Anja »wurde der Zarin nichts erspart, und das wollte sie auch nicht«. »Wir kamen kurz nach neun Uhr morgens im Krankenhaus an«, berichtete Anja, »und gingen direkt in die Aufnahmestation, wohin die Männer gebracht wurden, nachdem sie Erste Hilfe in den Schützengräben und den Feldlazaretten erhalten hatten. Sie waren lange unterwegs gewesen und normalerweise schmutzig, blutbefleckt und leidend. … Ich habe die Zarin von Rußland erlebt, wie sie im Operationssaal eines Krankenhauses Äthermasken hielt, Instrumente sterilisierte, bei den schwierigsten Operationen assistierte, aus den Händen der vielbeschäftigten Chirurgen amputierte Beine und Arme entgegennahm, blutige und sogar von Ungeziefer befallene Verbände entfernte und die Bilder, Gerüche und Qualen an diesem schrecklichsten aller Orte, einem Militärkrankenhaus mitten im Krieg, ertrug.«

Aber wie immer schadete die Prinzipientreue der Zarin ihrer Popularität. Von Anfang an wurde sie kritisiert, weil sie anscheinend glaubte, daß aktive Krankenpflege ausreiche, die Nation zu führen.

Das genügte natürlich nicht. Sie wurde als öffentliche Persönlichkeit gebraucht, aber nach 1914 verließen sie und ihre Töchter Zarskoje Selo fast nur noch, um in ihrer Krankenschwesterntracht durch die Lazarette zu ziehen. Alexandra hätte auch nicht den Vorwurf der russischen Aristokratie verstanden, daß es unter der Würde einer Zarin sei, bei ärztlichen Operationen zu assistieren oder verletzte Soldaten (wie sie dem Zaren schrieb) »mit furchtbaren Wunden zu verbinden … Sie werden künftighin kaum Männer bleiben, so ist alles von Kugeln durchlöchert; vielleicht wird man alles abschneiden müssen, so schwarz ist alles geworden, aber ich hoffe, es zu retten.«

Am Eingang zum kleineren der beiden Lazarette in Zarskoje Selo (oben) posieren Anastasia (links) und Maria (Mitte) mit Soldaten. Das Lazarett befand sich in der Fjodorowski Gorodok (rechts), einem von Nikolaus im sogenannten Neuen Russischen Architekturstil erbauten »modernen« Dorf.

124

Auch vielen Soldaten war es äußerst peinlich, als sie entdeckten, daß ihre Zarin auch ihre Krankenschwester war. Auf jeden »leidenden Burschen«, der »Zariza! Steht mir bei! Haltet meine Hand, damit ich Mut fasse!« rief, entfielen zehn andere, die ihre Pflege als »äußerst unangenehm« empfanden. Die Tatsache, daß sie Deutsche war, verstärkte dieses Unbehagen noch. Hätte sie während des Krieges nur gesungen, getanzt oder hundert Kleider à la Mary Lincoln bestellt, hätte sie sich nicht weniger unbeliebt gemacht.

Eine antideutsche Hysterie erfaßte alle Länder der Alliierten. In London mußte Alexandras Schwester, Viktoria von Battenberg, im Jahre 1917 erleben, wie ihr Mann als First Lord der Admiralität entlassen und ihr Familienname in Mountbatten geändert wurde, während die durch und durch deutsche britische Königsfamilie nicht mehr dem Hause Sachsen-Coburg angehörte, sondern plötzlich als House of Windsor auftrat. Am schlimmsten aber war die antideutsche Stimmung in der russischen Hauptstadt, und unvermeidlicherweise verschärfte

sie das Ressentiment gegen die deutschstämmige Zarin. Beim Ausbruch der Feindseligkeiten wurde St. Petersburg in Petrograd umbenannt; die deutsche Botschaft wurde niedergebrannt, und viele Angehörige des baltisch-russischen Adels mit Namen wie Taube und von der Osten-Sacken-Tettenborn sahen sich gezwungen, Dokumente auszugraben, die ihre Abstammung von den Bediensteten Katharinas der Großen belegten. Die deutsche Herkunft der Zarin wurde ein willkommener Aufhänger für die allgemeine Unzufriedenheit; schon bald kursierte das Gerücht, daß der deutsche Kaiser durch eine private Telefonleitung mit dem Mauve Boudoir seiner Cousine Alexandra verbunden sei. Sie wurde »verachtet«, erinnerte sich Gljeb Botkin, während die Russen vom Zaren nur »enttäuscht« waren, als sich der Krieg in die Länge zog und niemand dem Sieg auch nur einen Schritt näherkam.

Obwohl eigentlich kein Zweifel daran besteht, daß Alexandra ihre Loyalität gegenüber Deutschland abgelegt hatte und eine glühende russische Patriotin geworden war, so war der gegen sie gerichtete Volkszorn in gewisser Weise doch gerechtfertigt. Während der Krieg wütete, korrespondierte die Zarin nämlich

Dieses Kaiserliche Osterei von 1915
ehrt die Frauen der Familie Romanow,
die im Krieg Rot-Kreuz-Krankenschwestern waren.
Von links nach rechts: die Schwestern des Zaren,
die Großfürstin Olga, seine Tochter Olga,
die Zarin, Tatjana und seine erste Cousine,
die Großfürstin Marie Pawlowna.

mit ihren Geschwistern in Rußland und England, aber auch mit ihrem Bruder und ihrer Schwester im feindlichen Deutschland, und zwar über die neutralen Cousins in Schweden. Vieles spricht dafür, daß Alexandras Bruder Ernie, der Großherzog von Hessen, Zarskoje Selo 1916 heimlich einen Besuch abstattete, um die Möglichkeit eines Separatfriedens zwischen Rußland und Deutschland zu erörtern — ein Akt des Verrats auf beiden Seiten.

Bereits im Vorjahr, im April 1915, hatte Alexandra dem Zaren geschrieben: »Ich habe einen langen lieben Brief von Ernie bekommen. Wenn Du zurückkommst, will ich ihn Dir zeigen. – Er schreibt: ›Wenn irgendeiner ihn (also Dich) verstehen kann

und weiß, was er jetzt durchmacht, so bin ich das‹, und er küßt Dich innig. Er ist bestrebt, einen Ausweg aus diesem Dilemma zu finden – irgendeiner müßte doch damit anfangen, eine Brücke für Verhandlungen zu bauen. – Ihm schwebt ein Plan vor, eine vertrauenswürdige Person privatim nach Stockholm zu schicken, die dort einen Mann treffen sollte, den Du (privatim) hinschickst, und sie könnten dazu beitragen, viele Schwierigkeiten, die jetzt vorhanden sind, beizulegen. Sein Plan beruht darauf, daß es in Deutschland keinen wirklichen Haß gegen Rußland gibt. – E. hat bereits zum 28. (vor zwei Tagen, ich habe es aber erst heute erfahren) eine Person hingeschickt, die dort nur eine Woche bleiben kann. –

»Man hat im großen Schuldbuch des Krieges die Seite aufgeschlagen, auf der die russischen Verluste verzeichnet sind, die Zahl ist aber nicht erkennbar ... Wir wissen nur, daß wir ab und zu in den Russenschlachten die Hügel der feindlichen Leichen vor unseren Gräben entfernen mußten, um das Schußfeld ... freizubekommen.«

— Generalfeldmarschall
Paul von Hindenburg

*Im Krieg gegen Deutschland
gab es auf russischer Seite
gewaltige Verluste – bis 1917
über drei Millionen Tote. Gegenüber:
Soldaten ziehen in eine eroberte Stadt
an der südwestlichen Front ein, aber auch
Siege waren mit großen Verlusten
verbunden (oben).*

Ich habe sofort einen Antwortbrief geschrieben (wieder über Daisy [Louise, Kronprinzessin von Schweden]) und an diesen Herrn geschickt, ich sagte ihm darin, daß Du noch nicht zurückgekehrt bist, er möchte doch warten, und daß die Zeit noch nicht gekommen ist, wenn sich auch alle nach Frieden sehnen ... W. [Wilhelm II.] weiß natürlich absolut nichts davon ... «

Das erste Kriegsjahr war nicht gut für Rußland verlaufen. Obwohl sein rechtzeitiger Vorstoß nach Ostpreußen im August 1914 Paris gerettet hatte, weil dadurch deutsche Divisionen von der Westfront abgezogen werden mußten, hatte Rußland schreckliche Verluste hinnehmen müssen. Anfang 1915

waren eine Million Menschenleben zu beklagen, und ein Viertel der Armee war tot, verwundet oder gefangen. Und trotz des stürmischen Vordringens an der Südfront, das die russischen Armeen im Frühjahr 1915 bis in die Nähe von Wien brachte, waren die Streitkräfte des Zaren ihrem eigentlichen Gegner, Deutschland, nicht ebenbürtig. Als die deutsche Angriffswalze im späten Frühjahr endlich Gestalt annahm, konnte sie nichts mehr aufhalten, und als alles vorbei war, befanden sich große Teile der russischen Provinzen Polens in deutscher Hand. Zu diesem Zeitpunkt übernahm der Zar – auf Drängen seiner Frau (und Rasputins), aber gegen den Rat aller denkenden Persönlichkeiten in der Regierung – das

Kommando über die russischen Streitkräfte und löste damit seinen überaus kompetenten Onkel Nikolai Nikolajewitsch als Oberkommandierenden von Heer und Marine ab. (Alexandra haßte Onkel Nikolascha – er war einer der hartnäckigsten Kritiker von Rasputin, und daher setzte sie sich vehement für seine Ablösung ein.) Im September 1915 verließ Nikolaus Zarskoje Selo, um sich mehr oder minder permanent in der Stawka, dem Generalhauptquartier bei Mogil-

jow am oberen Dnjepr in Weißrußland, aufzuhalten. Nikolaus war kein militärischer Stratege und gab auch gar nicht vor, einer zu sein. Seine Entscheidung war emotionaler, symbolischer Natur und belebte vorübergehend die Moral, führte aber keine unmittelbare Wende im Kriegsgeschick für Rußland herbei.

Dieser Zeitgewinn wurde mehr als wettgemacht durch den rapiden Zerfall der Regierung, die Nikolaus aus rein praktischen Erwägungen der Zarin

Der Zar (oben) beim Betreten der Stawka, des russischen Hauptquartiers bei Mogiljow. Auf Propagandaplakaten (gegenüber) wurde er als alter moskowitischer Ritter und (kleines Bild) als moderner Kommandeur dargestellt, der seine Truppen in die Schlacht führt.

überantwortet hatte. Doch Alexandra verließ sich auf den politischen Rat Rasputins. Während der Kriegsjahre kamen sie zwar nur selten zusammen, unterhielten aber eine regelmäßige Korrespondenz, in der Rasputin sie zur Berufung oder Entlassung von Ministern drängte und selbst vor Ratschlägen hinsichtlich der Kriegsführung nicht haltmachte. Von September 1915 an, als der Zar an der Front weilte, war Alexandra die inoffizielle Regentin, was keineswegs gegen russische Gesetze oder Traditionen verstieß. Ihre Verteidiger haben sich in den letzten Jahren alle Mühe gegeben zu zeigen, daß Alexandra die Monarchie nicht im Alleingang zu Fall gebracht hat, wie oft behauptet wurde, und daß die mittelmäßigen und törichten Figuren, die Nikolaus in sein Kabinett berief, durchaus nicht alle von ihr oder unter der Anleitung von Rasputin ausgesucht worden waren.

Allerdings dürften die Empfehlungen und kritischen Anmerkungen in den wütenden und weitschweifigen (und großenteils erhalten gebliebenen) Briefen, mit denen ihn seine Frau von Zarskoje Selo aus förmlich bombardierte, ihre Wirkung auf den Zaren nicht verfehlt haben. Der eine Minister war »nicht gut«, beklagte sie sich, der andere war »gegen unseren Freund«, der dritte – der Außenminister des Zaren, Sergej Sasonow – war »so ein Flachkopf«. »Nein, höre auf unseren Freund«, schrieb sie dem Zaren einmal, »glaube Ihm. Dein Interesse und das Rußlands liegen Ihm am Herzen – es ist nicht umsonst, daß Gott Ihn uns gesandt hat –, wir müssen nur dem, was Er sagt, mehr Aufmerksamkeit schenken. Seine Worte sind nicht leicht dahingesagt, und es ist großartig, nicht nur Seine Gebete, sondern auch Seinen Rat zu haben.« Ungeachtet der Rolle, die die Zarin und Rasputin wirklich spielten, war schon allein der Anschein ihrer Macht fatal.

Sie begab sich nur selten auf die Reise, um ihren Mann zu besuchen, aber trotz ihrer Trennung genoß er vermutlich die letzte ungebrochene Phase der Zufriedenheit, die ihm vergönnt sein sollte. Dabei spielte er nicht nur den Soldaten in der Stawka, auch wenn von ihm kaum etwas anderes verlangt wurde als sein Erscheinen, die Anwesenheit bei Besprechungen und hin und wieder ein Kopfnicken. Gegen Ende 1915, nach mehreren erfolgreichen (und für Alexej aufregenden) Besuchen an der Front, überredete Nikolaus Alexandra, den Zarewitsch bei ihm im Hauptquartier zu lassen. Sie willigte unter der Bedingung ein, daß »sein Unterricht nicht unterbrochen wird«, und die gewöhnliche Vertrautheit, die die beiden Hauslehrer des Jungen,

Pierre Gilliard und Sidney Gibbes, im Umgang mit der Zarenfamilie genossen, rührt im wesentlichen von dieser Entscheidung her. »Der Lehrkörper [in Mogiljow] war sehr klein«, erinnerte sich Gibbes, »er bestand nur aus zwei oder drei Personen, aber alles war sehr freundlich und fröhlich und, vom Standpunkt des Zarewitschs aus, auf jeden Fall Zarskoje Selo vorzuziehen. Der Zar schien über das neue Arrangement sehr erfreut zu sein, und manchmal durften wir in seinem Arbeitszimmer sitzen, während er arbeitete.« Der unglaubliche Stolz und die Freude des Jungen über die Gelegenheit, am Leben seines Vaters teilnehmen zu dürfen – Nikolaus hoffte, ihm so die lähmende Schüchternheit zu nehmen, unter der er selbst aufgrund seiner

Während eines Besuches in der Stawka, Mai 1916, sitzt Alexandra auf dem Schreibtisch des Zaren (oben links). Im Jahr zuvor hatte sie Alexej erlaubt, sich bei seinem Vater aufzuhalten. Nikolaus und Alexej ruhen sich an einem Graben aus (ganz oben), essen mit Offizieren und Adjutanten (oben) und inspizieren (gegenüber, oben) abziehende Truppen. Gegenüber, unten: Kurz nach Kriegsbeginn untersuchen Vater und Sohn in Zarskoje Selo ein erbeutetes deutsches Maschinengewehr.

Erziehung hatte leiden müssen –, diese Begeisterung des Zarewitschs ist besonders anrührend im Hinblick auf ihre kurze Dauer. Seine Briefe nach Hause sprudeln über von Mitteilungen über das »Soldatenleben«, über Regimenter, Züge, und immer wieder war von »Papa« die Rede. Nach wie vor begaben sich die Zarin und ihre »Mädchen« gelegentlich in die Stawka, und es verging kein Tag, an dem Alexandra nicht mindestens einen Brief schrieb: »Guten Morgen, meine beiden Lieben, wie habt Ihr wohl geschlafen?!... Ach, wie ich Euch beide vermisse!« Dieses Junggesellendasein dauerte allerdings nur so lange, wie Alexejs Gesundheitszustand stabil blieb, und er verschlechterte sich dramatisch, als sich das Jahr 1916 seinem Ende zuneigte. Wegen eines

heftigen Nasenblutens hatte Alexej wieder nach Zarskoje Selo heimkehren müssen, wo Rasputin sein letztes »Wunder« vollbringen sollte.

Die Hofärzte taten, was sie konnten, aber Alexejs Zustand verschlechterte sich weiter. Schließlich ließ die Zarin Rasputin kommen. Es war vermutlich das letzte Mal, daß er den Alexanderpalast betrat. Anna Wyrubowa, die diesen Besuch miterlebte, hat ihn für die Nachwelt festgehalten: »Er kam ins Zimmer, machte das Kreuzzeichen über dem Bett, und während er das fast im Sterben liegende Kind durchdringend ansah, sagte er leise zu den knienden Eltern: ›Beunruhigt Euch nicht. Es wird nichts geschehen.‹ Das war alles. Der Junge schlief ein und war am nächsten Tag wieder so wohlauf, daß der Zar zur Stawka fuhr. Dr. Derewenko und Professor Fjodorow erklärten mir gegenüber später, sie hätten nicht einmal versucht, eine Erklärung für diese Heilung zu finden.«

❧

Ende 1916 hatte Rußland den Punkt erreicht, an dem es keine Umkehr mehr gab. An der hart umkämpften Ostfront ließen Abertausende Russen weiterhin ihr Leben in einem inzwischen sinnlos gewordenen Krieg. Fern von den Kampfhandlungen stürzte das Land ins wirtschaftliche Chaos, und die Regierung des Zaren begann sich vollends aufzulösen, zumal auch die Zarin, die ständig unter Veronal stand und todmüde war, auf niemanden mehr hören wollte als auf ihren geliebten Starez. Anfang Dezember prangerte Wladimir Purischkewitsch, ein als strammer Verteidiger der Monarchie bekanntes Mitglied vom rechten Flügel der Duma, Rasputin vor seinen Kollegen an. Er beschwor die gewählten Volksvertreter, »den Mut zu haben, dem Zaren zu sagen, daß der Volkszorn bedrohliche Ausmaße annimmt. Die Revolution steht vor der Tür, und ein obskurer Muschik darf Rußland nicht länger regieren.« Schon bald war es ein offenes Geheimnis, daß Purischkewitsch einer Gruppe von Verschwörern angehörte, die Rußland von dem bösen heiligen Mann befreien wollte.

Rasputin waren Gerüchte zu Ohren gekommen, daß sein Leben in Gefahr sei. Irgendwann im Dezember 1916 soll er einen bemerkenswerten Brief geschrieben haben, in dem er sich Gedanken über einen möglichen Mord an ihm gemacht und fürchterliche Folgen für Rußland vorhergesagt habe. Ganz gleich, ob der Brief authentisch ist oder nicht – er stellt ein unheimliches Omen dar.

»Ich schreibe diesen Brief und lasse ihn in St. Petersburg zurück. Ich spüre, daß ich vor dem 1. Januar aus dem Leben scheiden werde. Ich möchte dem russischen Volk, Papa, der Mutter Rußlands und den Kindern, dem ganzen Rußland bekanntgeben, was sie wissen müssen. Wenn ich von gemeinen Mördern, insbesondere von meinen Brüdern, den russischen Bauern, getötet werde, dann hast Du, Zar von Rußland, nichts zu fürchten, bleibe auf Deinem Thron und regiere, und Du, russischer Zar, wirst nicht um Deine Kinder bangen müssen, sie werden noch Jahrhunderte in Rußland herrschen. Wenn ich aber von Bojaren, von Adeligen, ermordet werde, wenn sie mein Blut vergießen, werden ihre Hände von meinem Blut besudelt bleiben, und fünfundzwanzig Jahre lang werden sie mein Blut nicht von ihren Händen waschen können. Sie werden Rußland verlassen. Brüder werden Brüder töten, und sie werden einander töten und einander hassen, und fünfundzwanzig Jahre lang wird es keine Adeligen im Lande geben. Zar von Rußland, wenn Du die Glocke vernimmst, die Dir sagen wird, daß Grigori getötet worden ist, dann wisse: Wenn Deine Verwandten meinen Tod herbeigeführt haben, dann wird keiner von Deiner Familie, das heißt, keines Deiner Kinder und keiner von Deinen Verwandten, länger als zwei Jahre am Leben bleiben. Sie werden vom russischen Volk getötet werden... Man wird mich töten. Ich weile nicht mehr unter den Lebenden. Bete, bete, sei stark, denk an Deine gesegnete Familie. Grigori.«

❧

Die Geschichte von Rasputins Tod ist schon so oft und in so vielfältiger dramatischer Form erzählt worden, daß sie im Grunde ins Reich der Legenden gehört, aber sie hat dadurch nichts an Kraft und Faszination eingebüßt. Anführer der Verschwörer war Fürst Felix Jussupow, der neunundzwanzigjährige Erbe des größten Vermögens in Rußland und Gatte der Zarennichte Irina. Jussupow, den seine Zeitgenossen als feinfühligen und femininen Bohemien geschildert haben, war ein erklärter Homosexueller, dessen Fixierung auf Rasputin eher auf seine erotische Faszination zurückzuführen war als auf den Patriotismus, den er später als Motiv für den Mord ausgab. Und der Mord selbst war ein brutaler Tötungsakt, der von einer Gruppe betrunkener Männer begangen wurde, die vermutlich nicht weniger verkommen waren als Rasputin.

Zu Jussupows Mitverschwörern gehörte auch der Cousin des Zaren, Großfürst Dmitri Pawlowitsch, einer der ganz wenigen Romanows, die

Großfürst Dmitri Pawlowitsch (unten, am Lenkrad) war der erste Cousin des Zaren und ein vertrauter Freund der Familie. Über seine Beteiligung an der Ermordung von Rasputin, zusammen mit Fürst Felix Jussupow, (ganz unten) war die Zarin untröstlich. Gegenüber: Der Jussupow-Palast am Moika-Kanal, wo Rasputin am 30. Dezember 1916 umgebracht wurde. Tödlich verletzt taumelte er durch das Tor, das man am linken Ende des Gebäudes erkennt.

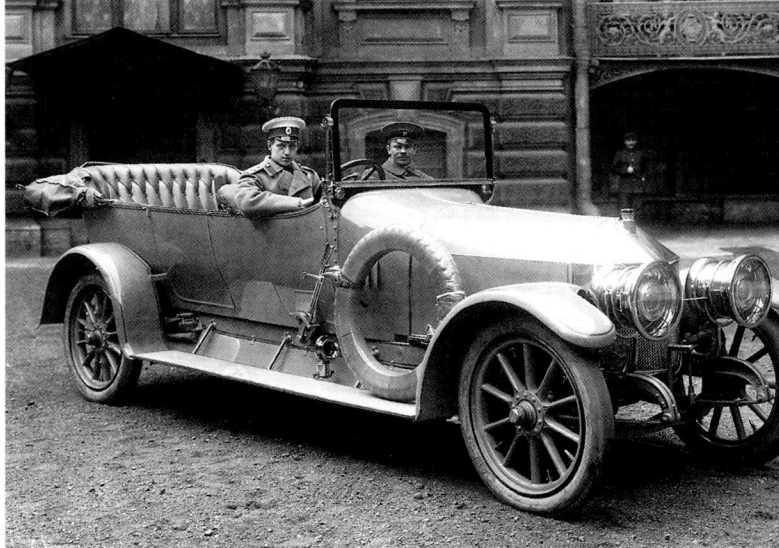

Alexandra wirklich geliebt hat. Alle ihre Töchter schwärmten von ihm. Er war hübsch, flott, großäugig und dumm. Offenbar hatte er sich auf Jussupows Plan, Rasputin umzubringen, eher aus einem perversen Lustgefühl als aus irgendeinem politischen Beweggrund heraus eingelassen, und er war der einzige in der Gruppe, der sich weigerte, später darüber zu sprechen. Neben Jussupow, Pawlowitsch und dem Duma-Abgeordneten Purischkewitsch waren noch ein Militärarzt und ein Heeresoffizier beteiligt.

Es ist undenkbar, daß andere Angehörige der Familie Romanow nichts von diesem Plan gewußt

haben sollen. Jussupow war einfach nicht in der Lage, irgend etwas, was mit ihm oder seinem Image zu tun hatte, für sich zu behalten. »Sein Verlangen, daß man um jeden Preis über ihn redete, kannte keine Grenzen«, erinnerte sich Pawlowitschs Schwester Marie Pawlowna. Und Purischkewitsch tat sich vor anderen Duma-Abgeordneten mit den Verschwörungsplänen groß.

Endlich war der verabredete Tag, der 29. Dezember, gekommen. Trotz aller Gerüchte über einen geplanten Anschlag auf ihn hatte Rasputin Jussupow, der ihm in letzter Zeit mehr als je zuvor um

den Bart ging, nicht in Verdacht. Jedenfalls willigte er ohne weiteres ein, spätabends in Jussupows Petrograder Residenz, den Moikapalast, zu kommen.

Anfangs verlief alles nach Plan. Jussupow begleitete seinen »Freund« in den Palastkeller und kredenzte ihm vergifteten Kuchen und vergifteten Madeira, während die anderen vier Verschwörer angespannt im Parterre warteten. Aber obwohl Rasputin herzhaft zulangte – eine solche Menge hätte einen normalen Mann längst getötet –, schien ihm das Gift kaum etwas auszumachen. Nachdem schließlich über zwei Stunden vergangen waren,

konnte es Jussupow nicht mehr aushalten. Er eilte nach oben, besorgte sich Pawlowitschs Browning-Revolver, kehrte in den Keller zurück und schoß dem Starez in den Rücken.

An diesem Punkt verwischt sich die Grenze zwischen Realität und Legende noch mehr. Kaum hatte der Arzt Rasputin für tot erklärt, erwachte der »Leichnam« wieder zum Leben, stürzte sich auf den Mann, der auf ihn geschossen hatte, und riß ihm eine Epaulette vom Jackett. Entsetzt raste Jussupow nach oben und versteckte sich, während Rasputin ihm vor Zorn brüllend auf allen vieren folgte. Irgendwie schleppte sich der Verletzte bis in den Palasthof, rappelte sich wieder auf und begann zum Tor zu laufen, wobei er schrie: »Felix! Felix! Ich werde alles der Zarin sagen!« Purischkewitsch, der einzige, der ihm gefolgt war, schoß mehrmals, bevor er Rasputin endlich niederstreckte. Dann wickelten die fünf Verschwörer die Leiche in einen Vorhang und warfen sie auf die Rückbank von Purisch-kewitschs Auto. Unter der Petrowski-Brücke stopften sie den Leichnam in ein Loch im Eis, das die Newa bedeckte.

Wieviel an dieser Geschichte wahr ist, läßt sich unmöglich sagen. Rasputins Leiche wurde nach der Revolution ausgegraben und verbrannt, während unmittelbar nach der Tat keine öffentliche Untersuchung angeordnet wurde, aufgrund der politischen Brisanz des Falles. Sicher ist die Behauptung falsch, daß die Zarin befohlen habe, Rasputin in einer Privatkapelle bei Zarskoje Selo zu beerdigen. Sie wollte den Leichnam in seine sibirische Heimat überführen, ließ sich aber vom damaligen Innen-minister Alexander Protopopow überreden, ihn an Ort und Stelle begraben zu lassen, »bis sich die Stimmung in der Stadt beruhigt hat«. Sie nahm mit ihrem Mann, ihren Töchtern und Anna Wyrubowa an der frühmorgendlichen heimlichen Bestattung teil.

Die Mädchen legten eine Ikone auf die Brust des Starez, bevor der Sarg geschlossen wurde, und die Zarin erklärte pathetisch: »Mein teurer Märtyrer, erteile mir Deinen Segen, auf daß er mich stets auf dem traurigen und trostlosen Weg begleite, den ich hienieden noch wandeln muß. Und gedenke Unser dort oben in Deinen heiligen Gebeten. Alexandra.«

Für die Zarin war dies eine der schwärzesten Stunden ihres Lebens. Sie befürchtete, daß Anja das nächste Ziel eines Attentats werden könnte, und bestand darauf, daß sie in den Palast übersiedelte. »Abgesehen von allem anderen«, schrieb sie an eine Hofdame, »versuchen Sie sich einmal für einen Moment vorzustellen, was es bedeutet, eine Freundin in täglicher, stündlicher Gefahr zu wissen, ebenfalls so schrecklich ermordet zu werden. Aber alles liegt in Gottes Hand.« Nach der Tat gab es keine Spur von Optimismus mehr in Zarskoje Selo und allenfalls eine halbherzige politische Überzeugung. Es war »all up« (alles vorbei), wie es die Zarin mit einer dieser skurrilen britischen Redewendungen ausdrückte, die sie in einer Krise gern von sich gab.

Am nächsten stand ihr in den letzten Wochen vor der Revolution Lili Dehn, die Frau eines Offiziers auf der Jacht der Zarenwitwe, der *Polarstern*, und eine der wenigen Vertrauten von Alexandra, die sich ihre Integrität auch über den Untergang des alten Rußland hinaus bewahrten. Ihr Buch *Die wahre Zarin* ist zwar zweifellos naiv, verzichtet aber auf die übliche Selbstrechtfertigung.

»Ach, Madame«, sagte Lili eines Abends, als sie mit der Zarin und ihren Töchtern an einer »musikalischen Soiree« im Palast teilnahm, »warum sind Sie heute abend so traurig?«

Die Zarin sah sie an. »Warum ich traurig bin, Lili?« erwiderte sie. »Ich weiß es nicht, aber die Musik bedrückt mich … Ich glaube, mein Herz ist gebrochen.«

*R*asputins mit Stricken umschnürter Leichnam wurde unter dieser Brücke (links) unters Eis der »Kleinen Newa« geschoben. Die übel zugerichtete Leiche (kleines Bild) wurde am nächsten Tag aus dem Wasser gezogen.

Eine letzte Abwechslung: Mogiljow 1916

Im Sommer und im Herbst 1916 unternahm Alexandra mit ihren vier Töchtern mehrere Fahrten ins russische Armeehauptquartier in Mogiljow. Seit Mai war Alexej wieder beim Zaren in der Stawka und schlief auf einem Feldbett im Zimmer seines Vaters. Während ihrer Besuche, die jeweils etwa eine Woche dauerten, blieben die Zarin und die Großfürstinnen im kaiserlichen Zug und nahmen an allen für sie arrangierten Wanderungen, Picknicks und Ausflügen teil. Graf Grabbe, der Kommandeur der Leibgarde des Zaren: »Die Großfürstinnen kamen gern nach Mogiljow. Dank der Reisen konnten sie nicht nur für kurze Zeit ihrem weltabgeschiedenen Dasein entfliehen und bei ihrem Vater sein, sondern hatten auch Gelegenheit, attraktive Offiziere kennenzulernen; und für Olga und Tatjana waren diese Besuche eine willkommene Abwechslung nach den vielen ermüdenden Stunden, die sie in Zarskoje Selo mit der Pflege der Verwundeten verbrachten ...« Diese Ausflüge waren auch die letzte Gnadenfrist für die Familie, die ihr der Krieg und das sich verschlechternde politische Klima gewährten.

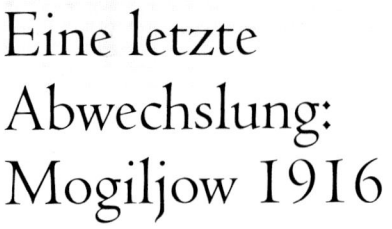

*E*ine Seite aus den kaiserlichen Fotoalben (unten)
dokumentiert einen Tagesausflug auf dem Dnjepr
bei Mogiljow. Sogar die Zarin nahm daran teil, auch
wenn sie vom Schiff getragen werden mußte.
Die Jungen in Weiß bei Alexej waren Kadetten der
Militärakademie, die eingeladen worden waren,
um ihm Gesellschaft zu leisten. Gegenüber: Der Zar
erholt sich an Deck mit Tatjana und posiert in
scherzhaftem Triumph (rechts) über Alexej. Olga, die
gebildetste und ernsteste der Töchter (rechts unten),
nutzt einen ruhigen Augenblick in Mogiljow, um in ihr
Notizbuch zu schreiben.

SIEBTES KAPITEL

Die Abdankung

Die Revolution – sie sei wie der Tod eines Freundes gekommen, der »seit vielen Jahren krank daniederlag«, wie es Sidney Gibbes, der Englischlehrer von Zarskoje Selo, formulierte –, die Revolution war weder zu verhindern, noch kam sie unerwartet, und doch überraschte sie jeden. Es war »ein ganz unglaubliches Ereignis«, erinnerte sich Gibbes, und »eine so traurige Zeit für alle Betroffenen«. Bis dahin war Gibbes ein Anhänger der konstitutionellen Monarchie, ja fast so etwas wie ein Republikaner gewesen, aber die Schreckensherrschaft, die er in den nächsten Jahren in Rußland miterleben mußte, ließen ihn ins Lager der Romanows zurückkehren. Als alles vorbei war, legte er das Gelübde ab, wurde Bischof der orthodoxen Kirche und betrachtete seine Erinnerungen an die Zarenfamilie auf ihrem Weg nach »Golgatha« als »liebstes und teuerstes Gut« seines Lebens. »So liebenswert«, schrieb er 1929 an Anna Wyrubowa, die im Exil lebte, »und so traurig.«

Wie jedem in St. Petersburg war auch Lili Dehn das Gerede über die bevorstehende Revolution zu Ohren gekommen, hatte auch sie von absolut ernstgemeinten Plänen gehört, die Zarin zu ermorden. »Das Leben war ungemein schwierig und leidvoll«, erinnerte sie sich, »und als mein Mann von Murmansk kam und Graf Kapnist fragte, was es denn Neues gebe, erwiderte der Graf: ›Sie werden es bald selbst erleben, und Sie werden entsetzt sein. Es ist wieder wie zur Zeit von Paul I.‹« (Zar Paul I. war 1801 im Michaelschloß in St. Petersburg von einer Gruppe von Verschwörern erdrosselt worden, zu denen auch seine drei Söhne gehört hatten.)

Anfang 1917 hatte Alexandra Grund, um ihre und ihrer Kinder Sicherheit zu fürchten. Zu diesem Zeitpunkt hatten sich selbst die loyalsten Angehörigen der Zarenfamilie von ihm und der Zarin entfremdet. Lange vor dem Mord an Rasputin hatte Nikolaus' Mutter ihrem Sohn erklärt, falls der Starez nicht aus St. Petersburg verschwinde, würde sie selbst die Hauptstadt verlassen. 1915 machte sie ihre Drohung wahr und siedelte für die Dauer des Krieges nach Kiew über. Nicht einmal die Großfürstin Elisabeth war in der Lage gewesen, ihrer jüngeren Schwester gut zuzureden. Bei ihrer letzten Begegnung, kurz bevor Rasputin umgebracht wurde, hatte sich Alexandra geweigert, sich Ellas Vorhaltungen anzuhören, und sie verärgert fortgeschickt.

Aber keiner hat sich mit der Zarin in den zur Neige gehenden Tagen ihrer Herrschaft so heftig angelegt wie Großfürst Alexander Michailowitsch – der geliebte Vetter des Zaren, ihr Schwager Sandro und der Schwiegervater von Felix Jussupow. Kurz nach Rasputins Tod fuhr Sandro nach Zarskoje Selo, um Alexandra zur Vernunft zu bringen. (In diesem Stadium nahm sie Unmengen von Medikamenten ein und trank kannenweise Kaffee aus »medizinischen« Gründen.) Sie kamen

Die Ruine der Bahnstation von Zarskoje Selo (oben).
Von hier aus fuhr Nikolaus im März 1917 zum letztenmal ins Hauptquartier. Gegenüber: Das zerbröckelnde Zarenwappen von
Nikolaus und Alexandra ziert die Wände der Station.

> *»Sei Peter der*
> *Große, sei Iwan*
> *der Schreckliche . . .*
> *zermalme sie alle*
> *unter Dir . . .*
> *Es ist Krieg,*
> *und in so einer*
> *Zeit ist Krieg*
> *im Innern*
> *Hochverrat.«*
>
> —Alexandra, 1916 in
> einem Brief an Nikolaus

D*ie Zarin allein*
während des Krieges in Zarskoje Selo —
ihr Gesicht ist frühzeitig gealtert,
aber ihr Wille ungebrochen.

im kaiserlichen Schlafgemach zusammen, wobei die Zarin auf dem großen Doppelbett ruhte, das sie mit ihrem Mann teilte, während der Zar stumm neben dem Bett saß und eine Zigarette rauchte. Sandro legte Alexandra eindringlich nahe, sich nicht länger den Reformen in den Weg zu stellen, die für alle denkenden Russen unvermeidlich seien.

Doch sie wollte nichts davon hören, und das Zwiegespräch wurde so heftig, daß Sandros Stimme bis hinaus auf die Gänge des Alexanderpalastes zu vernehmen war. »»Bedenke, Alix, ich habe dreißig Monate lang geschwiegen!‹ erklärte er aufgebracht. ›Dreißig Monate lang habe ich nicht ein Wort über das schändliche Treiben in unserer Regierung, oder richtiger, in deiner Regierung, gesagt! Ich sehe, du bist gewillt, unterzugehen, und dein Gatte fühlt ebenso, aber was geschieht mit uns? . . . Nein, Alix, du hast kein Recht, deine Verwandten mit dir in den Abgrund zu ziehen!‹« An diesem Punkt mischte sich der Zar stumm ein und führte seinen alten Freund hinaus.

Nach dem Mord an Rasputin wurde der Zar in einem von Großfürst Alexander und den meisten älteren Angehörigen der Familie Romanow unterzeichneten Brief gebeten, von einer Bestrafung des Fürsten Felix und des Großfürsten Dmitri wegen ihrer Beteiligung an dem Verbrechen abzusehen.

»Niemand hat das Recht, einen Mord zu begehen«, lautete die Antwort des Zaren, ohne daß ihm seine Frau dabei soufflierte. »Jedenfalls weiß ich, daß vielen von euch das Gewissen keine Ruhe läßt.« Dazu A. A. Mossolow, der Hofmarschall: »Die Auflösung der Familie schritt unübersehbar voran.« Nikolaus entschied sich dafür, Felix und Dmitri aus St. Petersburg zu verbannen.

In der Zeit unmittelbar nach Rasputins Tod, das heißt in den ersten beiden Monaten des Jahres 1917, kehrte Nikolaus nicht an die Front zurück, sondern hielt sich meist in Zarskoje Selo auf. Er wußte zwar Bescheid über die zunehmenden Unruhen in der Hauptstadt, die Streiks und Krawalle und die hartnäckige Forderung nach Brot, glaubte aber, daß sich

der russische Kriegspatriotismus gegen die revolutionäre Stimmung durchsetzen würde.

Der Krieg hatte jedoch das Leben der Russen in jeder Hinsicht durcheinandergebracht, und als er sich festgefahren hatte, ließen sich die Menschen nur schwer davon überzeugen, daß es eine weitere Million Menschenleben wert wäre weiterzukämpfen. (Bis zur Revolution starben drei Millionen russischer Soldaten.) Die Preise stiegen, während Lebensmittel und Brennstoffe ausgingen. In den Städten, wo die größte Not herrschte, war das Wirtschaftsleben praktisch zusammengebrochen. Die Lage verschlechterte sich noch mehr, als Rußland Anfang Februar von einem der härtesten Winter seit Jahren heimgesucht wurde. Durch die Kälte platzten die Dampfkessel der Lokomotiven, und die gewaltigen Schneeverwehungen machten viele Eisenbahnstrecken unpassierbar. Der Zusammenbruch des Transportwesens verschärfte nicht nur die ohnehin schon verzweifelte Lage in den Stadtgebieten, er bedeutete auch, daß wichtige Nachschubgüter – Lebensmittel wie Waffen – nicht an die Front gelangten, wo rund sechs Millionen russischer Soldaten in Uniform nun auch noch der Hungertod drohte. Im nachhinein scheint ein gewaltiger sozialer Aufstand unvermeidlich gewesen zu sein. Und als die Revolution schließlich in St. Petersburg ausbrach, war sie die Manifestation einer allgemeinen Unzufriedenheit ohne feste Zielsetzung. Aber die endgültige Katastrophe hätte vielleicht mit ein wenig mehr Vernunft und sehr viel weniger Verschwörertum vermieden werden können.

Zar Nikolaus war keineswegs der einzige, der die drohende Umwälzung nicht auf sich zukommen sah. Im Januar erklärte der noch im Exil weilende Lenin vor Schweizer Arbeitern: »Wir älteren Männer werden die entscheidenden Schlachten der herannahenden Revolution vielleicht nicht mehr miterleben.« Und als sich am 27. Februar der überaus beliebte linke Sozialdemokrat Alexander Kerenski in der Duma erhob und offen zum Sturz des Zaren aufrief, gingen seine Worte praktisch unter in dem wütenden Stimmengewirr, das typisch war für die

Debatten in dieser alles andere als kultivierten gesetzgebenden Versammlung. Ein paar Tage vor Ausbruch der Revolution fühlte sich der britische Botschafter Sir George Buchanan so sicher, daß er seinen Urlaub in Finnland antrat. Und der Souverän war immerhin so optimistisch, daß er sich am 7. März, nachdem sein Erscheinen vom Stab im Hauptquartier telegrafisch erbeten worden war, zur Rückkehr in die Stawka entschloß.

»Ich werde morgen zum Generalhauptquartier fahren«, erklärte Nikolaus seiner Frau.

»Kannst du denn nicht bei uns bleiben?« fragte sie überrascht.

»Nein, ich muß hin. Ich kann mir zwar nicht vorstellen, warum meine Anwesenheit im Hauptquartier jetzt so dringend erforderlich ist«, fuhr er fort. »Ich werde es an Ort und Stelle herausfinden müssen.«

Den ganzen Winter hatte es Gerüchte über eine Palastrevolution gegeben, über die Notwendigkeit, die Zarin abzusetzen oder gar zu beseitigen. Tagtäglich war ihr Leben bedroht, und so kann man sich kaum erklären, was Nikolaus bewogen haben mag, sie zu diesem Zeitpunkt allein zu lassen, zumal er nicht einmal eine Erklärung dafür geben konnte, warum er wegfuhr.

Später wurde immer wieder die Ansicht vertreten, der Zar sei von seinen Ministern und Generälen aus dem Palast gelockt worden, um ihn vor der Revolution zu bewahren und ihn – getrennt von seiner Frau – gefügiger zu machen. Ganz sicher hat Alexandra dies so gesehen. Und ohne sie an seiner Seite vermochte Nikolaus tatsächlich nicht den Männern zu widerstehen, die bald darauf seine Abdankung erzwangen.

Am Tag seiner Abreise, am 8. März 1917, begannen die Ereignisse in St. Petersburg außer Kontrolle zu geraten. Zunächst gab es einen unbedeutenden Krawall um die Brotauslieferung und einen größeren Streik von Textilarbeitern in der Hauptstadt. Am nächsten Tag drängten sich die Menschen in den Straßen von St. Petersburg, aber die Polizei ging auf Anweisung der Duma nicht

gegen sie vor, und zum erstenmal trugen die Kosaken keine Peitschen (das übliche russische Instrument zur Kontrolle der Masse). Die Beamten sahen friedlich zu, als die Menschen durch die Stadt strömten, und versicherten ihnen sogar: »Keine Angst. Wir werden nicht schießen.«

Am Samstag, dem 10. März, breitete sich der Massenprotest durch Zehntausende von Streikenden aus, die die Stadt praktisch lahmlegten. Das Kabinett des Zaren versammelte sich zu einer Notsitzung und tagte bis spät in die Nacht hinein. Als den Ministern klar wurde, daß entschlossenes Handeln nottat, schickten sie endlich ein Telegramm an die Front zu Nikolaus, in dem sie ihn dringend ersuchten, eine neue Regierung zu berufen, die vom Volk vielleicht eher akzeptiert würde. Da er nicht glauben wollte, daß alles so rasch zusammengebrochen sein sollte, telegrafierte Nikolaus zurück: »Ich befehle, daß die Ausschreitungen, die in diesen schweren Zeiten des Krieges mit Deutschland und Österreich unerträglich sind, morgen beendet werden. Nikolaus.«

Dies war einer der pathetischsten und unangebrachtesten Befehle, die in der Geschichte überliefert sind. Als die Truppen aus den Petrograder Garnisonen am Sonntag anrückten, sahen sie sich noch größeren Menschenmengen als am Tag zuvor gegenüber. Aber viele Soldaten weigerten sich zu schießen, und die meisten von denen, die ihren Kommandeuren gehorchten und auf die Demonstranten schossen, taten dies nur widerstrebend. Wieder schickte man dem Zaren ein dringendes Telegramm, diesmal stammte es vom Präsidenten der Duma, Michail Rodsjanko, den Nikolaus einst verächtlich als »den größten und dicksten Mann in ganz Rußland« bezeichnet hatte. Der Zar ließ sich nicht einmal dazu herbei, dieses Telegramm zu beantworten. Statt dessen beorderte er vier Regimenter von der galizischen Front in die Hauptstadt und befahl die Vertagung der Duma.

Am Montag, dem 12. März, erwiesen sich diese Maßnahmen als absolut untauglich. Erst meuterte eines der Regimenter in Petrograd, dann ein weiteres. Gegen Ende des Tages hatten fast alle mili-

Die Vierte Duma versammelt sich 1916 im Taurischen Palais (gegenüber). Unten: Nach der Revolution sieht es in diesem Saal ganz anders aus – nun tagt ein Kongreß des Sowjets der Soldaten- und Arbeiterdeputierten. Ganz unten: Ein Demonstrationszug in Petrograd passiert 1917 die britische Botschaft.

tärischen Einheiten in der Hauptstadt ihre Offiziere verjagt oder ermordet und waren »zum Volk« übergelaufen. Inzwischen wogten die Menschenmassen durch die Straßen und zündeten die Regierungsgebäude an, auch die Gerichtshöfe. Als die Führer der Duma erkannten, daß sie jetzt handeln mußten, ignorierten sie den Befehl des Zaren, ihre Sitzung zu vertagen, und setzten sich effektiv selbst an die Spitze der Revolution. Ehe der Tag zu Ende ging, hatten die Menschewiki und andere gemäßigte Arbeitergruppen zu einer Vereinigung mit dem Sowjet der Arbeiter- und Soldatendeputierten aufgerufen, der im selben Gebäude wie die Duma, dem Taurischen Palais, zusammentrat. Damit wurde zwar ein Blutbad vermieden, aber zugleich auch die Saat für die weitaus blutigere Revolution gesät, die noch kommen sollte.

Am 14. März war die Machtübertragung abgeschlossen. Die Duma und der Sowjet saßen fest im Sattel.

❧

Während St. Petersburg den Revolutionären in den Schoß fiel, machte der Zarin draußen in Zarskoje Selo eine Masernepidemie schwer zu schaffen, die ihre Kinder (und Anja) nacheinander heimsuchte. Bei allen vier Mädchen wie bei Alexej nahm die Krankheit einen komplizierten Verlauf und war von Abszessen, Fieber und Trommelfellrissen begleitet. Erstaunlicherweise hatte Alexandra nicht mitbekommen, wie rasch sich die Lage in der Hauptstadt verschlechterte. Der letzte Vorsitzende des zaristischen Ministerrates, der alte und ineffektive Fürst Nikolaus Golizin, spielte die Unruhen ständig herunter und versicherte ihr, sie brauche sich keine Sorgen zu machen. Erst als Lili Dehn am 12. März aus der Stadt kam und sie besuchte, begann Alexandra zu begreifen, in welcher Gefahr sie und ihre Familie schwebten.

Ein paar Tage zuvor hatte Dr. Botkin sein Haus in Zarskoje Selo verlassen und war in den Palast übergesiedelt, um die Zarenkinder zu versorgen, deren Zustand sich verschlechtert hatte. Am Tag nach Lilis Besuch hatte der Aufstand auch Zarskoje Selo erfaßt, und Botkins Tochter Tatjana vernahm

Rufe wie »»Brot! Brot!‹ … ›Nieder mit Alice!‹ und rüdere Schimpfworte für die Zarin.«

»Es kann noch schlimmer kommen als 1905«, äußerte Dr. Botkin ihr gegenüber während einer seiner flüchtigen Besuche zu Hause. Inzwischen kursierten bereits alle möglichen Gerüchte in der Stadt: Der Zarewitsch sei gestorben, sein Vater aus dem Land geflohen, »eine 8000 Mann starke Meute von Revolutionären marschiere aus Petrograd nach Zarskoje Selo und beabsichtige, mit Maschinengewehren und Panzerwagen den Palast zu zerstören … Und auf den Straßen tat sich wirklich Unbeschreibliches«, erinnerte sich Tatjana Botkin. »Betrunkene Soldaten ohne Koppel und mit offener Uniformjacke liefen herum und schleppten alles weg, was sie in den Läden vorfanden … Die einfachen Chargen der Eskorte Seiner Majestät stolzierten parfümiert und mit Pomade und roten Schleifen im Haar durch die Straßen – auf einmal wollten sie alle nichts mehr von der bevorzugten Position wissen, die sie bei Hof bekleidet hatten, von der Gunst wie der Zuwendung, die ihnen ihre Herrscher so großzügig erwiesen hatten.«

Nun war auch der Zarin klar, daß die Lage ernst war, aber obwohl Rodsjanko und andere ihr dies dringend nahelegten, war sie nicht bereit zu fliehen. Ihre Kinder, die nacheinander erkrankten, wären der Strapaze nicht gewachsen gewesen, und sie wollte nichts tun, bis der Zar nicht wieder da wäre (er hatte schließlich doch die Heimreise angetreten – zu spät –, aber Alexandra wußte dies noch nicht). »Wenn das Haus brennt«, protestierte Rodsjanko, »holt man die Kranken zuerst heraus«, aber die Zarin ließ sich nicht umstimmen. Sie wollte warten. Am nächsten Tag waren die Eisenbahnen im Umkreis von Zarskoje Selo bereits in der Hand der Aufständischen und damit alle Fluchtwege abgeriegelt. Die Zarin, ihre Familie und ihre Bediensteten waren praktisch Gefangene im eigenen Palast, auch wenn dem Zar noch ergebene Soldaten zu ihrem Schutz eingetroffen waren.

An diesem Morgen ging eine Truppe von 1000 Mann, zu denen auch Angehörige der *Garde Equipage*

Die Zarin (Mitte) während des Krieges mit Anna Wyrubowa (links) und Lili Dehn, zwei der Getreuen, die im März 1917 bei ihr im Alexander-Palast waren. Gegenüber: Zu diesem Tor gingen Alexandra und ihre Tochter Maria während der Revolution, um die Palastwache um Loyalität zu bitten.

gehörten (der Marinegarde, die die Familie von ihren Kreuzfahrten auf der *Standart* her gut kannte), in Verteidigungsposition rund um den Alexanderpalast. Zu dem befürchteten Angriff einer Horde meuternder Soldaten war es dann doch nicht gekommen.

Spät in der Nacht begleitete die Großfürstin Maria, die sich wie Anastasia gerade erst im Frühstadium der Krankheit befand, ihre Mutter auf einem Rundgang, um sich der Loyalität der Palastwache zu versichern. Es war bitter kalt, aber Alexandra »warf einfach einen schwarzen Pelzumhang über ihre weiße Schwesterntracht«, wie sich Baronin Sophie Buxhoeveden, eine der Hofdamen, der sie vertraute, später erinnerte, und »begab sich selbst hinaus, um mit den Soldaten zu reden«.

»Sie ging durch den Hof und das ganze Untergeschoß des Palastes«, fuhr die Baronin fort, »wo sich die Männer abwechselnd zum Aufwärmen aufhielten, und erklärte den Soldaten, wie sehr sie auf ihre Treue gegenüber dem Zaren baue und daß sie sehr gut wisse, wenn es darauf ankäme, würden sie den Thronerben verteidigen ... Es war eine unvergeßliche Szene. Es war dunkel, bis auf einen schwachen Lichtschein, der vom Schnee ausging und sich auf den blankgeputzten Gewehrläufen widerspiegelte. Die Soldaten waren auf dem Hof in Schlachtordnung aufgereiht, wobei die erste Reihe im Schnee kniete und die anderen dahinter standen, die Gewehre im Anschlag für den Fall eines plötzlichen Angriffs. Die Gestalten der Zarin und ihrer Tochter huschten wie dunkle Schatten von Reihe zu Reihe, während der weiße Palast im Hintergrund wie ein gespenstisches Massiv aufragte.«

Auch im Innern des Palastes mußte Anastasia mit Umständen zurechtkommen, auf die sie in keiner Weise vorbereitet war. Die meiste Zeit verbrachte sie mit Lili Dehn und bewahrte sich ihren Sinn für Humor, auch als ihre Welt zerbrach. »Das macht doch nichts«, bemerkte sie einmal, als Lili versehentlich im Salon der Zarin eine Vase aus der Hand glitt und zerschellte. »Sie gehört nicht uns, sondern dem Staat.«

»Im Laufe der Nacht«, schrieb Lili später, »standen wir auf und sahen aus den Fenstern. Im Hof war eine große Kanone aufgestellt worden. ›Da wird Papa aber staunen!‹ flüsterte Anastasia. Wir standen ein paar Minuten da und betrachteten die unheimliche Szene. Es war so bitterlich kalt, daß die Wachen um die Kanone herumtanzten, um sich warm zu halten. Ihre Gestalten zeichneten sich scharf vor den Bogenlampen ab – eine Art neuer Carmagnole. In der Ferne vernahmen wir das Geschrei von Betrunkenen und gelegentlich Schüsse – und so verging die Nacht.

Um fünf Uhr morgens … gingen wir nach unten zum Schlafgemach der Zarin. Sie war wach, und als sie die Tür öffnete, flüsterte sie: ›Pst … Maria schläft noch – der Zug hat Verspätung … Vermutlich wird der Zar nicht vor zehn Uhr eintreffen!‹ Die Zarin war vollständig angekleidet, und sie sah so traurig aus, daß es mir unwillkürlich entfuhr: ›Ach, Madame, warum hat der Zug bloß Verspätung?‹

Sie lächelte matt, sagte aber nichts. Als wir zu unserem Schlafzimmer zurückgingen, sagte Anastasia mit erregter Stimme: ›Lili, der Zug hat nie Verspätung. Ach, wenn Papa nur rasch kommen würde … Ich glaube, ich werde auch krank. Was soll ich bloß tun, wenn ich krank werde? Dann kann ich Mama doch nicht helfen … Ach bitte, Lili, sag, daß ich nicht krank werde.‹«

Auch die Zarin war mit ihrem Latein am Ende. »Lili«, sagte sie, »ich darf nicht aufgeben. Ich sage mir immer wieder: *Ich darf nicht* – und das hilft mir.« Sie konnte nun kaum noch gehen, und ihre verzweifelten Telegramme an den Zaren in Mogiljow waren alle mit dem Vermerk »Aufenthaltsort des Adressaten unbekannt« von der Militärpostbehörde zurückgeschickt worden. Die Mahlzeiten, erinnerte sich Lili Dehn, »wurden in schrecklichem Schweigen eingenommen – ich hatte das Gefühl, an jedem Bissen zu ersticken«.

Am frühen Morgen des 15. März desertierten die letzten Wachen der Zarenfamilie: Die *Garde Equipage* verließ den Alexanderpalast und kehrte in die Hauptstadt zurück, offenbar auf Befehl ihres Kommandeurs, des Großfürsten Kirill Wladimirowitsch. Tags zuvor hatte sich Kirill, ein Onkel des Zaren, eine rote Armbinde umgelegt und seine Soldaten durch die Straßen von Petrograd geführt, um vor der Duma den Treueeid abzulegen. Er war der erste Romanow, der den Zaren verriet.

Vergebens wartete die Zarin auf das Eintreffen ihres Mannes. Als sie schließlich erfuhr, daß sein Zug in Pskow – weniger als eine Tagesreise entfernt – aufgehalten worden war, schrieb sie ihm, um ihrer Empörung Luft zu machen und um den Zaren zugleich aufzumuntern. Da die Leitungen unterbrochen waren, mußte ihr Brief von zwei Kosaken nach Pskow geschmuggelt werden.

»Mein Herz zerspringt bei dem Gedanken, daß Du all diese Qualen und Aufregungen in völliger Einsamkeit durchleidest«, schrieb Alexandra, »und wir wissen nichts von Dir, und Du weißt nichts von uns … Ich wollte einen Aeroplan losschicken, aber alle Leute sind verschwunden. Die beiden jungen Männer werden Dir alles erzählen, so daß ich Dir nichts über den Stand der Dinge zu schreiben brauche. Es ist alles abscheulich, und die Ereignisse entwickeln sich mit kolossaler Geschwindigkeit. Aber nichts und niemand kann meinen festen Glauben erschüttern, daß alles gut wird … Sie wollen Dich natürlich nicht zu mir lassen, bevor Du ein Papier unterschrieben hast, eine Verfassung oder etwas ähnlich Schreckliches – aber Du bist allein, hast keine Armee hinter Dir, Du sitzt wie eine Maus in der Falle. Was kannst Du tun? Es ist die größte Gemeinheit in der Geschichte, den eigenen Herrscher gefangenzuhalten … Vielleicht zeigst Du dich den Truppen an anderen Orten und sammelst sie um Dich? Wenn sie Dich zu Zugeständnissen zwingen, bist Du nicht im geringsten verpflichtet, sie einzuhalten, denn sie wurden Dir auf unwürdige Weise abgenötigt.«

Nach dem Frühstück am 15. März 1917 empfing Zar Nikolaus II. an Bord des kaiserlichen Zuges von Pskow eine kleine Delegation, die von Gene-

*Im kaiserlichen Zug (links) wurde der Zar
von seinen Generälen am 15. März 1917 zur Abdankung gedrängt. Am
Abend dieses Tages bekannte Nikolaus im Speisewagen (kleines Bild)
gegenüber Graf Grabbe, er hoffe, sich nun den größten Wunsch seines Lebens
erfüllen und einen Bauernhof halten zu können, vielleicht irgendwo in England.*

> *»Mit einem Federstrich hatte sich der Zar selbst vom Herrscher aller Reußen in einen Menschen verwandelt, der keinerlei Privilegien mehr genoß . . . «*
>
> — Graf Alexander Grabbe, Kommandeur der Leibgarde des Zaren

Flankiert von kaiserlichen Wappenadlern, posiert der Zar für einen Fotografen am Fenster des Zuges, der später der Schauplatz seiner Abdankung sein sollte.

ral Nikolaus Russki, dem Oberbefehlshaber der Nordfront, angeführt wurde. Russki eröffnete dem Zaren, er stehe in regelmäßiger Verbindung mit dem Präsidenten der Duma, und händigte ihm sodann eine Handvoll Telegramme der obersten Generäle aus. Sie alle enthielten die gleiche traurige Botschaft: Zum Wohle des Landes müsse er auf den Thron verzichten. Großfürst Nikolai, der General, den der Zar am meisten respektierte, schrieb, er »bitte auf Knien«, daß sein Neffe abdanken möge. Denn der Großfürst hatte miterlebt, was Nikolaus entgangen war: daß sich das Gleichgewicht inzwischen zu weit verschoben hatte, daß sich sogar ihre loyalen Truppen kaum noch unter Kontrolle befanden, daß das Land vor dem Chaos stand und daß nur ein derart drastischer Schritt zu irgendeiner Hoffnung auf die Errettung der Romanow-Dynastie berechtigte.

Nikolaus wurde blaß und trat vor eines der Fenster. Ein paar Minuten lang, die den Anwesenden wie eine Ewigkeit erschienen, sprach er kein Wort. Dann wandte er sich abrupt um und sagte: »Ich habe beschlossen, zugunsten meines Sohnes Alexej auf den Thron zu verzichten.«

Die Autoren zahlreicher Bücher warten mit den unterschiedlichsten Erklärungen dafür auf, warum er so bereitwillig auf den Thron verzichtet habe. In *Nikolaus und Alexandra* wertet Robert K. Massie den Schluß als höchst patriotische Tat: »Daß der Krieg gewonnen wurde, war ihm viel wichtiger als seine Krone.« Andere sahen darin einen Beweis für die Charakterschwäche des Zaren, für seinen Fatalismus. Der Wahrheit am nächsten kommt wohl der russische Historiker Edward Radsinski, der schlicht vermutet, daß Nikolaus müde war, daß er nicht mehr weiter wußte, daß ihm irgendwie klargeworden war, der Rat seiner Frau hätte zur Katastrophe geführt, und daß er nur noch in Frieden gelassen werden wollte. Nach der Abdankung vertraute er seinem Tagebuch an: »Ringsherum Verrat, Feigheit und Betrug.«

Ein paar Stunden nach der Abdankung – und nach einem offenen Gespräch mit Dr. Fjodorow, einem der Leibärzte – sah Nikolaus ein, daß sein zwölfjähriger, an Hämophilie leidender Sohn un-

möglich an seiner Statt regieren konnte, und daraufhin änderte er die Abdankungsurkunde zugunsten seines Bruders Michael ab.

❧

Die Nachricht von Nikolaus' Abdankung traf nur einen Tag später in Zarskoje Selo ein, wurde aber zunächst als Gerücht abgetan, bis einer seiner Onkel, Großfürst Paul Alexandrowitsch, kam, um sie der Zarin zu bestätigen.

»Das sind doch nichts als Lügen!« schrie sie. »Die Zeitungen haben das erfunden! Ich glaube an Gott und die Armee!«

»Gott und die Armee sind jetzt auf der Seite der Revolution«, erwiderte der Großfürst. Alexandras Gesicht »war vor Qual verzerrt«, erinnerte sich Lili Dehn, »ihre Augen standen voller Tränen«, während sie »wankend« ihr Arbeitszimmer verließ, Lilis Hand ergriff und schluchzte: »Abdiqué!« [Abgedankt; A. d. Red.] Warum sie in einem derartigen Augenblick französisch sprach, läßt sich nur mutmaßen. Seit 1896 hing ein Porträt von Marie Antoinette in ihrem Salon, das sie seinerzeit während eines offiziellen Besuches in Paris von der französischen Regierung geschenkt bekommen hatte.

»Das Volk soll die Regentschaft übernehmen«, bemerkte sie später gegenüber Lili, völlig verwirrt von dieser Vorstellung. Mehr als alles andere beunruhigte sie der Gedanke, man könnte ihr ihren Sohn wegnehmen, und sie war erleichtert, als sie erfuhr, daß der Zar auch im Namen von Alexej auf den Thron verzichtet hatte. Sie ersuchte Pierre Gilliard, den Französischlehrer, den Jungen zu informieren.

»Wissen sie, Alexej Nikolajewitsch, Ihr Vater möchte nicht länger Zar sein«, sagte Gilliard sanft.

»Was!?« schrie Alexej. »Aber warum?«

»Er ist sehr erschöpft und hat in letzter Zeit große Sorgen gehabt.«

»Ach, ja. Mama hat es mir erzählt . . . Aber wer wird dann Zar werden?«

»Ich weiß es nicht«, erwiderte Gilliard. »Vielleicht niemand mehr.«

Als Alexandra von der Abdankung ihres Mannes erfuhr, ließ sie ihm sogleich einen weiteren

Brief heimlich zukommen, um ihn aufzumuntern: »Mein innig Geliebter, ach, wie mein Herz um Dich leidet ... Ich verstehe völlig Deinen Schritt, mein Held. Ich weiß, daß Du nichts unterschreiben konntest, was Deinem Eid bei der Krönung zuwiderlief. Wir kennen einander, zwischen uns bedarf es keiner Worte, und ich schwöre, wir werden Dich wieder auf Deinem Thron sehen, Dein Volk und die Truppen werden ihn Dir zum Ruhm des Zarenreichs zurückgeben.« Für Alexandra selbst jedoch gab es kaum Worte des Trostes. Von allen Romanow-Verwandten in Rußland schrieb ihr nur eine, um sie zu trösten: Nikolaus' Schwester Xenia, deren Mann, Großfürst Alexander, paradoxerweise ihr größter Gegner war.

Inzwischen waren die Vorbereitungen für die Abreise der Familie aus Zarskoje Selo längst im Gange. Kisten und Koffer wurden gepackt; den Bediensteten hatte man diskret zu verstehen gegeben, daß ein plötzlicher Aufbruch erforderlich sein könnte. Später richteten sich Monarchisten im Exil an der Glaubensvorstellung auf, daß der Zar und seine Familie sich geweigert hätten, Rußland im Augenblick der Krise zu verlassen, aber tatsächlich hatten sie die Dinge gar nicht im Griff, und nur die Krankheit der Kinder hatte Alexandra daran gehindert, sich früher nach Mogiljow zu ihrem Mann zu flüchten.

Nun war es zu spät. Ihr geliebter Onkel, Großfürst Michael, hatte auf den Thron verzichtet, kaum einen Tag nachdem er erfahren hatte, daß er ihn besteigen sollte, und damit war das Ende der Romanow-Dynastie besiegelt. »Mischa hat anscheinend abgedankt«, notierte Nikolaus in seinem Tagebuch. »Sein Manifest schließt mit einem Schweifwedeln vor der konstituierenden Versammlung, die in sechs Monaten gewählt werden soll. Gott weiß, wer es zugelassen hat, daß er eine derartige Gemeinheit unterzeichnen konnte.« Noch immer begriff Nikolaus nichts. Gleichwohl waren seine Kinder, als sie am 17. März erwachten, Gefangene des neuen Regimes – der »Morgenröte«, die Rußland am Ende in tieferes Elend stürzte, als man es je unter den Zaren erlebt hatte.

❦

In Pskow kam es Nikolaus nicht in den Sinn, daß Rußland seine Dienste nicht mehr benötigte. So unglaublich es klingt – er bildete sich ein, er könnte bis Kriegsende noch in irgendeiner militärischen Funktion tätig sein, und so kehrte er am 16. März zur Stawka zurück. »Vielleicht fiel es ihm schwer, Alix und die Kinder nach dieser Katastrophe zu sehen«, vermutet Edward Radsinski, »und er wollte ihnen Zeit lassen, sich an die Situation zu gewöhnen. Außerdem mußte er sich von der Armee verabschieden. Es war Krieg, und er erfüllte bis zuletzt seine Pflicht als Oberbefehlshaber.«

Seine Mutter traf aus Kiew im Hauptquartier des Heeres ein, und kein Wort des Vorwurfs kam über ihre Lippen – offenbar überhaupt kein Wort über die aktuellen Ereignisse –, als sie mehrere Tage lang mit Nikolaus in seinem Zug dinierte, Tee trank und Bézigue spielte. Keiner von beiden konnte natürlich wissen, daß dies ihr letztes Beisammensein war – ein Abschied für immer auch von den Onkeln und Vettern, von denen sich der Zar an der Front verabschiedete.

Nichts deutet darauf hin, daß Nikolaus in seinen Gedanken oder Reden über seine Abdankung etwas anderes als Bedauern empfand. Er habe geglaubt, sie würde Frieden bringen, sagte er; er habe gedacht, das Volk habe sie gewollt. In diesen Tagen, als er sah, wie sein ehemaliges Reich unaufhaltsam auf das Chaos zutrieb, hatte er nur einen Gedanken, und am Ende seiner Abschiedsrede vor seinen Soldaten äußerte er ihn: »Möge Gott Rußland schützen!«

»Nikolaus II. war nicht dumm«, meint Dominic Lieven in seiner ausgezeichneten politischen Biographie über den letzten Zaren. »Ein russischer Monarch kann sich oder seine Dynastie nicht dadurch retten, daß er einfach einen Zylinder aufsetzt und ein Bürgerkönig wird ... Unter dem russischen Herrschaftssystem trug der Imperator letztendlich die Verantwortung für alles. Das war eine ungeheure Bürde, nicht zuletzt deshalb, weil es die Selbstherrschaft mit sich brachte, daß das russische Volk dazu neigte, für nichts Verantwortung

Nur einen Tag, nachdem Nikolaus den Thron an ihn abgetreten hatte, verzichtete Großfürst Michael (oben). Er war der erste Romanow, der im darauffolgenden Jahr von den Bolschewiki ermordet wurde. Gegenüber: Revolutionsgardisten am Alexanderpalast. Der ehemalige Zar und die Zarina waren schockiert über ihre »Trägheit« und Laxheit.

zu übernehmen, und seine eigenen Sünden wie auch die Fehler des Landes den Herrschern des Reiches zur Last legte. Nikolaus II. liebte sein Land und diente ihm loyal, so gut er es vermochte.«

Der Ex-Zar kam in Zarskoje Selo erst am 22. März an. An den Toren des Alexanderpalastes wurde er als »Nikolaus Romanow« angekündigt, und traurig mußte er mit ansehen, wie die überwältigende Mehrheit seiner Adjutanten und Bediensteten – bewährte Angehörige des kaiserlichen Gefolges mit Namen wie Sablin, Mordwinow, Drenteln, Grabbé und Leuchtenberg – sich heimlich aus dem Zug stahl und davonlief.

Im Palast verbrannte Alexandra ihre Tagebücher. Es war bereits bekannt, daß jeder, der es vorzog, in Zarskoje Selo zu bleiben, nach einem Beschluß der neuen Regierung »von der Außenwelt isoliert« würde und daß eine Sonderuntersuchungskommission den gegen den Zaren und die Zarin erhobenen Vorwurf des Verrats untersuchen sollte. Die Gefangenschaft hatte begonnen.

ACHTES KAPITEL

Die Gefangenschaft

Lili Dehn hatte der Zarin vorgeschlagen, ihre Korrespondenz »sofort« zu verbrennen, und zwar unmittelbar nachdem sie von der Abdankung des Zaren gehört hatte und mehrere Tage vor Alexandras offizieller. Verhaftung durch die Provisorische Regierung.

»Man könnte mich des schlimmsten Vandalismus beschuldigen … in einem historischen und künstlerischen Sinn«, schrieb Lili später, »aber aus Gründen der Freundschaft hatte ich recht … Ich fürchtete, daß Briefe oder Tagebücher in die Hände der Revolutionäre fallen würden. Ich wußte, daß die ›Söhne der Freiheit‹ aus allem Ungewöhnlichen, das diese Papiere enthalten könnten, gefährliche Schlüsse ziehen würden.« Während im Kamin ihres Salons Tag und Nacht ein kräftiges Feuer loderte, benötigte Alexandra fast eine Woche, um die privaten Aufzeichnungen ihres Lebens zu vernichten, vor allem ihre Tagebücher sowie die Korrespondenz mit ihrem Vater, ihrem Bruder, Queen Victoria und zahllosen königlichen Verwandten und Freunden. Merkwürdigerweise hob sie den Großteil der Briefe des Zaren an sie auf, Dokumente also, die ganz besonders heikel hätten sein können, wenn Nikolaus imstande gewesen wäre, auch nur einen einzigen interessanten Satz zu schreiben. Vielleicht hat Alexandra diese intimen Papiere sogar bewußt aufbewahrt – als schriftlichen Beweis für ihre und ihres Mannes »Unschuld«.

Als die einstige Zarin im April von Alexander Kerenski, dem neuen russischen Justizminister und zukünftigen Kopf der Provisorischen Regierung, vernommen wurde, gab sie freimütig, ja geradezu verwegen zu, »daß der Zar und sie ein ganz besonders eng miteinander verbundenes Paar seien … und daß sie keine Geheimnisse voreinander hätten; sie hätten über alles miteinander gesprochen, und es sei darum auch nicht erstaunlich, daß sie in den letzten Jahren, die so schwierig gewesen seien, oft auch über Politik gesprochen hätten … Es stimme, daß sie über die Berufung der verschiedenen Minister gesprochen hätten, aber dies hätte ja in einer Ehe wie der ihren auch gar nicht anders sein können.« Was Alexandras übrige Papiere über ihren Einfluß auf die Regierung (und besonders über ihren Umgang mit ihrem Bruder, dem Großherzog von Hessen) hätten enthüllen können, bleibt leider eine offene Frage. So konnte Kerenski nach der Befragung der Zarin dem Zaren nur erklären: »Ihre Frau lügt nicht.«

»Das habe ich immer gewußt«, erwiderte Nikolaus.

Alle im Palast waren über sein verändertes Aussehen schockiert. (Er war nicht nur physisch und

*B*lick aus dem verschneiten Park auf den Mittelbau des Alexanderpalastes.

psychisch erschöpft, sondern hatte auch monatelang Kokain genommen – damals ein übliches Mittel bei Erschöpfung.) Er war »totenblaß«, erinnerte sich Lili Dehn, »sein Gesicht war von zahllosen Falten bedeckt, sein Haar an den Schläfen ganz grau, und seine Augen lagen tief in den Höhlen. Er sah wie ein alter Mann aus.«

Auf Kerenskis Anweisung hin waren Nikolaus und Alexandra achtzehn Tage lang voneinander getrennt worden, und sie durften sich nur zu den Mahlzeiten und auch dann nur in Anwesenheit von Soldaten sehen. Aber Kerenski fand keine Beweise für einen »Verrat« und – was für ihn sprach – weigerte sich, Beweise zu fingieren, obwohl die Empörung über »den ehemaligen Tyrannen« und »die deutsche Hexe« in Petrograd immer lauter wurde. Auch außerhalb Rußlands glaubte man, daß Alexandra während des Krieges mit den Deutschen konspiriert hatte, und dies ist vermutlich der eigentliche Grund dafür, daß Rußlands Verbündete sich weigerten, ihr und ihrer Familie 1917 Asyl zu gewähren.

Alexander Kerenski, der Führer der Provisorischen Regierung, im Jahre 1917

»Die Zarin ist nicht nur von Geburt, sondern auch von ihrer Einstellung her eine Boche«, erklärte der britische Botschafter in Frankreich, Lord Francis Bertie, als man sich überlegte, die Romanows dorthin ins Exil zu schicken. »Sie hat alles getan, um eine Verständigung mit Deutschland herbeizuführen. Sie wird für eine Kriminelle oder eine kriminelle Wahnsinnige gehalten, und der Zar wird wegen seiner Schwäche und wegen seiner Nachgiebigkeit gegenüber ihren Einflüsterungen für einen Kriminellen gehalten.« Jedenfalls war England, nicht Frankreich,

das bevorzugte Ziel der Zarenfamilie, falls ein Exil erforderlich gewesen wäre. Am 19. März, also nur vier Tage nach seiner Abdankung, ersuchte Nikolaus die Provisorische Regierung um freies Geleit nach England für sich und seine Familie, und zwei Tage später wollte ihnen die britische Regierung unter Premierminister David Lloyd George offiziell Asyl gewähren, wobei man sich bemühte, aller Welt klarzumachen, daß dies einzig und allein »aufgrund der Initiative der russischen Regierung« geschehe.

»Dies ist die letzte Chance, die Freiheit dieser armen Unglücklichen und vielleicht sogar ihr Leben zu retten«, erklärte Paul Miljukow, der neue russische Außenminister, ohne jede Übertreibung. In Petrograd mußte die Provisorische Regierung bei jeder Gelegenheit den Forderungen und Wünschen des vor kurzem errichteten Petrograder Sowjets nachkommen, der in lockerer, aber lautstarker Form die Arbeiter vertrat und ständig die Stabilität des neuen Regimes bedrohte. Im April kamen Lenin und die führenden Mitglieder der Partei der Bolschewiki am Finnländischen Bahnhof von Petrograd im berühmten plombierten Zug an, wobei ihre Rückkehr aus dem Exil ermöglicht – ja, geplant – worden war von den Deutschen, die hofften, daß die ablehnende Haltung der Bolschewiki gegenüber dem Krieg sich schließlich vorteilhaft für Deutschland auswirken könnte. Die Mitgliederzahl der Bolschewiki war damals zwar noch gering – Schätzungen gehen von nicht mehr als dreißigtausend aus –, aber die Partei war besser organisiert als jede andere revolutionäre Gruppe in Rußland, und innerhalb eines halben Jahres hatte sie gewaltigen

*S owjetische Darstellung der Ankunft Lenins am
Petrograder Finnländischen Bahnhof am Abend des 16. April 1917, wo er von einer
jubelnden und rote Fahnen schwenkenden Menge begrüßt wurde.*

Zulauf bekommen. Es waren keine leeren Drohungen, als Rufe laut wurden, Nikolaus und Alexandra auf der Peter-und-Pauls-Festung einzusperren, ihnen wegen Verrats den »Prozeß« zu machen, ja sie ohne viel Federlesens hinzurichten. In Zarskoje Selo waren wochenlang Rufe wie »Zum Palast! Zum Palast!« auf den Straßen zu hören (während eine Reihe von eleganten Läden und mindestens ein Kaufhaus vom betrunkenen Mob geplündert wurden – in der irrigen Annahme, es handele sich dabei um den Palast).

Am Ende schloß König Georg V. – Nikolaus' und Alexandras »treuer Cousin Georgie« – die Tür zum erhofften Exil in England. Der König habe »Briefe von Menschen aus allen Schichten erhalten«, so sein Privatsekretär Lord Stamfordham, die darin ihre »ablehnende Meinung« zu diesem Plan ausdrückten. Die Anwesenheit der Romanows in England, befürchtete Stamfordham, »insbesondere die der Zarin«, könnte in den Kriegszeiten »alle möglichen Schwierigkeiten« für ihre britischen Verwandten mit sich bringen.

»Vermutlich sind ihnen Gerüchte zu Ohren gekommen, daß der Zar und die Zarin von Rußland, zusammen mit vielen Großfürsten, in England um Asyl bitten würden«, erklärte ein zweiter Sekretär von König Georg. »Natürlich wirft man nun dem König vor, er versuche dies für seine königlichen Freunde einzufädeln. In Wahrheit ist Seine Majestät von Anfang an gegen diesen Vorschlag gewesen und hat seine Minister ersucht, ihn abzulehnen. Ich gehe nicht davon aus, daß diese russischen Hoheiten kommen werden, aber wenn dies der Fall sein sollte, dann verdanken sie ihre Anwesenheit hier dem Kriegskabinett und nicht Seiner Majestät.« Jahrelang ist die Rolle des britischen Königshauses in Darstellungen über das Ableben der Romanows heruntergespielt, ja verheimlicht worden, und als letzten Endes das britische Asylangebot wieder zurückgezogen wurde, lastete man dies schlicht dem »radikalen« Lloyd George und seiner linksliberalen Regierung an. In Zarskoje Selo allerdings, wo man aus England nichts weiter erfuhr, als daß sich Queen Mary über Kerenski höflich nach dem Befinden von Alexandra erkundigen ließ – in Zarskoje Selo also blieb niemand lange im Zweifel darüber, wie es um die Loyalität unter Fürsten bestellt war.

Nach seiner Rückkehr von der Front war der Zar zusammengebrochen und hatte in den Armen der Zarin geweint – so Anna Wyrubowa, deren ständige Anwesenheit im Palast von den meisten Bewohnern wegen ihrer langjährigen und engen Verbindung zu Rasputin als ernste Gefahr für die Sicherheit der Zarenfamilie angesehen wurde. Wenn sich Alexandra für die Marie Antoinette der russischen Revolution hielt, dann war Anja die Princesse de Lamballe, die Vertraute der Königin von Frankreich, die während der Französischen Revolution vom wütenden Mob aus ihren Gemächern gezerrt und erschlagen worden war. Als Anja an den Masern erkrankte und beinahe starb, wurde sie noch schwieriger als ohnehin schon und nahm die Zuwendung der Zarin fast ganz für sich in Anspruch. Sie war eine anstrengende Frau, wenn es ihr gutging – eifersüchtig, bockig und »kindisch«, wie Alexandra es nannte. Nun weinte, stöhnte, wimmerte und klagte sie, bettelte um Gesellschaft und kreischte jedesmal los, wenn sie das Geräusch von Schüssen vernahm. »Wir sind alle verrückt geworden«, antwortete einer der Soldaten auf die Frage Gljeb Botkins, warum er und seine Kameraden mit ihren Gewehren ständig in die Luft schössen. (Die Revolutionssoldaten hatten auch das Wild und sogar die Schweine im Park von Zarskoje Selo abgeknallt.) Offensichtlich waren nicht alle Söhne der Freiheit überzeugt, daß die Revolution gelingen würde: »Sie werden uns alle aufhängen, also können wir einstweilen ruhig ein wenig schießen.« Als Anja schließlich zusammen mit Lili Dehn am 3. April nach Petrograd zur Vernehmung gebracht wurde, seufzten alle geradezu erleichtert auf – bis auf Alexandra, die Dr. Botkin vorhielt, er habe Kerenskis Frage, ob Anja soweit hergestellt sei, daß sie in die Stadt gebracht werden könnte, mit »ja« beantwortet.

»Wie können Sie nur!?« rief die Zarin außer sich, als sie vernahm, daß Botkin ihre Freundin »verraten« hatte. »Wie können Sie nur! Dabei haben Sie doch selbst Kinder!« Anja selbst unterstellte Botkin später, er habe aus »feiger Angst« gehandelt, aber tatsächlich hat seine Entscheidung ihr das Leben gerettet. Sie befand sich längst nicht mehr im Palast, als das restliche Gefolge mit der Zarenfamilie nach Sibirien geschickt wurde. Lili Dehn blieb gerade noch Zeit, sich von Anastasia zu verabschieden, bevor die Soldaten sie abführten. »Sie lag im Bett«, erinnerte sich Lili. »Ich küßte sie immer wieder und versicherte ihr, ich würde sie und ihre Familie nie verlassen.« Die Zarin wies zum Himmel, als Lili und Anja gingen, und erklärte: »Wir sehen uns in einer anderen Welt wieder.« Es sei »bitterkalt« gewesen in der Welt, in der sie sich gerade befanden, fuhr Lili fort, »und ein rauher Wind heulte um den Palast und fegte mir eine beißende Schneewolke ins Gesicht … So sahen wir Zarskoje Selo zum letztenmal.« Anja war nahe daran, vor Furcht in Ohnmacht zu fallen. »Arme, unglückliche Frau«, bemerkte der Zar. »Was wird aus ihr werden?« Auch er hatte seine Papiere verbrannt und die üblichen nichtssagenden Einträge in seinem Tagebuch gemacht: »9. [22.] März. Donnerstag. Bin wohlbehalten in Zarskoje Selo angekommen; es war halb zwölf. Großer Gott, welch ein Unterschied; auf der Straße, um das Schloß und im Park Posten, und im Innern, auf der Rampe, irgendwelche Fähnriche. Ging nach oben und sah dort die geliebte Alix und die teuren Kinder … Wir frühstückten und aßen zu Mittag in Alexejs Spielzimmer… Bin mit Walja [Fürst Wassili] Dolgoruki [einem Angehörigen des Gefolges, der nicht desertiert war] spazierengegangen und habe mit ihm im Garten gearbeitet, denn weiter hinaus dürfen wir nicht …

10. [23.] März. Freitag. Haben gut geschlafen. Trotz der Lage, in der wir uns befinden, erfreut und tröstet mich der Gedanke, daß wir beisammen sind … Schaute Papiere durch, ordnete und verbrannte sie …

11. [24.] März. Sonnabend. Morgens empfing ich Benckendorff, hörte von ihm, daß wir hier recht lange bleiben werden. Das ist ein gutes Gefühl. Fuhr fort, Briefe und Papiere zu verbrennen.«

In diesem Stil ging es weiter. Am 27. März berichtete Nikolaus erfreut, er »habe genug Zeit, zu [seinem] Vergnügen zu lesen« und auch »Zeit, oben bei den Kindern zu sitzen«. Der Schweizer Lehrer Pierre Gilliard, dessen »freiwillige Inhaftierung« mit dem Arrest der Zarin begann, notierte in seinem Tagebuch, daß Nikolaus »sehr vergnügt« schien, wenn er seine Töchter in ihrem Krankenzimmer besuchte, wo sie sich langsam von den Masern erholten. Er »wirkte wie ein Schuljunge in den Ferien«, dachte Gilliard, ungeachtet aller Demütigungen, denen er ausgesetzt war. Der Zar hatte die Erlaubnis für einen kurzen täglichen Spaziergang in einem begrenzten Gebiet des Palastgeländes erhalten, eine Gelegenheit für die Soldaten, ihren ehemaligen Oberbefehlshaber zu schikanieren.

»Sie dürfen nicht dorthin gehen, Gospodin Polkownik«, belferten sie, wobei sie Nikolaus mit dem einzigen offiziellen Titel ansprachen, der ihm noch geblieben war – Oberst. »Wir erlauben Ihnen nicht, in diese Richtung zu gehen, Herr Oberst … Treten Sie zurück, wenn man es Ihnen befiehlt.« Dennoch hat man nur einmal erlebt, daß Nikolaus die Beherrschung verlor – und zwar, als einer der Offiziere, die ihm im Park folgten, ihm absichtlich auf die Ferse trat.

»Der Zar«, berichtete Tatjana Botkin, »drehte sich nicht um, schwang aber im gleichen Augenblick seinen Spazierstock mit solcher Kraft nach hinten, daß weder dieser Offizier noch sonst irgend jemand ihm noch einmal einen derartigen Streich zu spielen versuchte.« Sosehr sich Nikolaus langweilte und auf seine gewohnte körperliche Tätigkeit verzichten mußte (am meisten, sagte er, habe er das »Schießen« vermißt), verfolgte er doch aufmerksam den Fortgang des Krieges. Die »Degeneration« der Soldaten um ihn erfüllte ihn mit Abscheu, und Berichte über den Rückzug der russischen Armee an der Front konnte er nur dadurch ertragen, daß er sie als den bekannten Hang seines Landes zur »Übertreibung« abtat. Offensichtlich schien dem Zaren die unverhohlene Feindseligkeit seiner Wächter nicht das mindeste auszumachen.

Der unter Hausarrest stehende Zar im März 1917 beim Schneeschaufeln.

157

»Nicht um alles in der Welt«, sagte einer von ihnen unverblümt, als Nikolaus ihm die Hand geben wollte.

»Aber warum denn nicht, mein Lieber?« erwiderte der Zar. »Was haben Sie denn gegen mich?«

Nikolaus war mehr besorgt um die Sicherheit und den Seelenfrieden seiner Töchter, die sich inzwischen von den Masern erholt hatten und ihn normalerweise auf seinen täglichen Spaziergängen begleiteten, wobei sie helle Frühlingskleider und Perücken trugen, um ihre glattrasierten Köpfe zu ver-

hüllen. Im Mai erhielt die Zarenfamilie die Erlaubnis, vor dem Palast einen Küchengarten anzulegen, eine Beschäftigung, mit der sich die Langeweile vertreiben ließ. Die methodische Planung und Überwachung der Reihen von Karotten und Kohlköpfen durch den Zaren veranlaßte einen der Soldaten zu der Bemerkung, daß selbst wenn er nicht als Romanow geboren wäre, ihm trotzdem das ganze Land gehört hätte – so unermüdlich bestellte und jätete er die Beete. Aber selbst diese harmlosen Ausflüge ins Freie wurden manchmal unterbunden, wenn sich Menschen-

Nikolaus (oben rechts) zieht zusammen mit Pierre Gilliard (links, mit dem Gesicht zur Kamera) Furchen im Gemüsegarten. Schnappschüsse aus dem Familienalbum (gegenüber) zeigen (im Uhrzeigersinn von oben): Tatjana und Gräfin Hendrikowa beim Torftragen; Tatjana und Anastasia transportieren ein Wasserfaß; die Zarin schaut den Arbeitenden zu, während sie in ihrem Rollstuhl sitzt und stickt.

Mit ihren geschorenen Köpfen posieren die vier Zarentöchter (oben links) im Garten. Ihr Haar begann auszufallen, als sie die Masern hatten, und Alexandra (oben rechts, im Garten mit Nikolaus) hatte ihnen die Köpfe scheren lassen, damit es leichter nachwuchs. Normalerweise trugen die Mädchen Perücken — wie auf dem Foto rechts, das Olga, Alexej, Anastasia (die den Cockerspaniel »Jimmy« hält) und Tatjana in einer Pause zwischen den Gartenarbeiten zeigt.

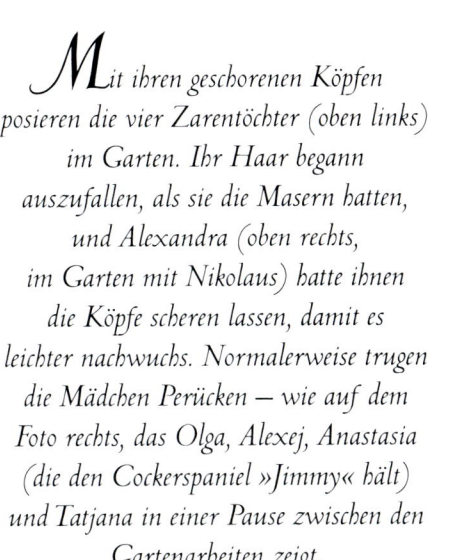

mengen am Palasttor versammelten, sich von allen Seiten herandrängten«, wie Tatjana Botkin sich erinnerte, »und jeden Handgriff der Großfürstinnen und Seiner Majestät mit höhnischen und unflätigen Bemerkungen begleiteten. Natürlich waren Menschen darunter, die mit wehem Her-

zen noch einen Blick auf die verehrte Familie werfen wollten, aber das waren nur wenige.«

Sie konnten es einfach nicht begreifen: Was war bloß aus ihren loyalen Untertanen geworden, und wie konnten die Russen plötzlich so häßlich und brutal geworden sein? Will man den Schock begreifen, den die Familie empfunden haben muß, braucht man sich bloß folgendes klarzumachen: Bis dahin hatte die Etikette bei Hofe jedem verboten, unaufgefordert mit ihnen zu reden, ja sie auch nur anzusprechen, wenn der oder die Betreffende nicht

zuvor namentlich begrüßt worden war. Sogar der neue Kommandant der Palastwache, Oberst Korowitschenko, war »überaus taktlos und rüde«, wie sich Tatjana Botkin erinnerte. Ihm oblag unter anderem auch die Zensur der Korrespondenz der Zarenfamilie, und dabei bereitete es ihm offenbar besonderes Vergnügen, sich über ihre Kosenamen und ihre Ausdrucksweise lustig zu machen.

»Was für ein ›appetitliches‹ Buch Sie da in der Hand halten«, bemerkte er gegenüber einer der Großfürstinnen, nachdem sie und ihre Schwestern sich zaghaft über die Qualität des Essens beklagt hatten. »Man möchte es am liebsten essen.« Solche Sottisen waren natürlich harmlos, verglichen mit den anzüglichen Bemerkungen, die die Mädchen später zu hören bekamen, und einstweilen hatte die Zarin am meisten unter den Sticheleien der Soldaten und des Mobs zu leiden. Sie durfte nicht mehr ihren eigenen Balkon im Palast benutzen, ihre Kirchgänge wurden drastisch eingeschränkt, und in den Zeitungen, die sich plötzlich keinen Zwang mehr antaten, mußte sie sich die Schmähartikel und scharfen politischen Karikaturen gefallen lassen, die sie schamlos als moderne Messalina darstellten. Eine zeigte die Zarin sogar, wie sie sich in einer mit Blut gefüllten Badewanne den Rücken schrubbte. »Wenn Nicky noch ein paar von diesen Revolutionären tötete«, lautete die Unterschrift, »könnte ich öfter ein solches Bad nehmen.«

Das Wachpersonal bemühte sich, Alexandra vor den schlimmsten dieser Attacken zu bewahren, aber man konnte ihr nichts vormachen. Sie hatte eine fast unheimliche Gabe, gerade dann in ein Zimmer hineinzuplatzen, wenn man sich gerade über schlechte Nachrichten unterhielt – als ob sie es bewußt darauf anlegte.

»Immer dann, wenn die Soldaten mit dem Zaren oder den Kindern sprachen, legte sich ihre

Feindseligkeit«, erinnerte sich Sophie Buxhoeveden. »Sie sahen, daß sie nicht die grausamen Ungeheuer waren, wie man ihnen eingeredet hatte. Aber sie verhielten sich immer feindseliger gegenüber der Zarin und bewiesen durch ihr Verhalten, wie sehr sie doch von der Propaganda beeinflußt waren.« Antideutsche Beinamen waren noch das mindeste. Im März mußte Alexandra erfahren, daß Rasputins Leichnam exhumiert und geschändet worden war – man hatte ihn mit Benzin übergossen und auf einem Scheiterhaufen im Pargolowo-Wäldchen verbrannt –, und wenn sie ins Freie ging (was nicht oft geschah), »wichen ihr die Soldaten nicht von der Seite und belauschten ihre Unterhaltung … Oft bliesen sie ihr ihren abscheulichen Zigarettenqualm mitten ins Gesicht oder machten obszöne Witze, um zu sehen, wie sie darauf reagierte.« Augenzeugen berichten abwechselnd von der Gelassenheit und der Empörung der Zarin angesichts solcher Beleidigungen – zweifellos war der Grat zwischen religiöser Hysterie und innerem Frieden bei einem Charakter wie dem ihren sehr schmal. Paul Benckendorff machte der Zarin eines der aufrichtigsten Komplimente: »Sie ist wirklich großartig, aber ich habe immer gesagt, daß sie eine jener Persönlichkeiten ist, die nur im Elend über sich hinauswachsen.«

»Ich denke über die Vergangenheit nach«, schrieb Alexandra an Lili Dehn drei Monate nach der Abdankung ihres Mannes. (Lili war vernommen und wieder freigelassen worden, nachdem sie Zarskoje Selo im April verlassen hatte.) »Wir müssen alles mit mehr Ruhe betrachten. Was sollen wir tun? Wenn Er uns solche Heimsuchungen schickt, denkt Er offenbar, daß wir darauf vorbereitet sind. Es ist eine Art Prüfung – wir müssen beweisen, daß wir sie nicht umsonst auf uns genommen haben.« Sie gab den Kindern Religionsunterricht, während die regulären Schulstunden von Gilliard, der Baronin Buxhoeve-

Diese Brücke (links) im Alexander-Park stellte einst die Grenze des Gebietes dar, in dem sich der gefangene Zar bewegen durfte. Im April 1917 brach er mit Tatjana (kleines Bild) unter den wachsamen Augen eines Revolutionsgardisten Eisschollen aus dem Kanal.

den, Jekaterina Schneider (die vor so vielen Jahren nach England geschickt worden war, um der künftigen Zarin Russisch beizubringen), Dr. Botkin und vom Zar persönlich übernommen wurden, der Gilliard eines Morgens freundschaftlich mit »Mon cher collègue« begrüßte. Jeder im Palast hielt es für unabdingbar, daß Alexejs schulische Erziehung nicht unterbrochen wurde. Der zwölfjährige Zarewitsch begriff natürlich nur zum Teil, was um ihn herum vorging, und in einem Schreiben an einen Freund bemerkte er, wenn er wirklich einmal Zar sein würde, dürfte ihm gegenüber »niemand lügen«. In Zarskoje, fuhr er fort, würde »jeder« lügen, auch sein geliebter Derewenko, einer der beiden Matrosen, die seit seiner Geburt seine ständigen Begleiter waren. Während der Revolution lief Derewenko zu den Radikalen über,

flegelte sich in einen Sessel im Schlafzimmer des Zarewitschs und kommandierte ihn herum, bis Gilliard dies unterband.

»Er hatte die Stirn, den Jungen anzubrüllen ... und ihm zu befehlen, ihm dies oder jenes zu bringen und alle möglichen niederen Dienste zu verrichten«, erinnerte sich Gilliard. »Das Kind war ganz benommen und sich offenbar nur halb bewußt, was da von ihm verlangt wurde, und gab sich alle Mühe zu gehorchen.« Im Laufe des Frühjahrs herrschte einmal große Aufregung, als die Soldaten, die den Alexanderpalast bewachten, Alexej mit einem Spielzeuggewehr spielen sahen und Alarm schlugen. »Sie sind bewaffnet!« schrie alles, bis das Gewehr schließlich konfisziert wurde (und von mitfühlenden Soldaten wieder Stück für Stück dem Zarewitsch zuge-

Während der Gefangenschaft in Zarskoje Selo spielt Alexej (oben) mit seinem Cockerspaniel Joy und (kleines Bild) geht dort schwimmen Gegenüber: Oberst Kobylinski hatte die Oberaufsicht während des Arrests der Zarenfamilie in Zarskoje Selo und in Tobolsk.

schmuggelt wurde). »Überall gab es Spitzel«, erinnerte sich die Baronin Buxhoeveden, »und einige von den ›Unterdienern‹ spionierten uns aus und wiederholten in der Wachstube, was wir gesagt hatten. Einmal ertappten wir einen Lakaien dabei, wie er an der Tür kniete und die Unterhaltung im Zimmer belauschte, so daß wir sogar in unseren privaten Räumen aufpassen mußten, daß wir nicht etwas sagten, was mißverstanden werden könnte.« Außerhalb der Intimität ihrer Privatgemächer war es der Zarenfamilie und allen Angehörigen des Gefolges verboten, eine andere Sprache als Russisch zu sprechen.

»Ein Wort Französisch zu Monsieur Gilliard, dessen Russisch damals sehr schlecht war, hatte große Unannehmlichkeiten zur Folge«, erinnerte sich die Baronin. »Gegen Ende der Zeit in Zarskoje pflegte sich ein stellvertretender Kommandeur namens Damadianz im Gebüsch zu verstecken, wenn die Zarin im Garten war, und belauschte alles, was sie sagte. Weder die Eltern noch die Kinder beklagten sich darüber. ›Komisch, nicht wahr?‹ sagten die Großfürstinnen nur.« Gleichwohl war Ostern in jenem Jahr ein trauriges Fest. »Das Leben hatte aufgehört zu pulsieren«, erklärte Sidney Gibbes, der Englischlehrer; die Zarenfamilie war plötzlich »ganz menschlich« geworden. Gilliard fiel die tiefe Traurigkeit auf, die jedem der Anwesenden in der Palastkapelle während des Ostergottesdienstes ins Gesicht geschrieben war. Beim traditionellen spätabendlichen Mahl, das überall in Rußland zur Stunde von Christi Auferstehung (»Christos woskresse!«) abgehalten wurde, herrschte eine düstere Stimmung – obwohl Anastasia die Masern überstanden hatte. Graf Benckendorff sah Alexej auf einmal mit anderen Augen und rühmte die »großartige Beherztheit« des Zarewitschs.

»Sollte seine Krankheit einmal unter Kontrolle gebracht werden«, schrieb Benckendorff, »und sollte Gott ihn am Leben erhalten, dann müßte er eines Tages eine wichtige Rolle bei der Wiederherstellung unseres armen Landes spielen. Er ist der Repräsentant des Legitimitätsprinzips; seine Persönlichkeit ist vom Schicksal seiner Eltern und von seiner eigenen Kindheit geprägt worden. Möge Gott ihn schützen und ihn und seine ganze Familie aus den Klauen der Fanatiker erretten, in denen sie sich gegenwärtig befinden.«

Im Mai zog auf Kerenskis Befehl ein neuer Kommandant in den Alexanderpalast ein: Jewgeni Stepanowitsch Kobylinski, ein Oberst der Petrogra-

der Leibgardisten, der das Leben der Zarenfamilie in den kommenden elf Monaten beaufsichtigen sollte, bis die Bolschewiki in Rußland an die Macht kamen und ihn seines Postens enthoben. Kerenskis regelmäßige Besuche in Zarskoje Selo waren »für niemanden ein Vergnügen«, wie es Tatjana Botkin formulierte – fast immer verhießen sie nichts Gutes. In den Augen der Romanows war der Revolutionsheld nicht viel mehr als ein aufgeblasener und ungehobelter Zuchtmeister, der in ihren Gemächern herumwanderte, ihre Papiere durchwühlte und die Zarin mit Drohungen quälte, sie von ihrer Familie zu trennen. (Im Laufe der Zeit sollte der Zar jedoch tatsächlich so etwas wie Bewunderung für Kerenski empfinden, und leider erst im nachhinein erklärte er, daß er wünschte, »dem Mann schon früher begegnet zu sein« – er hätte ihm vielleicht einen Posten in der Regierung verschafft.) Auf alle Fälle bewies Kerenski ein nicht zu leugnendes Feingefühl gegenüber dem Elend der Romanows, als er Kobylinski dafür abstellte, sie ins sibirische Exil zu begleiten, die Revolutionsgardisten im Auge zu behalten und sich um das zu kümmern, was vom Besitz des Zaren noch übriggeblieben war. Als es zur Revolution kam, war Oberst Kobylinski weder Fisch noch Fleisch, weder für noch gegen die Monarchie oder die Zarenfamilie. Er vermochte ihnen als ehrlicher Soldat zu dienen, mit klaren Zielvorstellungen und ganz im Dienste Rußlands. Er verhielt sich tatsächlich wie ein »gewöhnlicher Russe« – ein Soldat nach dem Geschmack der Familie.

»Rechts orientierte Menschen waren wütend, als sie erfuhren, daß ein Oberst der alten Garden es wagte, den Posten des Gefängniswärters Ihrer Majestäten zu übernehmen«, berichtete Tatjana Botkin, die den russischen Monarchisten vorwarf, sie hätten es versäumt, sich Kobylinski für den Fall der Ermordung des Zaren, seiner Familie und ihres Vaters in Jekaterinburg »warmzuhalten«. Kobylinski »tat für die Familie des Zaren alles, was er konnte«, erinnerte sich Tatjana Botkin, »und es war nicht seine Schuld, daß die kurzsichtigen Monarchisten dies kaum mitbekamen und sich nie an den Mann wandten, in dessen Macht es stand, für ihre Rettung zu sorgen. Er wartete nur auf ein gewisses Maß an Hilfe von außen, die er schließlich kaum anfordern konnte, da jede seiner Handlungen, jedes seiner Worte, ja, fast jeder seiner Gedanken ständig von dreihundert feindseligen, mißtrauischen Soldaten überwacht wurde.«

Im Juli 1917, nach dem ersten erfolglosen Aufstand der Bolschewiki in der Hauptstadt, wurden Tatjanas Vater und Kobylinski nach Petrograd beordert, wo Kerenski ihnen eröffnete, daß die Zarenfamilie nach Sibirien, in die Stadt Tobolsk, gebracht werden solle. »Ich habe mich für Tobolsk entschieden«, erklärte Kerenski später, »weil es ein völlig abgelegener Ort war … eine sehr kleine Garnison hatte, kein Industrieproletariat und eine Bevölkerung, die wohlhabend und zufrieden, ja geradezu altmodisch war. Außerdem … war das Klima ausgezeichnet, und die Stadt verfügte über eine ganz passable Gouverneursresidenz, wo die Zarenfamilie mit einem gewissen Komfort leben konnte.«

Die Entscheidung, sie wegzubringen, war im Anschluß an den sogenannten Juliaufstand gefallen, als es infolge schwerer Niederlagen der russischen Armeen an der Ostfront und nach einem allgemeinen Rückzug der nationalen Streitkräfte in Petrograd erneut zu einer Rebellion gekommen war. Dabei erlitten die Bolschewiki zwar vorübergehend eine Schlappe, und Kerenski gelangte an die Spitze der Provisorischen Regierung, aber zugleich wurde deutlich, daß es vermutlich eine so unblutige Revolution wie im vergangenen März nicht mehr geben würde. Rußland trieb unaufhaltsam auf ein Chaos der Gewalt zu, und die Sicherheit der Zarenfamilie konnte so nahe bei der aufrührerischen Hauptstadt nicht mehr garantiert werden.

Seit dem Scheitern der Bemühungen, in England Asyl zu finden, hatte die Zarenfamilie entgegen aller Wahrscheinlichkeit gehofft, daß Kerenski sie vielleicht doch nach Livadija schicken würde, ihrem geliebten Refugium auf der Krim. Damit wäre es ihnen möglich gewesen, in Rußland zu bleiben und zugleich die herrlichen Vorzüge eines Seebads zu genießen. Daß die Reise statt dessen nach Sibirien ging, war keinem von ihnen ein Geheimnis mehr, als sie am frühen Morgen des 13. August einen Sonderzug bestiegen. Man hatte ihnen geraten, Pelze und warme Kleidung einzupacken, und dem noch verbliebenen Gefolge wurde eine letzte Chance eingeräumt, vor der Abfahrt der Familie noch »die eigene Haut zu retten«, wie es die Revolutionäre ausdrückten. Dazu entschlossen sich freilich nur die sogenannten Unterdiener, und so folgte den Romanows ins sibirische Exil die vertraute Schar der loyal Ergebenen: Gilliard, Gibbes, die Botkins, Jekaterina Schneider, Sophie Buxhoeveden sowie eine weitere Hofdame, die Gräfin Anastasia Hendrikowa.

Außerdem gab es noch die beiden Adjutanten des Zaren: Fürst Wassili Dolgorukow und General Iwan Tatischtschew, zwei Männer, die einander persönlich nicht leiden konnten, aber nun durch ihre Loyalität gegenüber dem ehemaligen Herrscher miteinander verbunden waren. Es gab Köche, Butler, Kammerdiener und Kammerfrauen, unter anderem Klementi Nagorny, den zweiten (und noch entschieden loyalen) Matrosendiener des Zarewitschs, Alexandra Teglewa (»Schura«), das Kindermädchen von Anastasia, sowie Anna Stepanowna Demidowa, »eine große, stämmige, zur Korpulenz neigende Frau«, wie sich Sidney Gibbes erinnerte, »die ganz im Gegensatz zu ihrer körperlichen Erscheinung ausgesprochen furchtsam und schreckhaft war«.

Im Augenblick also waren die Zarenfamilie und ihre verbliebene Entourage sicher – jedenfalls glaubten sie das. »Wir vertrauen Ihnen«, sagte der Zar zu Kerenski. »Wenn Sie sagen, wir müssen umziehen, dann muß es eben sein. Wir vertrauen Ihnen.« Der letzte Abend in Zarskoje Selo war düster und tränenreich. »Die Abfahrt war für ein

In diesem einst so eleganten, heute als Hörsaal dienenden ovalen Saal im Alexanderpalast (oben) versammelte sich die Familie mit ihrem Gefolge vor der Abreise nach Sibirien. Die Zarin wurde in ihrem Rollstuhl durch die Balkontür (rechts) gehoben, als man bei Tagesanbruch zum Alexander-Bahnhof (ganz rechts) aufbrach.

Uhr morgens festgesetzt«, erinnerte sich Tatjana Botkin, »aber sie brachen erst kurz vor sechs auf. Die Großfürstinnen weinten unaufhörlich, auch die Zarin war sehr aufgewühlt, und mein Vater gab allen Baldriantropfen und versuchte, sie zu trösten.« Die Familie saß die ganze Nacht lang auf ihren Kisten und Koffern in der berühmten halbkreisförmigen Halle des Alexanderpalastes. Hier warteten sie auf das Signal zum Aufbruch und zogen sich gelegentlich in ihre Zimmer zurück, um sich auszuruhen, was ihnen natürlich nicht gelang. Denn immer wieder tauchten Soldaten auf und befahlen scharf: »Fertigmachen!« Vor der Abfahrt gestattete Kerenski dem Zaren noch, seinen Bruder zu sehen, Großfürst Michael, zu dessen Gunsten Nikolaus im März auf den Thron verzichtet hatte. Man ließ sie allerdings nicht allein, und so konnten sie in Kerenskis Gegenwart keine wichtigen Angelegenheiten besprechen.

»Die Brüder … waren zutiefst bewegt«, erinnerte sich Kerenski. »Lange Zeit blieben sie stumm … dann redeten sie kurz über belanglose Dinge, wie dies so typisch ist für eine kurze Begegnung: Wie geht es Alix? Wie geht es Mutter? Wo wohnst du zur Zeit? Und so weiter.« Draußen in der Halle wollte auch der Zarewitsch »Onkel Mischa« sehen, aber dies wurde nicht gestattet. Tags zuvor war Alexejs dreizehnter Geburtstag gewesen. Auf Wunsch der Zarin war die heilige Ikone Unserer Lieben Frau von Znamenje zum Segnen ihres Sohnes in den Palast gebracht worden.

»Es war eine schmerzliche Zeremonie«, erinnerte sich Graf Benckendorff. »Alles war zu Tränen gerührt.« Alexandra war fast außer sich vor Kummer, als die kostbaren Besitztümer eines ganzen Lebens verpackt und mit Etiketten versehen wurden. Sie versuchte alles herbeizuschleppen, was sie tragen konnte: Teppiche, Porträts, Gemälde, Wandschirme, Nippes, Andenken, Ikonen und last not least ein wahres Vermögen an Familienschmuck – die Brillanten, Smaragde, Anhänger und Perlen, die ihr und ihren Töchtern gehörten. Als es soweit war, wurde die weinende Zarin von Bediensteten durch ein Fenster des Palastes nach draußen gehoben und zu dem Wagen getragen,

»Der Sonnenaufgang bei unserem Aufbruch war großartig … Wir verließen Zarskoje Selo um 6.10 Uhr. Gott sei Dank sind wir alle gerettet und beisammen.«

— Aus Nikolaus' II. Tagebuch

Sonnenaufgang über dem Alexander-Palast. Die Zarenfamilie brach hier im Morgengrauen des 14. August 1917 auf und wurde mit der Bahn nach Sibirien gebracht. Keiner von ihnen kehrte zurück.

der sie zum Alexander-Bahnhof von Zarskoje Selo brachte. Dort sahen die Soldaten, wie sie sich wankend, aber würdevoll, an den Arm ihres Mannes geklammert, auf dem Bahnsteig zum wartenden Zug begab, der aus Sicherheitsgründen als internationaler Rotkreuzzug getarnt war. Eine japanische Flagge flatterte im Wind, und möglicherweise hat Kerenski, wie er später behauptete, wirklich gehofft, der Zug möge seine Gefangenen schnurstracks aus Rußland hinaus in Sicherheit bringen.

»Was wird die Zukunft meinen armen Kindern bringen?« schrieb die Zarin an die Baronin Buxhoeveden, die krankheitshalber in Zarskoje Selo zurückbleiben mußte und erst später zur Familie in Tobolsk stieß. »Es bricht mir das Herz, wenn ich an sie denke.« Ihr Gesicht war aschfahl, als sie den Alexanderpalast zum letztenmal verließ, und niemand zweifelte daran, daß ihr das trostlose Schicksal ihrer Familie in seinem ganzen Ausmaß bewußt war.

❦

Was für eine Ironie des Schicksals, daß die sommerliche Reise nach Sibirien der Zarenfamilie die anregendsten Tage seit Monaten bescherte! Sie durften bei jedem Aufenthalt des Zuges spazierengehen, durch die Wälder streifen, Blumen pflücken und Beeren sammeln, auch wenn die Vorhänge ihres Privatwaggons auf Bahnhöfen und während der Fahrt durch größere Städte stets zugezogen waren. Im Zug war es, wie der Zar in seinem Tagebuch notierte, »sehr heiß und staubig« – tagsüber betrug die Temperatur 26 Grad Celsius. Alles in allem war es eine unglaublich langsame Reise. Am 17. August passierten die Romanows Jekaterinburg, eine Bergbaustadt, die ihnen bereits als Zentrum der Revolution im Ural bekannt war.

Monate später schilderte Großfürstin Anastasia in fehlerhaftem Englisch die Fahrt ins Exil in einem Brief an eine Freundin:

Revolutionssoldaten und -deputierte verpacken die bewegliche Habe in den Palästen von Zarskoje Selo, nachdem die Romanows nach Sibirien abgereist sind. Der Dampfer, der die Familie nach Tobolsk brachte, fuhr auch an Rasputins Heimatort Pokrowskoje vorbei – hier sein heutiges Aussehen (gegenüber, oben) und ein Foto von 1917 (kleines Bild), das Sidney Gibbes, der Englischlehrer der Zarenkinder, aufnahm. Rasputins Elternhaus steht noch heute in der Stadt (gegenüber, unten).

»Liebe Freundin. Ich will Dir beschreiben, wie wir gereist sind. Wir fuhren am Morgen ab, und als wir in den Zug einstiegen, legte ich mich gleich hin, wie alle anderen auch. Wir waren sehr müde, weil wir die ganze Nacht nicht geschlafen hatten. Der erste Tag war heiß und sehr staubig. Auf den Bahnhöfen mußten wir unsere Fenstervorhänge zuziehen, damit uns niemand sah. Eines Abends blickte ich hinaus, als wir bei einem kleinen Haus hielten, aber da war kein Bahnhof, also durften wir hinaussehen. Ein kleiner Junge kam zu meinem Fenster und bettelte: ›Onkel, bitte gib mir eine Zeitung, wenn du eine hast.‹ Ich sagte: ›Ich bin kein Onkel, sondern eine Tante, und ich habe keine Zeitung.‹ Zunächst konnte ich nicht verstehen, warum er mich ›Onkel‹ nannte, aber dann fiel mir ein, daß mein Haar ja geschoren worden war, und ich und die Soldaten (die neben mir standen) lachten sehr viel. Unterwegs sind viele lustige Dinge

passiert, und wenn ich Zeit habe, werde ich Dir von unserer Weiterfahrt schreiben. Leb wohl. Vergiß mich nicht. Viele Küsse von uns allen für Dich, mein Liebling. Deine A.«

Am 18. August wurde die Zarenfamilie in der Hafenstadt Tjumen von ihrem Zug zum Dampfer *Russ* gebracht, der sie auf den Flüssen Tura und Tobol nach Tobolsk bringen sollte, das nicht mit der Eisenbahn zu erreichen war. Im Laufe des Vormittags kamen sie an Pokrowskoje vorbei, wo Rasputin gelebt hatte. Der Starez hatte ihnen geweissagt, daß sie sein Dorf einst mit eigenen Augen sehen würden. Die Zarin erklärte ihrem Diener Alexej Wolkow: »Hier lebte Grigori Jefimowitsch. In diesem Fluß fing er die Fische, die er uns nach Zarskoje Selo brachte.« Alexandra war sicher, daß dies ein gutes Omen war, und das wog ein wenig ihre

Enttäuschung auf, nicht auf die Krim gebracht worden zu sein.

Dieser Teil von Sibirien war noch nicht vom Geist der Revolution »befallen«, und niemand hatte offenbar etwas dagegen, daß der Zarenfamilie nach ihrer Ankunft in Tobolsk das schönste Haus der Stadt als Gefängnis zugewiesen wurde: das sogenannte Gouverneurshaus, das einmal die offizielle Residenz des Gouverneurs der Provinz Tobolsk gewesen war. Im Augenblick war es unbewohnbar, und so mußten die Romanows noch über eine Woche an Bord der *Russ* bleiben, während ihre Zimmer gesäubert und gestrichen, die Möbel aufgestellt und bestimmte Einrichtungsgegenstände besorgt wurden, wie das Klavier für die Großfürstinnen und Sprungfedermatratzen für ihre Eltern, von denen man nicht verlangen konnte, daß sie wie die anderen auf Feldbetten schliefen.

Über den ersten Abend am Dock notierte der Zar in seinem Tagebuch: »Wir aßen zu Abend, scherzten über das erstaunliche Unvermögen der Leute, ein Haus herzurichten, und gingen früh zu Bett.« Die Straße, in der das Gouverneursgebäude stand, war vor kurzem in »Straße der Freiheit«, ja das Haus selbst in »Haus der Freiheit« umbenannt worden, aber das waren offenbar die einzigen Signale der Revolution in Tobolsk. Bei der Ankunft des Schiffes hatte sich praktisch die ganze Stadt am Ufer versammelt.

»Wir waren alle erstaunt beim Anblick der Mädchen«, erinnerte sich ein Einheimischer viele Jahre später. »Ihr Haar war so kurz geschoren wie bei kleinen Jungen. Wir glaubten, dies sei in Petrograd gerade so Mode.« Viele Bewohner von Tobolsk waren die Nachkommen von politischen Gefangenen, die einst von Nikolaus' Vorfahren nach Sibirien verbannt worden waren, aber niemand schien sich jetzt dafür rächen zu wollen, die zaristischen Gefangenen wurden von den meisten Bewohnern der Stadt anständig, ja geradezu ehrerbietig behandelt.

Anders verhielt es sich mit den verschiedenen Sonderkommandos: Dreihundert Soldaten waren aus Zarskoje Selo hierher verlegt worden, um die Zarenfamilie zu bewachen. Die Gefangenen waren übereinstimmend der Ansicht, daß eines dieser Kommandos »freundlich«, ein anderes »neutral« und ein drittes »revolutionär« war, und das pochte ständig auf die Rechte »des Volkes« und war im allgemeinen lästig und unangenehm. So wurde zum Beispiel eine Kiste Wein, die dem Zaren mit ausdrücklicher Erlaubnis von Kerenski nach Tobolsk geschickt worden war, mit der Begründung in den Fluß geworfen, daß es den Soldaten verboten sei, im Dienst zu trinken.

Im September wurde Wassili Pankratow, ein »ziviler« Kommissar, der wie »ein alter schwarzer Rabe« aussah, von der Provisorischen Regierung zur Beaufsichtigung der gefangenen Romanows eingesetzt, aber Oberst Kobylinski wurde nicht abgelöst. Eine von Pankratows ersten Amtshandlungen bestand darin, daß er befahl, die Romanows von vorn und im Profil wie Sträflinge zu fotografieren.

Pankratow war selbst fünfzehn Jahre als politischer Gefangener auf der Festung Schlüsselburg in St. Petersburg inhaftiert gewesen. Zusammen mit seinem Stellvertreter Alexander Nikolski hielt er vor den Wachen, von denen viele nicht einmal ihren Namen schreiben konnten, »revolutionäre Vorträge«. Dabei waren die Soldaten doch in erster Linie wegen des Geldes nach Tobolsk gekommen, wegen des sicheren Soldes und wegen der Möglichkeit, dem Durcheinander in der Hauptstadt zu entkommen. Doch Pankratows »politische Gespräche« führten laut Tatjana Botkin unter anderem dazu, daß sich in der ganzen Kompanie bald »Parteien bildeten, die miteinander stritten«, während Oberst Kobylinski, der sich bemühte, einen Anschein von Ordnung aufrechtzuerhalten, »ergraute und am Ende des Winters zehn Jahre älter aussah«. Es muß wohl am Charme der vier Töchter des Zaren gelegen haben (vielleicht auch am sanften Wesen russischer Soldaten), daß es den Mädchen im Laufe der Zeit gelang, die meisten ihrer Aufpasser durch Spiele und Plaudereien wie durch unschuldige Flirts, nach denen es sie doch so sehr verlangt haben muß, für sich einzunehmen. Sogar Pankratow wurde

Hinter dem Gouverneurshaus in Tobolsk (gegenüber; kleines Bild: heutige Ansicht) sägen der Zar und Pierre Gilliard Holz. Außerhalb des eingezäunten Grundstücks (unten) stehen Revolutionssoldaten aus Petrograd Wache. Im gegenüberliegenden Kornilow-Haus (ganz unten) wohnten Dr. Botkin, seine Kinder und andere Angehörige des Zarengefolges.

schließlich freundlich, und nach ein paar Monaten in Tobolsk gestand Großfürstin Maria Sidney Gibbes, sie hätte nichts dagegen, hier für immer zu leben, wenn sie nur spazierengehen dürfte.

Doch das war keinem von ihnen gestattet. In den ersten Tagen der Gefangenschaft erlaubte man der Zarenfamilie den Zugang zum gegenüberliegenden Gebäude, dem etwas größeren, rosafarbenen und aufwendiger gebauten Kornilow-Haus, das man von einem örtlichen Kaufmann beschlagnahmt hatte, um das zaristische Personal unterzubringen. Doch infolge der Begeisterung, mit der die Menschen den ehemaligen Monarchen und seine Familie begrüßten, wann immer sie auf dem Balkon saßen oder sich an einem Fenster zeigten, verbot man ihnen diese Ausflüge; ein Zaun wurde um ihr Gefängnis errichtet, der zugleich eine Nebenstraße miteinschloß, auf der ihnen der einzige Auslauf gestattet wurde.

Im Oktober kam eine Freundin von Großfürstin Olga, Rita Hitrowo, unangemeldet nach Tobolsk und brachte Briefe, Geschenke und Zuspruch aus Petrograd mit. Die Soldaten waren der Ansicht, daß sie einer monarchistischen Verschwörergruppe angehörte (was durchaus der Fall gewesen sein könnte), und schickten sie in die Hauptstadt zurück. Danach durfte niemand mehr, der nicht schon vorab die Erlaubnis dazu bekommen hatte, das Gouverneurshaus betreten, so daß zum Beispiel Dr. Botkins Kinder und Sophie Buxhoeveden, die in Tobolsk etwas später als die anderen eintrafen, die Zarenfamilie nie wieder sahen – außer von fern, wenn sie im Hof umhergingen, an einem Fenster auftauchten oder auf dem Balkon saßen.

Im Haus und im Hof probierten der Zar und seine Kinder alles mögliche aus, um sich zu beschäftigen. Sie sägten oder hackten Holz, wobei sie »ihre Beile mit ungewöhnlichem Geschick schwangen«, wie sich Tatjana Botkin erinnerte. Sie gingen im Kreis herum, sprangen auf und ab, machten Kopfstände und winkten den Passanten zu. Als es Winter wurde, bauten sie im Hof einen Schneeberg, wie sie es häufig in Zarskoje Selo getan hatten, und »kämpften wie die Trojaner«, solange sie konnten,

»warfen sich und einander in den Schnee und lachten aus Leibeskräften«. Doch als Nikolaus und Alexandra eines Morgens vom Schneeberg aus ein Kommando abziehender Soldaten verabschieden wollten, war er bis zum Boden abgetragen worden.

Im Haus ging der Unterricht weiter, und die Mädchen waren immer mit irgend etwas beschäftigt. Sie nähten, stickten, zeichneten, lasen und – Höhepunkte ihrer Gefangenschaft – spielten Theater unter der Regie ihrer Lehrer. Aber die Langeweile ihres Exils ließ sich nicht kaschieren. Alexej durfte (im Haus!) mit ein paar einheimischen Jungen sowie mit »Kolja« Derewenko spielen, nicht dem Sohn des undankbaren Matrosen, der ihn während der Revolution im Stich gelassen hatte, sondern dem Kind von Dr. Botkins Kollegen Wladimir Derewenko, der der Familie nach Tobolsk gefolgt war und als Facharzt im Gouverneurshaus ein und aus ging, wie es ihm beliebte. Aber die meiste Zeit mußte der Zarewitsch das Bett hüten, mit einer Erkältung, einem Husten oder mit Schmerzen in den Gelenken, so daß Alexandra eine Blutung befürchtete, und die meisten Einträge im Exiltagebuch des Zarewitschs beginnen mit den gleichen Worten: »Der heutige Tag verging genauso wie der gestrige.« Nur hin und wieder äußerte sich in diesen Aufzeichnungen eine Andeutung von Gefühl: »Es ist langweilig! ... Gott helfe uns! Gott habe Erbarmen mit uns!«

»Ja, die Vergangenheit ist vorbei«, erklärte seine Mutter in einem Brief an Anna Wyrubowa, die nach fünf qualvollen Monaten in der Peter-und-Pauls-Festung in Petrograd wieder freigekommen war. »Ich danke Gott für alles, was war, was ich bekam, und werde von den Erinnerungen leben, die mir niemand nehmen kann ... Ich habe die Alben [mit den Fotos] in der Truhe [in Zarskoje Selo] gelassen ... Es gibt Dinge, die ich von mir wegscheuche, sie sind noch so frisch im Gedächtnis, daß sie töten.«

Die Zarin verbrachte die meiste Zeit in Tobolsk in ihrem Zimmer, wo sie die schlimmsten Auswüchse der Revolution nicht mitbekam, aber dennoch im Laufe der Wintermonate unglaublich alterte. Sie und ihre Töchter – außer Anastasia – waren im Exil

Die älteste Zarentochter, Olga (oben), beim Holzhacken in Tobolsk. Unten: Nikolaus und seine Kinder genießen die Sonne auf dem Dach des Gewächshauses und (gegenüber, oben links) machen Gymnastik mit Angehörigen ihres Gefolges. Gegenüber, oben rechts: das Zimmer der vier Mädchen. Gegenüber, unten: Eine Skizze des Gouverneurshauses (links) und von den Mädchen in Tobolsk angefertigte Aquarelle (rechts). In der Mitte Anastasias Englischheft mit Korrekturen von Sidney Gibbes.

sehr dünn geworden. Der Zarin zufolge war Anastasia nun »sehr dick, so wie Maria früher – größer und kräftiger Oberkörper, aber kurze Beine«. »Es gab kaum ein Mädchen, das so dünn war wie Tatjana«, meinte Sidney Gibbes in einer kurzen Schilderung der Zarentöchter am Ende ihres Lebens. Am meisten litt Olga unter der Langeweile, erinnerte er sich; Tatjana war »hochmütiger« als früher, »man wußte einfach nicht, was ihr durch den Kopf ging«. So mager Maria auch geworden war, konnte sie doch noch immer Gibbes »mühelos« hochheben, während Anastasia in ihrer »geistigen Entwicklung plötzlich stehengeblieben zu sein schien«. Ihren Eltern kam es anscheinend nicht in den Sinn, daß das Leben der Kinder in Gefahr war. Nikolaus und Alexandra schienen sich damit abgefunden zu haben, daß sie ein Martyrium erwartete, und diese Haltung machte ihnen die Erfahrung des Exils, wie die Zarin erklärte, wohl »leichter«.

»Wann wird all dies enden?« fragte sie sich in einem Brief an Anja. »Wie liebe ich doch mein Land, mit all seinen Fehlern! ... Glaube an das Volk, meine Liebe. Die Nation ist stark und jung und weich wie Wachs.«

Im November 1917 übernahmen die Bolschewiki in einem dramatischen Staatsstreich die Macht von Kerenskis Regime in Petrograd und wandelten Rußland offiziell innerhalb weniger Monate in den ersten kommunistischen Staat der Welt um, an dessen Spitze Wladimir Iljitsch Lenin stand. Doch erst nach dem Ende des anschließenden vierjährigen Bürgerkriegs sollte die neue Regierung fest im Sattel sitzen. Von Anfang an regierte Lenin, zusammen mit Jakob Swerdlow, Leo Trotzki und anderen führenden Bolschewiki, das Land eher im Stil der Zaren – brutal, gnadenlos und schließlich mit der förmlichen Erklärung der Notwendigkeit eines »roten Terrors« in Rußland, der die Bevölkerung zu linientreuen Genossen machen sollte, was auch in kurzer Zeit gelang.

In den Wintermonaten, als die Flüsse zugefroren waren, konnte die Stadt Tobolsk nur mit Pferd und Karren (oder Schlitten) erreicht werden, und so dauerte es mehrere Wochen, bis die Nachricht von dem bolschewistischen Staatsstreich die Gefangenen im Gouverneurshaus erreichte. Sidney Gibbes hatte den »Zaren noch nie so erschüttert erlebt« wie an dem Tag, als er von Lenins Triumph erfuhr: »Eine Zeitlang brachte er kein Wort heraus und rührte sich nicht, und niemand wagte es, auch nur ein Wort zu sagen. Dann begann allmählich wieder unser normales Leben, aber etwas hatte sich

*E*in Gemälde von der Plünderung des Winterpalastes
im November 1917 (gegenüber) sowie zaristische Wappen (oben), die von der Palastfassade entfernt wurden
und dann auf dem Palastplatz lagen.

verändert: Jedem war die zunehmende Gefahr bewußt ... Es war klar, daß die Lage [der Familie] von nun an äußerst unsicher sein würde und durchaus in einer Tragödie enden konnte.« Kommissar Pankratow berichtete später, daß der Zar über den Verlauf der Dinge deprimiert gewesen sei – »am meisten aber über die Plünderung des Weinkellers im Winterpalast«.

Noch herrschte in Tobolsk die Ruhe vor dem Sturm. An der Routine oder am Kommando änderte sich zunächst nichts. Der Unterricht ging weiter, es wurde gebetet und gesungen, die übliche Langeweile breitete sich aus. Weihnachten kam und damit der letzte Anschein von »sinnvoller« Tätigkeit im Gouverneurshaus. Wie es der Brauch war, beschenkte die Zarenfamilie alle Bediensteten, bis hinunter zum letzten Lakai, und in diesem Jahr bekamen auch eine Reihe von Soldaten Geschenke – gestrickte Schals, Handschuhe und Mützen.

»Einen Tag vor Weihnachten fragte Ihre Majestät meinen Vater, ob wir einen Christbaum hätten«, erinnerte sich Tatjana Botkin, »und als sie erfuhr, daß wir keinen hatten, schickte sie sogleich einen Diener in die Stadt, der für uns einen besorgen sollte, dazu ein paar Kerzenhalter, Goldlametta, Kunstschnee und Kerzen, die Seine Majestät eigenhändig zugeschnitten hatte. Am selben Abend bekam jeder von uns eine Stickerei – Arbeiten Ihrer Hoheiten –, ein aquarelliertes Lesezeichen von Ihrer Majestät und ein persönliches Geschenk: mein Vater eine Vase, mein Bruder ein Buch und ich einen Anhänger für meine Uhr – ein Goldstück mit einem Brillanten.«

Alexandra nahm zunehmend Anteil an der Entwicklung von Botkins Kindern und interessierte sich besonders für den Jüngsten, Gljeb, der seinem Vater in Tobolsk eröffnete, daß er Priester werden wolle. »Mein Vater hatte sich gegenüber [der Zarin] über meinen Haß auf die Revolutionäre und meine niedergedrückte Stimmung beklagt«, erinnerte sich Gljeb, »die er für eine verkehrte Einstellung hielt. Aber Ihre Majestät meinte dagegen, daß sich mein Vater zu bereitwillig dem neuen Regime angepaßt habe, und ließ mir viele freundliche Ermutigungen ausrichten.« Immer wieder fragte sie den Kommandanten, ob die Botkin-Kinder nicht herüberkommen und Karten spielen, lernen oder einfach nur mit ihren Kindern zusammensein dürften, die sich

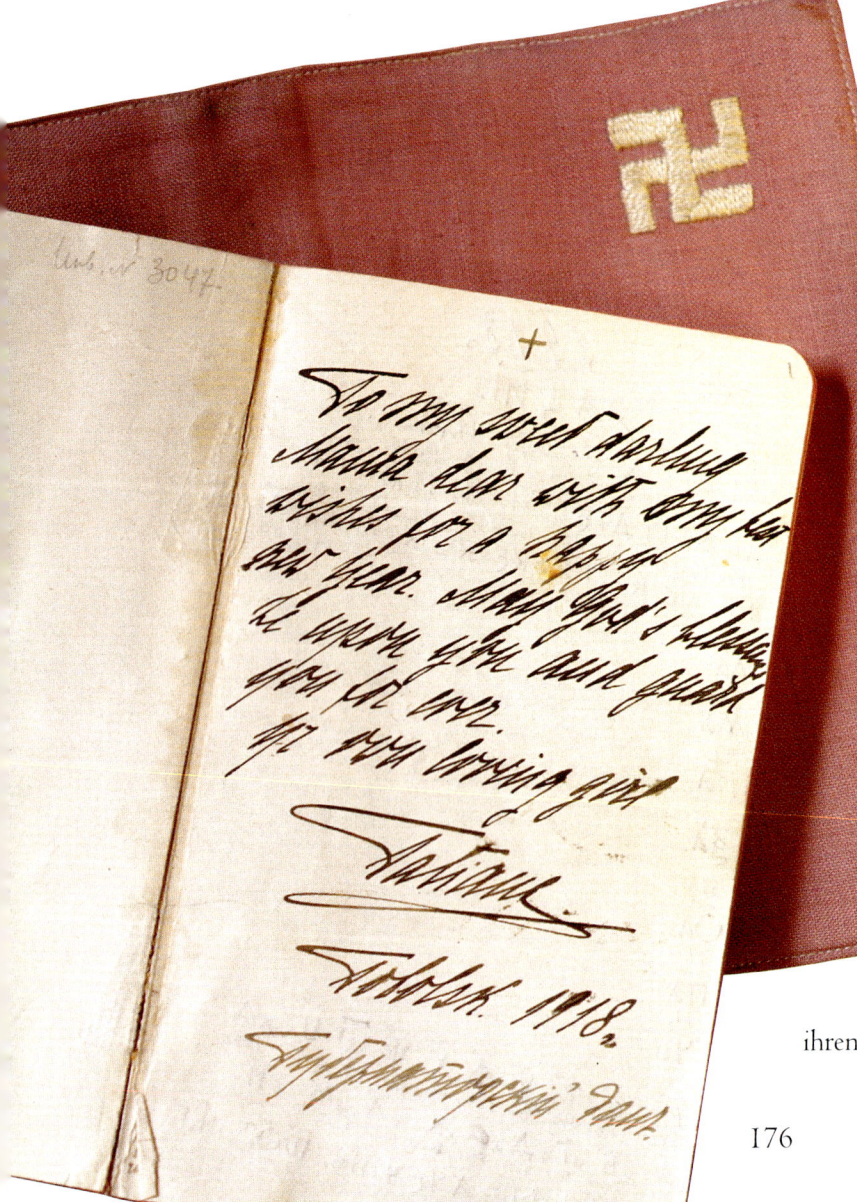

Meiner süßen geliebten Mama ... Möge Gottes Segen auf Dir ruhen und Dich ewig behüten. Dein Dich immer liebendes Mädchen, Tatjana.

Tatjanas letztes Weihnachtsgeschenk für ihre Mutter (links) war ein in malvenfarbenes Leinen gebundenes Notizbuch, mit dem »Glückssymbol« der Zarin, dem Hakenkreuz.

inzwischen so langweilten, daß sie schon beim Verlassen des Hauses vor ihrer täglichen Gymnastik auf die Uhr sahen und abschätzten, wann sie wieder hineingehen durften. Aber diese Besuche wurden nicht erlaubt, und die beiden Haushalte mußten sich mit einem täglichen Winken und gelegentlichen Briefen begnügen.

Gljeb Botkin war ein angehender Dichter (womit er sich besonders bei der launenhaften Großfürstin Olga beliebt machte) sowie ein begabter Maler, der die Großfürstinnen und ihren Bruder mit satirischen Karikaturen erheiterte: einer Reihe großartiger Aquarelle, auf denen die verschiedenen Repräsentanten der Russischen Revolution als Tiere in Uniform dargestellt waren. Sein Vater brachte die Zeichnungen zu den Zarenkindern, sobald Gljeb sie produziert hatte – eine der wenigen Gelegenheiten, bei denen sie herzhaft lachen konnten. Anfangs war der Winter 1918 recht milde für Sibirien, aber im Februar begannen die Schneestürme, und die Zarenkinder wurden wieder krank. Diesmal waren es die Röteln. Die Krankheit hielt aber nicht lange an, und

kurz vor Beginn der Fastenzeit konnten sie noch einmal so richtig lachen: Während einer Aufführung der von Sidney Gibbes inszenierten »vulgären« edwardianischen Komödie *Packing Up*, in der Anastasia die männliche Hauptrolle spielte, enthüllte die jüngste Großfürstin mehr, als sie eigentlich wollte. »Am Ende der Farce«, erinnerte sich Gibbes, »muß der Ehemann dem Publikum den Rücken zukehren, seinen Morgenmantel öffnen, als wollte er ihn ablegen – Anastasia trug einen alten Bademantel von mir –, und dann rufen: ›Aber ich habe meine Hose eingepackt – so kann ich nicht gehen.‹ Die Großfürstin war über den vielen Applaus an diesem Abend ganz aufgeregt. Das Stück war ein großer Erfolg, und sie spielten es mit einem solchen Tempo, daß ein plötzlicher Luftzug unter den Bademantel fuhr und ihn hinten bis zur Mitte ihres Rückens lupfte, so daß ihre stämmigen Beine und ihr Hinterteil zu sehen waren, das in der Jägerunterwäsche des Zaren steckte. Wir hielten alle die Luft an, und dann bogen sich der Zar und die Zarin, das Gefolge und die Dienerschaft vor Lachen. Die arme Anasta-

sia konnte natürlich nicht ahnen, warum.« Doch sie war ein alter Theaterhase, und als *Packing Up* auf allgemeinen Wunsch ein zweites Mal gespielt wurde, sorgte sie dafür, daß das Publikum auf seine Kosten kam. Es war das einzige Stück, das in diesem Winter in Tobolsk zweimal gegeben wurde, und es war das letzte Mal, daß man die Zarin – vor so vielen Jahren noch Prinzessin Sonnenschein – wirklich vergnügt lachen sah.

Im März wurde Tobolsk »vom Bolschewismus verseucht«, wie Tatjana Botkin es ausdrückte, und neue Rekruten aus Petrograd und Zarskoje Selo trafen ein, um die Wachen abzulösen. Pankratow wurde entlassen, und auf Weisung Moskaus wurde die Zarenfamilie auf Soldatenrationen gesetzt. Längst war das Geld für ihren Unterhalt aufgezehrt. Der Zar versorgte nicht nur seine Familie, sondern das ganze Gefolge und die Dienerschaft aus der eigenen Tasche, das heißt vom Rest des Vermögens, den die Familie von der Staatsbank in Petrograd hatte mitnehmen dürfen. Nun verfügte Moskau, daß das Gefolge halbiert werden sollte, und alle

Getreue Angehörige des Gefolges in Tobolsk. Beim Essen (oben links)
von links: Olga; der Adjutant General Tatischtschew; Lehrer Pierre Gilliard; Gräfin Hendrikowa, eine Hofdame; Tatjana und die Lehrerin Jekaterina Schneider.
Schneider und Hendrikowa (oben, zweites und drittes Bild rechts) sowie der Adjutant des Zaren, Fürst Dolgoruki (ganz rechts), im Freien.

Bediensteten – außer den Ärzten – mußten bei der Zarenfamilie im Gouverneurshaus untergebracht werden. Dies führte zu »großen Unannehmlichkeiten«, wie sich die Botkins erinnerten, und am Ende ergaben sich einige komische Doppel-, ja Dreierbelegungen. Jekaterina Schneider, die *lectrice* der Zarin, teilte sich ein Zimmer mit den beiden Kammerzofen, während General Tatischtschew und Fürst Dolgurukow, die beiden zerstrittenen Adjutanten des Zaren, zusammenziehen mußten und regelmäßig den ganzen Haushalt mit ihren heftigen Auseinandersetzungen unterhielten.

Sidney Gibbes, den die Botkins für einen »sturen Engländer« hielten, lehnte es rundweg ab, mit seinem Schweizer Kollegen Gilliard ein Zimmer zu teilen, und bewohnte fortan »einen warmen und geräumigen kleinen Schuppen« mit seiner Magd Anfisa (sehr zum Vergnügen der vier Großfürstinnen, die längst prophezeit hatten, daß Gibbes »niemals mehr irgendwo ohne Fisa leben« würde). Die Zarin bemühte sich, die entlassenen Diener zu entschädigen, aber die meisten hatten keine Lust, auf ihr Geld zu warten. Sie plünderten die Speisekammer, legten Alexandra Abrechnungen für ihre Dienste vor, und waren, bevor sie das Haus verließen, meist so betrunken, daß sie auf dem Gang vor den Kinderzimmern umkippten. Bei den Mahlzeiten verschwanden Butter, Zucker, Kaffee und Eier vom Tisch – jede Art von »Luxus« wurde von den Bolschewiki als verdächtig (und inzwischen auch kriminell) »aristokratisch« angesehen. Die Kirchenbesuche der Zarenfamilie waren bereits im Dezember eingestellt worden, als der örtliche Pope, Vater Alexejew, den Fehler beging, für die Gesundheit der Familie zu beten und dabei ihre Titel anzuführen – ein Relikt aus der Zarenzeit, das vom neuen Regime ausdrücklich verboten worden war. (Anschließend wurde im Gouverneurshaus eine behelfsmäßige Kapelle eingerichtet, und die Gottesdienste wurden dort mit Hilfe von Nonnen und Priestern vom Kloster des heiligen Johannes in Tobolsk abgehalten.) Weitere Demütigungen ließen nicht lange auf sich warten. Im März wurde dem Zaren befohlen, die

Offizierspauletten von seinen Uniformen und Jacken abzutrennen. Sie trugen das Monogramm seines Vaters, Alexanders III., und ihre erzwungene Entfernung war für die ganze Familie eine Schande, ja fast ein Sakrileg. Im selben Monat unterzeichnete die bolschewistische Regierung einen Friedensvertrag mit den Deutschen in Brest-Litowsk, und damit war die Beteiligung Rußlands am Ersten Weltkrieg beendet – gleichzeitig mußte aber etwa ein Drittel von Rußlands Westgebieten an die Deutschen abgetreten werden. Seit seiner Abdankung waren der Zar und die Zarin nicht mehr so empört gewesen. Nikolaus nannte es einen »Alptraum ... schlimmer und schmachvoller als die Ereignisse während der Großen Wirren«, während Alexandra erklärte, sie könne nicht einmal an Brest-Litowsk denken »ohne einen schrecklichen Schmerz im Herzen«. Sie war sich zwar durchaus im klaren darüber, daß es in Rußland viele Menschen gab, die sich von den Deutschen Hilfe gegen die Bolschewiki erwarteten, aber für sie waren die Deutschen »viel schlimmer – so ein unerträglicher Schmerz –, aber alles schmerzt jetzt – alle Gefühle werden mit Füßen getreten«.

»Großer Gott«, schrieb Alexandra an Lili Dehn, »so weit ist es also gekommen, daß sie erwarten, der äußere Feind möge kommen, um sie vom inneren Feind zu befreien. Und wer wird als Führer geschickt? Tante Babys Bruder. Verstehen Sie?« Sie schrieb verschlüsselt. Tanty Baby (»Aunt Baby«) war der Spitzname, den Lilis Sohn Alexander der Zarin gegeben hatte, und ihr Bruder war Ernie, der Großherzog von Hessen, der Alexandra und ihre Familie ernsthaft zu retten versuchte, während er sich zugleich auf unergründliche Weise in die russische Politik einmischte. Die Rolle des Großherzogs bei den folgenden Ereignissen bleibt im dunkeln. Jahrelang gab es Gerüchte über einen Geheimzusatz im Vertrag von Brest-Litowsk, worin der deutsche Kaiser angeblich eine Garantie verlangte, daß seiner Kusine, der Zarin, und ihren Töchtern kein Haar gekrümmt werden dürfe – »deutsche« Prinzessinnen waren aus der Sicht des Kaisers, auf jeden Fall potentiell wertvolle Bauern auf dem Schachbrett

Im Dezember 1917 durfte die Familie nicht an Gottesdiensten in Tobolsk teilnehmen, so daß im Haus ein provisorischer Altar errichtet wurde (ganz unten) und Priester und Nonnen (unten) aus der Stadt kamen und die Messe sangen. Gegenüber: Unter den Fenstern des Gouverneurpalastes passiert ein Revolutionsumzug das Kornilow-Haus.

der Politik. Im Frühjahr 1918 ließ Graf Bencken-dorff gegenüber Graf Wilhelm von Mirbach-Harff, dem deutschen Botschafter in Petrograd, durch-blicken, »wenn der Zar und seine Frau und Kinder sterben, wäre Kaiser Wilhelm II. persönlich dafür verantwortlich« – und das kam einer Kehrtwende unter den Monarchisten gleich, die sich ja ansonsten bemühten, die Verbindungen der Zarenfamilie zu Deutschland herunterzuspielen.

»Immer mit der Ruhe«, erwiderte von Mir-bach-Harff. »Ich weiß über die Lage in Tobolsk Bescheid, und wenn die Zeit reif ist, wird das Deutsche Reich handeln.« Gerüchte verlauteten, daß der Großherzog von Hessen ein potentieller Regent von Rußland in einer wiederhergestellten Monarchie

sein würde, und die Bemühungen einer Reihe hohl-köpfiger loyaler Anhänger, die Romanows aus To-bolsk zu retten, wurden ganz sicher von ihm finan-ziert. »Ich würde lieber in Rußland sterben, als von den Deutschen gerettet zu werden«, erklärte Alexan-dra, als ob sie darüber zu entscheiden gehabt hätte. Darüber hinaus war sie ganz offensichtlich der Mei-nung, daß der Vertrag von Brest-Litowsk erst recht-mäßig würde, wenn er von ihrem Mann unterzeichnet wäre. Ihre Angst, Nikolaus könnte – von sich aus oder gezwungenermaßen – mit den Bolschewiki »kooperieren«, war der Grund für ihre Aufregung Anfang April, als ein neuer Kommissar nach Tobolsk aus Moskau kam, wohin Lenin zu Beginn des Jahres 1918 die russische Hauptstadt verlegt hatte.

Der Name des Abgesandten war Wassili Jakow-lew – zumindest war dies sein Parteiname. Es gibt zahlreiche Theorien über die wahre Natur seiner Mission. Sogar schon 1918 in Tobolsk hüllte er sich offenbar in Geheimnisse – ein distinguierter, respektvoller Bolschewik, der sich vor der Zarin verneigte und sich nach der Gesundheit des Zare-witschs erkundigte. Im Gouverneurshaus gingen ver-schiedene Gerüchte um: Jakowlew sei in Wirklichkeit der verkleidete Trotzki, oder er sei gekommen, die Zarenfamilie nach England, Norwegen, Deutschland oder Japan zu bringen. Zumindest der Zar und ganz sicher auch die Zarin glaubten, Jakowlew habe die Aufgabe, Nikolaus nach Moskau zu schaffen, wo ihm dann der Prozeß gemacht würde.

Leider traf er genau zu dem Zeitpunkt ein, als die Bolschewiki in Sibirien und im Ural ihre Macht demonstrierten. Der Sowjet im weiter östlich gelegenen Omsk betrachtete Tobolsk als sein persönliches Lehen und sah es als sein erklärtes Ziel an, in der Stadt »den Bolschewismus zu verbreiten«. Auch auf die bolschewistische Führung in dem am Rande des Urals gelegenen Jekaterinburg übte der Zar einen besonderen Reiz aus. Dort träumte »das Volk« von Rache, und darum wollte der Ural-Sowjet dafür sorgen, daß Nikolaus nicht der Vergeltung entging. An anderen Orten brach gerade der Bürgerkrieg aus, als sich in ganz Rußland bewaffneter Widerstand gegen die Bolschewiki erhob, und das sogenannte Tschechoslowakische Korps – über 40 000 österreichisch-ungarische Kriegsgefangene – nahm die Dinge selbst in die Hand und begann quer durch Sibirien zu marschieren, um das Land zu verlassen. Worin auch immer Jakowlews Mission tatsächlich bestanden haben mochte – offensichtlich haben widerstreitende Bestrebungen, zusammen mit dem außergewöhnlichen Unglück der Zarenfamilie, ihn daran gehindert, sie zu erfüllen.

Warum sie nicht schon früher gerettet worden waren, verblüffte jeden, der sich damit befaßte. In Petrograd leitete Anna Wyrubowa eine Aktion zur Sammlung von Kapital und »loyalen Dienern« für die Errettung der Zarenfamilie, während verschiedene Bemühungen ihrer Freunde auf der Krim eine Zeitlang fast sicher von Erfolg gekrönt zu sein schienen. Am Ende scheiterte alles an mangelnder Organisation, was sogar von vielen Monarchisten im Exil ohne Zögern auf die Unfähigkeit der Russen zurückgeführt wurde. Pierre Gilliard wunderte sich, warum es nicht in ganz Sibirien vor potentiellen Rettern wimmelte. »Herrgott noch mal«, rief er, »wenn wir [die Schweizer] das Ding geschaukelt hätten, dann wäre jeder Lader, jeder Schiffskapitän, jeder Jamschik [Postkutscher] unterwegs unser Mann gewesen.«

Dr. Botkins Tochter konnte dem nur beipflichten: »Es wäre tatsächlich ein leichtes gewesen, unsere Männer unter die Dampfschiffmannschaften und Postfahrer zu mischen. Außerdem gab es noch

eine andere, ganz simple Methode – man brauchte nur die Wachen zu bestechen, von denen viele bereits zu Ihren Hoheiten gesagt hatten: ›Sobald uns die Bolschewiki bezahlt haben, werden wir gehen.‹ Sicher hätten sie keinen Widerstand geleistet, wenn das Geld von den Monarchisten gekommen wäre.« So unglaublich es klingt, aber offenbar konnte man sich einfach nicht einigen, wer denn nun genau gerettet werden sollte: der Zar, der Thronerbe, die Zarin und ihre Töchter oder die ganze Familie. Und dann verschwand auch noch die beträchtliche Summe, die bei der Sammelaktion zusammengekommen war, in den Händen von Boris Solowjew, einem Petrograder Parvenü und Sohn eines Schatzmeisters der Heiligen Synode, der Rasputins Tochter Maria 1917 geheiratet hatte und somit als potentieller Retter der Romanows galt, was er schlicht nicht war. Zum Zeitpunkt, da der Zar aus Tobolsk verlegt wurde, machte sich Solowjew rar und verschwand schließlich ganz mit einer großen Summe Geld in seinen Taschen.

Jakowlew war offenbar zunächst mit der Aufgabe betraut worden, die gesamte Zarenfamilie zusammen mit dem Zaren nach Moskau zu bringen. Aber Alexej war erneut krank geworden – unglücklicherweise schwer krank: Nach einem Sturz von einem Holzboot, mit dem er die Treppe hinunterfahren wollte, hatte er sich schwere innere Blutungen zugezogen. Als der Junge älter wurde, forderte er offenbar immer öfter das Schicksal heraus und scheint solche Unfälle sogar bewußt herbeigeführt zu haben. »Als ob er es mit Absicht tat«, wie der Zar meinte.

Nun war er »furchtbar dünn«, berichtete die Zarin, und hatte »riesengroße Augen«. Es war »genauso schlimm wie in Spala«.

»Mama, ich möchte sterben«, stöhnte Alexej in seinem Bett. »Ich habe keine Angst vor dem Sterben, aber ich habe solche Angst davor, was sie uns hier antun werden.« Als Jakowlew sich über den Zustand des Jungen im klaren war, änderte er offenbar seinen Plan und erklärte, daß ihn der Zar allein begleiten werde. Nikolaus weigerte sich jedoch, worauf

Jakowlew erwiderte, wenn er nicht mitkäme, würde Moskau einen anderen Abgesandten schicken, der vielleicht weniger umgänglich wäre als er.

»Seien Sie ganz beruhigt«, versicherte ihm Jakowlew. »Ich bürge mit meinem Leben für Ihre Sicherheit. Wenn Sie nicht allein fahren wollen, können Sie mitnehmen, wen Sie wollen. Machen Sie sich fertig. Wir brechen morgen um vier Uhr früh auf.«

Und damit sollte Alexandra vor dem vielleicht schwierigsten Dilemma ihres Lebens stehen. Sie konnte ihren Mann nicht allein fahren lassen, aber ebensowenig konnte sie ihren leidenden Sohn allein zurücklassen. Bis dahin hatte sie »immer gewußt, was [sie] tun sollte«. Nun war sie plötzlich ratlos. Sie weinte. Sie betete. Sie bat Gott flehentlich, er möge das Eis der Flüsse brechen lassen, so daß überhaupt niemand fahren könnte. Schließlich sagte Großfürstin Tatjana zu ihrer Mutter: »Du darfst dich nicht mehr so quälen«, und damit zwang sie sie, sich zu entscheiden. »Ja«, sagte die Zarin. »Ich werde mit dem Zaren gehen.« In vielerlei Hinsicht war ihre Liebe noch immer so innig wie im Jahre 1894, als sie sich verlobten.

Sie überlegte kurz und beschloß dann, Maria mitzunehmen – »darling Maschka«, »ein Engel und die Beste von uns«. Das war eine sinnvolle Entscheidung. Olga hatte eine schwache Gesundheit, Tatjana, die Zuverlässigste, mußte sich um Alexej kümmern und das Haus versorgen, und Anastasia war noch zu klein. Sophie Buxhoeveden zufolge hatte das Erlebnis der Revolution Maria über Nacht »vom Kind zur Frau« gemacht. Als die Großfürstinnen die Neuigkeit erfuhren, weinten sie, nicht aus Eifersucht oder Enttäuschung, sondern aus echtem Kummer. Noch nie war die Familie auf diese Weise getrennt worden. Am Abend vor der Abreise tranken sie schweigend ihren Tee, die Mädchen scharten sich um ihre Mutter, und Alexej stöhnte sacht im Zimmer nebenan. Er hatte gerade gehört, daß seine Eltern wegfahren würden.

»Es war die traurigste und bedrückendste Party, an der ich je teilgenommen habe«, erinnerte sich Sidney Gibbes, sachlich bis zuletzt. »Es wurde

Im April 1918 erholte sich Alexej (kleines Bild)
von einer heftigen Blutung, die er sich zugezogen hatte, als er mit einem Boot die Treppe (oben) herunterrutschte.
Die Zarin mußte ihren Sohn schweren Herzens zurücklassen, um ihren Mann nach Jekaterinburg zu begleiten.
Unten: die Kutschen, die Nikolaus, Alexandra und Maria am 26. April 1918 aus Tobolsk abholten.

kaum gesprochen und keine Fröhlichkeit vorgetäuscht. Es herrschte ein feierlicher, tragischer Ernst, das angemessene Vorspiel zur unausweichlichen Tragödie.« Der Zar und die Zarin wurden begleitet von Fürst Dolgorukow, dem Koch Charitonow, den beiden Kammerdienern Trupp und Tschemodurow sowie von Anna Demidowa, der Kammerzofe der Zarin, die vor Angst zitterte und murmelte: »Ach, Mr. Gibbes, ich habe solche Angst vor den Bolschewiki, was werden sie wohl mit uns vorhaben?« Auch Dr. Botkin brach mit ihnen auf, was Alexandra nicht von ihm erwartet hatte.

»Was wird aus Ihren Kindern?« fragte sie ihn spitz, weil sie vielleicht an Botkins »Verrat« an Anna Wyrubowa in Zarskoje Selo denken mußte.

»Ich habe stets Euren Majestäten gedient«, erwiderte Botkin, und dankbar drückte ihm die Zarin die Hand. Auf der anderen Straßenseite schauten Botkins Kinder aus ihrem Fenster im Kornilow-Haus und sahen ihren Vater zum letztenmal, während die Reisegesellschaft in schmutzige Bauernkarren gepfercht wurde und abfuhr. Nikolaus saß im ersten bei Jakowlew; Maria und die Zarin folgten im nächsten Karren, wo man zu ihrem »Komfort« eine Matratze und etwas Stroh auf den Boden gelegt hatte. Die übrigen Gefangenen bildeten die Nachhut.

»Mein Vater sah mich«, erinnerte sich Tatjana Botkin, »und während er sich nach mir umdrehte, segnete er mich immer wieder mit dem Zeichen des Kreuzes … Dann kamen wieder Soldaten. Die Demidowa mit Soldaten, Tschemodurow mit Soldaten, weitere Soldaten und zu beiden Seiten berittene Soldaten. All das raste an mir mit unglaublicher Geschwindigkeit vorbei.« Sie blickte hinüber zum Gouverneurshaus, wo sie Olga, Tatjana und Anastasia – »drei Gestalten in grauen Anzügen« – auf der Treppe stehen sah. »Sie starrten noch lange in die Ferne, dann drehten sie sich um und gingen nacheinander langsam ins Haus.«

»Wir wissen zwar, daß der Sturm immer näher kommt, aber unsere Seelen leben in Frieden. Was auch geschehen mag, es wird Gottes Wille sein.«

— Aus Alexandras letztem Brief aus Tobolsk an Anna Wyrubowa

NEUNTES KAPITEL

Jekaterinburg

Am schlimmsten, darin waren sich alle einig, war die Ungewißheit – der Zar, die Zarin und Maria wußten nicht, wohin man sie brachte, und auch für die anderen blieb das im dunkeln. Die Kinder hatten ihrem Vater Zettel mit liebevollen und ermutigenden Worten in die Taschen gesteckt, bevor der Konvoi Tobolsk verließ. Olga hatte geschrieben: »Gott schütze Dich, segne Dich und habe Erbarmen mit Dir, mein lieber, lieber Papa. Mach Dir keine Sorgen um Alexej… Gott kennt die wahren Gründe und wird uns helfen.« Alexej: »Ich hoffe, Du bist bald wieder da. Ich will versuchen, ganz viel zu essen und rasch gesund zu werden. Ich bin so froh, daß unsere Scharfschützen mit Dir fahren.« Anastasia: »Mögen Dich Gott und alle Heiligen schützen, mein liebster Papa. Wir sind in unseren Gedanken und Gebeten stets bei Dir. Ich kann mir gar nicht vorstellen, wie wir hier ohne Dich sein werden.« Tatjana war offenbar zu aufgeregt, um überhaupt etwas zu schreiben, und eine Notiz, die Maria am ersten Tag ihrer Reise hastig auf einen Zettel gekritzelt hatte, der von einem Angehöri-

gen der Eskorte zum Gouverneurshaus zurückgeschmuggelt worden war, kann die Daheimgebliebenen kaum aufgeheitert haben. »Eine schreckliche Reise«, schrieb Maria. »Wir werden auf diesen schrecklichen Straßen fürchterlich durcheinandergerüttelt.«

Tatsächlich war es noch schlimmer. Es war zu keiner Jahreszeit ein Vergnügen, auf den Straßen Sibiriens zu reisen. Zu Beginn des Frühjahrs, bevor der Schnee ganz weggeschmolzen war, aber waren sie

ein Alptraum – sie waren so zerfurcht und schlammig, daß die Zarin anschließend nur berichten konnte, bei dieser Tortur sei ihr »die Seele aus dem Leib geschüttelt« worden. »Straße ganz grauenhaft«, schrieb sie in ihr Tagebuch (das sie seit der Revolution ausschließlich als neutrales Medium der Ereignisse geführt hatte), »gefrorener Boden und Schlamm, Schneewasser bis zum Bauch der Pferde, furchtbar durchgeschüttelt, alles tat uns weh.« Alexandra und Maria legten die fast 300 Kilometer von Tobolsk nach Tjumen buchstäblich auf dem Boden ihres Karrens zurück und hatten nichts weiter als ein paar Kissen und eine verrottete Matratze als Unterlage. Sie trugen dünne Persianermäntel und mußten die zugefrorenen Flüsse zweimal zu Fuß auf Brettern überqueren, weil das Eis zu dünn war, um die vollbeladenen Pferdekarren zu tragen. Nachts rasteten die Familie und Jakowlew in Bauernhäusern, während die Pferde gewechselt wurden.

Einen Tag, bevor sie nach Tjumen (und glücklicherweise an die Eisenbahn) gelangten, wurde die Mannschaft in Pokrowskoje ausgewechselt – direkt vor dem Haus, in dem Rasputin gewohnt hatte.

Tobolsk (gegenüber) im Jahre 1918, fotografiert von Sidney Gibbes.
Kleines Bild: Nach der Abreise ihrer Eltern trinken Anastasia, Tatjana und Olga mit dem wiedergenesenen Alexej Tee im Gouverneurshaus.
Oben: Flußansicht vom heutigen Tobolsk.

Der Brief, den die Zarin über dieses sicher bewegende Erlebnis schrieb, erreichte ihre Kinder nie. Wir wissen nur, daß die Witwe des Starez, Praskowia Rasputin, von ihrem Balkon aus auf die Gefangenen hinabsah und sie auf die übliche Weise segnete, indem sie das Kreuz in der Luft machte. Ungeachtet ihrer Beulen und blauen Flecken bat Alexandra Kommissar Jakowlew in Tjumen, ihren Töchtern zu telegrafieren, sie seien »angekommen, allen geht's gut«.

Aber sie sollten nicht nach Moskau weiterfahren, wie sich bald herausstellte. In Tjumen brachte Jakowlew die Romanows im Erste-Klasse-Waggon eines wartenden Zuges unter und begab sich dann zum Telegrafenamt. Was er dort tat und mit wem er Kontakt aufnahm, läßt sich nur vermuten – jedenfalls ist viel darüber spekuliert worden. In Moskau lag die Verantwortung für das Schicksal der Zarenfamilie nun in den Händen von Jakob Swerdlow, dem Vorsitzenden des »Allrussischen Zentralen Exekutivkomitees«, besser bekannt als Lenins rechte Hand und de facto Innenminister. Swerdlow hatte ursprünglich den Befehl unterzeichnet, den Zaren nach Moskau zu bringen, und spielte nun ein übles Spiel hinter Jakowlews Rücken. Einerseits unterstützte er die bolschewistischen Führer in Jekaterinburg in ihrem Beschluß, die zaristischen Gefangenen zu übernehmen, andererseits wies er Jakowlew an, wie geplant weiterzumachen und die Romanows zum Kreml zu bringen. Aus Sicherheitsgründen wurde die Familie in Telegrammen nur als »die Fracht« bezeichnet.

»Jakowlew führt nichts weiter aus als meine Befehle«, verkündete Swerdlow, aber da jeder in Sibirien nur vorübergehend Macht ausüben durfte, war diese Erklärung ohne Bedeutung, und das wußte Swerdlow natürlich. Jakowlew hatte Wind davon bekommen, daß eine Gruppe von Jekaterinburger Bolschewiki seinem Zug auflauerte und den Zaren auf der Fahrt zum Ural ermorden wollte. Um dies zu verhindern, ordnete er – sei es auf eigene Initiative oder auf Swerdlows Befehl hin – einen Umweg nach Osten über Omsk an. Nach diesem Plan würde man von dort aus nach Süden und schließlich nach Westen zur Hauptstadt fahren.

Dies genügte Jekaterinburg, um mit Waffengewalt einzugreifen. Filipp Goloschtschokin, der Kriegskommissar des Ural-Gebietssowjets in Jekaterinburg, war ein vertrauter Freund von Jakob Swerdlow (falls die Bolschewiki so etwas wie »Freunde« hatten). Goloschtschokin wußte oder vermutete, daß Moskau keinen endgültigen Plan für die Zukunft des Zaren hatte und daß der Ural-Sowjet der Kremlführung einen Gefallen tun würde, wenn er die Romanows übernahm. Inwieweit Jakowlew ebenfalls eingeweiht war, wird man nie erfahren. Von diesem Zeitpunkt an bis zum Zusammenbruch über siebzig Jahre später hat die sowjetische Regierung öffentlich jede Verantwortung für den Mord an der Zarenfamilie von sich gewiesen und behauptet, die Angelegenheit sei ausschließlich aufgrund der Initiative des Ural-Sowjets entschieden worden.

Nun beschuldigten die bolschewistischen Führer in Jekaterinburg Jakowlew, er versuche mit den zaristischen Gefangenen zu »fliehen«. In Telegrammen »An alle! An alle! An alle!« bezeichneten sie ihn als Verräter der Revolution, und Jekaterinburg, das bislang in der Region die erbittertste Rivalin von Omsk gewesen war, tat sich plötzlich mit dem Omsker Sowjet zusammen, dessen Soldaten jetzt Jakowlews Zug stoppten. Der Zar und die Seinen saßen in der Falle.

»Die Sowjets wollen uns nicht über Omsk hinaus lassen«, notierte Alexandra in ihrem Tagebuch, »da sie fürchten, man wolle uns den Japanern übergeben.« Selbst wenn Japan wirklich Jakowlews eigentliches Ziel gewesen wäre, spielte dies nun keine Rolle mehr. Der Zug und seine »Fracht« wurden unverzüglich nach Jekaterinburg geleitet, wo die Romanows am 30. April 1918 dem Vorsitzenden des Ural-Sowjets, Alexander Beloborodow, übergeben wurden. Es war eine jener makabren Gesten der russischen Geschichte, daß Jakowlew für die Gefangenen eine Quittung erhielt:

»1. Der ehemalige Zar, Nikolai Alexandrowitsch Romanow.

2. Die ehemalige Zarin, Alexandra Fjodorowna Romanowa.

Jakob Swerdlow, Vorsitzender des Allrussischen Zentralen Exekutivkomitees, entschied — zusammen mit seinem Genossen Lenin — in Moskau über das Schicksal der Zarenfamilie. Zu seinen Ehren wurde Jekaterinburg später in Swerdlowsk umbenannt. Gegenüber: der Hauptbahnhof von Jekaterinburg im Jahre 1918. Weil sie den Zorn des Mobs fürchteten, ließen die bolschewistischen Führer die Romanows zu einem anderen Bahnhof einige Kilometer weiter bringen.

3. Die ehemalige Großfürstin Maria Nikolajewna Romanowa.

Die Genannten sind in der Stadt Jekaterinburg unter Aufsicht zu stellen.«

Unter dem Gejohle der geifernden Menge – »Zeigt uns die Romanows!« – wurden sie in Autos zu einem Gebäude gebracht, das die Bolschewiki bereits das »Haus für besondere Zwecke« nannten. Es war ein cremefarbenes Stadthaus, das einem wohlhabenden »bürgerlichen« Ingenieur namens Ipatjew gehörte, dem man erst zwei Tage zuvor gesagt hatte,

er solle seine Sachen packen und das Haus räumen. Ironie der Geschichte: Der Name des Besitzers war der gleiche wie der des Klosters bei Kostroma, in dem Michail Romanow 305 Jahre zuvor zum Zaren gekürt worden war.

Ipatjews Haus war nach Jekaterinburger Maßstäben eine herrschaftliche Villa, ein steinernes Gebäude am Hang eines Hügels im vornehmsten Teil der Stadt, gegenüber der Himmelfahrtskathedrale. Es stand am Himmelfahrtsplatz, den die Männer, die die Zarenfamilie wenig später ermorden würden, in

»Platz der proletarischen Rache« umtaufen sollten, genauso wie Jekaterinburg selbst zu Ehren dieses Verbrechens und des Mannes, der es zugelassen hatte, später in Swerdlowsk umbenannt wurde.

Schon vor der Tragödie gab es niemanden, der nach Jekaterinburg gereist wäre und dem die Stadt gefallen hätte. »Ich werde nie meinen ersten Eindruck von dieser schicksalsschweren Stadt vergessen«, schrieb Lili Dehn, als sie 1916 mit Anna Wyrubowa und Rasputin durch den Ort kam. Sie waren auf der Rückreise nach Petrograd von Tobolsk, wohin sie die Zarin geschickt hatte, die Reliquien im Schrein des heiligen Johannes zu inspizieren. »In dem Augenblick, da wir den Zug verließen, verspürte ich so etwas wie eine Vorahnung einer Katastrophe – wir alle konnten uns dieses Gefühls nicht erwehren.«

Im 18. Jahrhundert als Zentrum des Diamantbergbaus im Ural gegründet und nach Katharina der Großen benannt, war und ist Jekaterinburg eine Arbeiterstadt, eine radikale Stadt, die schon vor der Ermordung des Zaren auf eine lange Geschichte der Gewalt und des organisierten Verbrechens zurückblicken konnte. Nikolaus wußte über den Ort Bescheid, bevor er dort hinkam. »Ich wäre gerne überall hingegangen – außer in den Ural«, bekannte er. »Nach den Zeitungen zu urteilen, sind die Menschen dort entschieden feindselig gegen mich eingestellt.«

Nikolaus beschrieb sein letztes Gefängnis als »schön und sauber«, war aber entschieden dagegen, als die Bolschewiki am Tag ihrer Ankunft darauf bestanden, ihr Gepäck zu durchsuchen, ja zu durchwühlen – »bis zum letzten Arzneifläschchen in Alix' Reiseapotheke«.

»Unverschämtheit!« rief Alexandra, während Nikolaus ihr beipflichtete: »Bis jetzt hatten wir es mit anständigen Menschen zu tun!«

»Sie sind hier nicht mehr in Zarskoje«, fuhr man den Zaren an und drohte ihm, falls er »noch einmal den Mund aufmache«, würde er zu Schwerstarbeit verurteilt werden. Als er an diesem Abend seine Tagebuchnotizen machte, hatte er sich bereits wieder beruhigt.

»Vier große Zimmer stehen uns zur Verfügung«, berichtete Nikolaus, »ein Eckschlafzimmer, ein Ankleidezimmer, daneben das Speisezimmer mit Fenstern zum Gärtchen und mit Blick auf die Unterstadt und schließlich ein geräumiger Salon mit Bögen statt Türen.« Im ganzen Haus gab es Bögen, Gewölbe und Schnörkel, die die Zimmer, Türen, Vordächer und Fenster des Untergeschosses zierten. Dieses Souterrain war in den Hang hineingebaut worden und von den Räumen der Romanows nur über eine Treppe zugänglich, wobei man auf den Hof hinausgehen und das Haus von dort wieder betreten mußte.

»Das Haus ist von einem sehr hohen Bretterzaun umgeben«, fuhr Nikolaus fort. »Dort steht eine Postenkette, ebenso im Gärtchen.« Genau zehn Wachposten befanden sich im und um das Haus herum – es war eine Festung, in die man nicht eindringen und aus der man unmöglich entkommen konnte. Maria hat ihre Lebensumstände in Briefen an ihre Schwestern geschildert.

Das Ipatjew-Haus (gegenüber) galt als eines der schönsten Häuser in Jekaterinburg und war erst ein paar Jahre vor der Beschlagnahmung durch den Ural-Sowjet erbaut worden. Unten: Das Wohnzimmer des Hauses und die Außenansicht (ganz unten), nachdem es von einem Zaun umgeben worden war. Rechts: Alexandra ritzte ein Hakenkreuz und das Ankunftsdatum in einen Fensterrahmen ihres Schlafzimmers in Jekaterinburg.

»Wir wurden in Automobilen hierhergebracht, nachdem wir den Zug verlassen hatten«, schrieb sie. »Zu essen bekamen wir um vier Uhr dreißig nur Suppe wie alle anderen. Unsere Sachen konnten wir erst am Abend auspacken, weil alle unsere Koffer durchwühlt wurden, auch die Arzneien und die Süßigkeiten.« »Arzneien« und »Süßigkeiten« waren die Codeworte der Romanows für den Familienschmuck, der größtenteils in Tobolsk zurückgeblieben war, wo Olga, Tatjana und Anastasia ihn mit Hilfe der verbliebenen Bediensteten sorgsam in ihren Rocksäumen, Jackenknöpfen, Hutkrempen, in Kissen, Polstern, Unterwäsche und Korsetts versteckten. Bei der Ankunft in Jekaterinburg war Fürst Dolgorukow, der Adjutant des Zaren, auf dem Bahnhof verhaftet worden, als man bei ihm über achtzigtausend Rubel Bargeld fand. Er wurde nach einigen Tagen erschossen (die Familie hat dies aber nie erfahren). Der Schmuck war alles, was den Romanows noch geblieben war und womit sie in der Freiheit durchkommen könnten, »sollte Gott dies zulassen«. Maria fuhr fort: »Alles war in einem schrecklichen Zustand ... selbst das Innere der Koffer: voller Staub und Schmutz, alles durcheinandergeworfen und zerrissen ... Ich kann Euch wirklich nichts anderes schreiben ... Das Eßzimmer ist dunkel ... Überall liegt Staub, wir wissen nicht, warum, es gibt keine Teppiche ... Sogar dieses Papier ist schmutzig – unser ganzes Briefpapier wurde unterwegs besudelt ... Jeder, der ins Haus kommt, inspiziert unsere Zimmer. Jedesmal muß Mama aufstehen und sie in ihrem Morgenrock empfangen ... Es ist schwer, irgend etwas Erfreuliches zu berichten, weil wir hier kaum einen Grund zur Freude haben. Andererseits hat Gott uns nicht verlassen. Die Sonne scheint, die Vögel singen, und heute morgen hörten wir die Kirchenglocken zur Morgenandacht läuten ... Ach, meine Lieben, wie gern würde ich Euch sehen!«

In den nächsten fünf Wochen, bis die Familie wieder vereint war, war in den meisten Briefen beiderseits von nichts anderem als von Gott und vom Schmerz die Rede, und die düstere Stimmung wurde nur gelegentlich aufgehellt durch unvermittelt fröhliche Zwischenbemerkungen: Maria und Anna Demidowa hatten der Zarin das Haar gewaschen. »Baby« hatte einen Spaziergang unternommen, die Freundin Soundso hatte aus Zarskoje, aus Petrograd oder von der Krim geschrieben, wo etliche Verwandte der Familie relativ in Sicherheit waren, wenige Meter vom Meer entfernt und mit der Aussicht auf Flucht. Die Imperatorenwitwe befand sich hier, zusammen mit den Schwestern des Zaren, Xenia und Olga, und deren Familien. Olga hatte sich vor eineinhalb Jahren von ihrem Mann, Prinz Pjotr von Oldenburg, scheiden lassen und einen Rittmeister aus dem Kürassierregiment ihrer Mutter geheiratet. Sie hatte ein Kind bekommen, Tichon, und stillte es selbst. Auch wenn es dem Zarenpaar schwerfiel, dies zu glauben – sie »schien glücklich zu sein«.

Andere Familienmitglieder waren nicht so gut daran. Nikolaus' Bruder Michael und Ella, die Schwester der Zarin, waren in Perm, westlich von Jekaterinburg, inhaftiert, zusammen mit Großfürst Sergej Michailowitsch und mehreren jungen Fürsten. In Petrograd wurden der Onkel des Zaren, Großfürst Pawel, sowie drei seiner Vettern in der Peter-und-Pauls-Festung festgehalten. Inzwischen hatte keiner dieser Gefangenen viel Hoffnung auf ein Überleben.

In Jekaterinburg faßte man dagegen ein wenig Hoffnung, und zwar zu Ostern, das Nikolaus, Alexandra und Maria an einem provisorischen Altar im Ipatjew-Haus feierten. In Tobolsk erlebten die Kinder so etwas wie einen richtigen Gottesdienst dank der Hilfe der Nonnen vom Kloster des heiligen Johannes. Fast alle Briefe aus der Zeit der Trennung tragen das Zeichen des Kreuzes und die fromme Grußformel »Christos woskresse!« – »Christus ist auferstanden!« Und ins Fenster ihres Schlafzimmers im Haus für besondere Zwecke ritzte Alexandra ein Hakenkreuz – ihr »Glückssymbol«.

Am 15. Mai wurden die Fenster des Hauses vernagelt und mit weißer Farbe bemalt, so daß die

Gefangenen nicht mehr hinaussehen konnten. Danach wurden die Vorhänge kaum noch aufgezogen, da – wie Maria schrieb – die Dunkelheit und der Trost einer Lampe dem diffus durch die Farbe dringenden Sonnenschein vorzuziehen waren.

Am 19. Mai wurde Nikolaus fünfzig (dem Tag Hiobs, wie er ihn gern nannte) und war ganz erstaunt, daß er es so weit geschafft hatte. Der Kommandant des Ipatjew-Hauses, Alexander Awdejew, war ein betrunkener, herrischer Flegel, der auf jede Bitte des Zaren und seiner Familie mit Flüchen, Spucken und dem Ausspruch: »Ach, zum Teufel mit Ihnen!« reagierte. Die »Grobheit«, unter der die Familie bei ihren früheren Gefängniswärtern zu leiden gehabt hatte, war nur ein harmloser Vorgeschmack auf die Demütigungen gewesen, die ihnen in ihrem letzten Gefängnis zugefügt wurden. Von den meisten Zimmern wurden die Türen entfernt, und vor der einzigen Toilette wurde eine Wache postiert. Wenn die Zarin, Maria oder später die anderen Mädchen sich erleichtern mußten, durften sie dies nicht allein tun.

An der Wand über der Toilette befanden sich pornographische Zeichnungen von der Zarin und Rasputin, obszöne Witze, Beleidigungen, und häufig waren sie mit Kot beschmiert. »Vergeßt nicht, euch die Zeichnungen anzuschauen«, pflegten die Soldaten zu den Großfürstinnen zu sagen, bevor sie eintraten.

»Bitte hinterlassen Sie den Sitz so sauber, wie Sie ihn vorgefunden haben«, lautete eine rührende Notiz für die Wachen neben all diesem Unrat. Die Wachen zwangen die Mädchen, auf dem verstimmten Klavier im Salon Revolutionslieder zu spielen: »Vergessen wir das alte Regime« und »Ihr fielt dem Kampf zum Opfer«. Wie es heißt, sollen die Bolschewiki zuweilen in die Suppe für die Familie gespuckt haben, bevor sie sie ihnen servierten – falls sie dies überhaupt taten. Die Familie mußte ohne Tischtuch und Tafelsilber essen und ernährte sich oft nur von Schwarzbrot und Tee.

In Tobolsk hatten die Großfürstinnen und Alexej bereits einen Vorgeschmack von dem bekom-

men, was sie in Jekaterinburg erwartete – und zwar so unverhohlen und fürchterlich, daß Gilliard, Gibbes und andere Angehörige des Gefolges sich ernsthaft zu fragen begannen, ob es ratsam sei, die Kinder zu ihren Eltern zu schicken. Inzwischen hatte ein anderer Kommissar namens »Rodionow« (ein Deckname, wie ihn viele Bolschewiki trugen) das Kommando vom erschöpften Oberst Kobylinski übernommen und legte es offenbar darauf an, die Mädchen zu demütigen. Er war »eine richtige Schlange«, sagte Anastasias Kinderfrau Schura Teglewa. Im Gouverneurshaus wurden die Türen zwar nicht ausgehängt, durften aber nicht abgeschlossen werden.

Doch die Großfürstinnen wollten nichts davon hören, daß sie nicht zu ihren Eltern fahren sollten – sie wünschten sich nichts sehnlicher und sprachen unablässig davon. In der dritten Maiwoche, als der Schnee geschmolzen war und die Flüsse wieder offen waren, gingen die Zarenkinder – auch wenn Alexej noch nicht völlig gesund war – erneut an Bord des Dampfers *Russ,* um nach Tjumen zurückzukehren. Einer Reihe der letzten Getreuen, unter anderem auch Gljeb und Tatjana Botkin, hatte man vertraulich mitgeteilt, daß keiner von denen, die mit den Großfürstinnen und Alexej nach Jekaterinburg gingen, freikommen würde – ja, sie würden nicht einmal mit den Romanows zusammen eingesperrt, sondern ins örtliche Gefängnis gesteckt werden. Als Tatjana Botkin erfuhr, daß sie unter gar keinen Umständen ihren Vater wiedersehen würde, entschied sie sich klugerweise dafür, in Tobolsk zu bleiben. Sie könne »draußen«, wie sie sagte, sicher von größerem Nutzen sein. Die meisten anderen drängten sich danach, aufs Schiff zu kommen; sie wurden tatsächlich eingesperrt und später von den Bolschewiki ermordet. Als ausländische Staatsbürger wurden Pierre Gilliard und Sidney Gibbes auf freien Fuß gesetzt. Auch einige andere Angehörige des Zarengefolges wurden freigelassen ohne jede Erklärung, was natürlich Gerüchten Nahrung gab, sie hätten die Familie »verraten«, Geheimnisse preisgegeben und um ihr Leben gebettelt. Die Baronin Buxhoeveden führte ihre unerwartete Freilassung

Der Hafen von Tjumen (unten) – im Vordergrund die Landungsbrücke, über die die Zarenkinder den Dampfer Russ auf dem Weg nach Jekaterinburg verließen. Von Sidney Gibbes an Bord aufgenommene Fotos zeigen Alexej und Olga (rechts) sowie Tatjana im Vordergrund und Anastasia im Profil am Fenster (ganz rechts).

durch die Bolschewiki auf ihren »ausländischen« Namen zurück – er war dänischen Ursprungs –, aber ein Romanow-Biograph hat mit Recht darauf hingewiesen, daß »der doch ausgesprochen ausländische Name ›Catherine [Jekaterina] Schneider‹ nicht verhindert hat, daß die arme Frau erschossen wurde«.

In Tjumen bestiegen Alexej, Olga, Tatjana und Anastasia den Zug, der sie zu ihren Eltern bringen sollte. Auf dieser Fahrt wurden die Mädchen zwangsweise vom übrigen Gefolge getrennt und mußten die Reise allein zurücklegen. Dabei versuchten einige ihrer bolschewistischen Bewacher, sie zu vergewaltigen. »Die Großfürstinnen mußten die Nacht in offenen Abteilen verbringen, und nachts kamen die Scharfschützen auf die Idee, zu ihnen hineinzugehen«, berichtete ein Freund eines der fraglichen Soldaten. »Er hat stets eine andere Version erzählt, wie die Geschichte ausging: Einmal habe es ihnen jemand verboten, dann wieder seien sie vorher betrunken umgefallen … Ob er entweder nicht alles erzählt oder ob er nur angegeben hat, weiß ich nicht.« Das weiß bis heute niemand. Später kursierten in monarchistischen Kreisen Gerüchte, daß die Mädchen nackt auf Stühle gefesselt und von verrückten Revolutionären massenweise vergewaltigt worden seien. Das war zweifellos übertrieben, aber die Gefahr sexueller Übergriffe hat sicher immer bestanden.

Als der Zug Tjumen erreichte, sahen die Lehrer, wie Olga, Tatjana und Anastasia gezwungen wurden, ihr Gepäck selbst durch den Morast zu schleppen. An diesem Tag regnete es wie aus Kübeln, und nur Alexej genoß den Vorzug, von seinem Diener Nagorny zu einem wartenden Wagen getragen zu werden. Angesichts dieser elenden Lage, in der sie fast alle Illusionen verloren, ist es anrührend, wenn man hört, daß allseits »riesige Freude« herrschte, als sie endlich das Ipatjew-Haus erreichten. »Wir hatten uns gegenseitig so viel zu fragen und zu antworten«, notierte der Zar in seinem Tagebuch, »daß wir kein Ende finden konnten. Die Ärmsten hatten in Tobolsk und während der dreitägigen Reise große Seelenqualen auszustehen.« Nun, da die Kinder aus Tobolsk gekommen waren, wurde ein zweiter, noch höherer Bretterzaun um den bereits bestehenden errichtet, so daß die Welt völlig ausgeschlossen war. Aber jetzt waren sie zusammen, und das war alles, was für sie je gezählt hatte.

Sie blieben es nur noch knapp zwei Monate, in denen Maria neunzehn und Anastasia siebzehn wurde, in einer immer düsterer werdenden Atmosphäre des Grauens und der Ungewißheit, die kein »monarchistisches Greuelmärchen« ist. Man hat die letzten Tage der Romanows zu Recht als eine Hölle auf Erden bezeichnet, und das Entsetzen über ihre Ermordung – denn als eine Hinrichtung kann man dies nicht bezeichnen – hat die historischen Umstände und die politische Situation überdauert; es läßt sich auch durch Hinweise auf Kriege, Revolutionen, Staatsräson und »Zeitumstände« nicht hinwegreden. Die Leidensgeschichte der Romanows in den Wochen, bevor sie starben, läßt sich hauptsächlich aus Berichten zweiter Hand rekonstruieren, da die Bolschewiki die Wahrheit vertuschten und die sowjetischen Akten über den Tod des Zaren erst nach und nach aus dem Morast der bolschewistischen Archive in Moskau auftauchen. Wir wissen, daß die Großfürstinnen bei ihrer Ankunft in Jekaterinburg einer ausgiebigen Untersuchung unterzogen wurden und daß die Zarin ihnen danach verbot, jemals wieder ihre Korsetts abzulegen. Wir wissen, daß die Familie sich jeden Tag eine halbe Stunde im umzäunten Garten bewegen durfte, daß Alexej sich in elender Verfassung befand, nur gelegentlich das Bett verließ und daß eines Tages auf eine der Großfürstinnen geschossen wurde, als sie ein Fenster zu öffnen versuchte, um einen Blick auf den Himmel zu erhaschen. »Ich denke«, notierte der Zar in seinem Tagebuch, »er [der Wachposten] hat einfach mit dem Gewehr gespielt, wie das Wachposten immer tun.«

Die Bolschewiki zerrten an den Nerven der Familie, indem sie gelegentlich vorgaben, sie würden demnächst umgesiedelt, und im Juni traf eine Reihe geheimnisvoller Briefe mit der Verheißung, die

Im Zug nach Jekaterinburg sitzt Pierre Gilliard neben Anastasias Gouvernante Alexandra Teglewa (»Schura«), die er später heiratete.

Diese Ansicht von der Rückseite des Ipatjew-Hauses (oben)
zeigt den kleinen Garten, in dem die Familie nachmittags kurz Gymnastik
betreiben durfte. Links: Im Zimmer der Großfürstinnen (hier ein Foto,
das nach der Evakuierung der Stadt durch die Bolschewiki aufgenommen wurde)
gab es einen reichverzierten Glaskronleuchter (kleines Bild), den Sidney Gibbes
später nach England mitnahm. Nach den Morden fand man
im Haus auch das Tagebuch der Großfürstin
Olga (unten).

Familie zu retten, im Haus ein. Diese Mitteilungen wurden entweder von Nonnen aus einem örtlichen Kloster hineingeschmuggelt oder ihnen von den bolschewistischen Behörden gezielt untergeschoben, um die Zarenfamilie bei einem »konterrevolutionären« Fluchtversuch zu ertappen – darüber streiten die Historiker noch. Die Briefe waren französisch geschrieben und schienen von Freunden aus der Außenwelt zu kommen. »Ihre Freunde schlafen nicht und hoffen, daß die so lang ersehnte Stunde angebrochen ist. ... Achten Sie auf jede Bewegung draußen, warten und hoffen Sie ... Seien Sie zu jeder Tages- und Nachtzeit bereit. Fertigen Sie eine Skizze Ihrer beiden Zimmer an, wo die Möbel, die Betten stehen ... Einer von Ihnen sollte in allen kommenden Nächten zwischen zwei und drei Uhr nicht schlafen.« Zumindest die Zarin glaubte an die Echtheit dieses Plans, denn sie ging in ihrer Antwort ausführlich auf die Topographie des Hauses ein: »Das zweite Fenster von der Ecke, die auf den Platz geht, steht schon zwei Tage und sogar nachts offen. Die Fenster sieben und acht neben dem Haupteingang sind auch offen.«

Doch dann signalisierte offenbar der Zar ein Ende der Bereitschaft der Familie, auf diesen echten oder imaginären Plan einzugehen: »Wir wollen und können nicht fliehen«, schrieb er in einem Brief, der viele Jahre später in sowjetischen Archiven entdeckt wurde, »wir können nur gewaltsam entführt werden, da uns Gewalt nach Tobolsk geführt hat. Rechnen Sie also nicht mit aktiver Unterstützung von unserer Seite... Vermeiden Sie um Himmels willen Blutvergießen ... Nehmen Sie Abstand von dem Gedanken, uns hier herauszuholen. Wenn Sie über uns wachen, können Sie uns jederzeit im Falle einer unausweichlichen realen Gefahr zu Hilfe kommen. Wir haben keinerlei Kenntnis, was draußen vor sich geht. Wir erhalten weder Zeitungen noch Briefe. Seit erlaubt wurde, das Fenster zu öffnen, ist die Bewachung verstärkt worden; selbst den Kopf aus dem Fenster zu stecken ist verboten, man riskiert, eine Kugel abzubekommen.«

In den ersten Julitagen, als das in Sibirien vordringende Tschechische Korps sich mit einem

lockeren Haufen antibolschewistischer Streitkräfte zusammentat und im Bürgerkrieg die »Weiße« Armee bildete, wurde die Wache im Ipatjew-Haus abgelöst und mit ihr der Kommandant Awdejew. Ihr neuer Gefängnisdirektor war »ein schwarzer Herr« – vielleicht war dies das Codewort der Familie für einen Juden – den sie zunächst fälschlicherweise für einen Arzt hielten. Es war Jakob Jurowski, ein ehemaliger Goldschmied, Fotografengehilfe und führendes Mitglied des Ural-Sowjets. »Diese Spezies mochten wir am wenigsten«, bemerkte Nikolaus.

Die Entscheidung, die ganze Familie und gleichzeitig alle Romanows im Uralgebiet zu ermorden, wurde vermutlich in Moskau Anfang Juli, möglicherweise aber auch schon früher getroffen. Die Historiker zweifeln kaum daran, daß sie von Lenin selbst ausging, auch wenn es dafür keinen schriftlichen Beweis gibt und man in Rußland noch immer nicht glauben möchte, daß er ein so furchtbares Verbrechen veranlaßt haben könnte.

Schon vor der Ermordung gingen Gerüchte um, die Romanows seien aus Jekaterinburg wie durch Zauberhand nach England entführt und von Papa Lenin »verschont« worden. Am 8. Juni ging im Hof des Ipatjew-Hauses eine Bombe hoch (für diesen Vorfall gab es keine Erklärung), und später sah man ein Flugzeug über das Dach fliegen. In diesem Flugzeug, behaupteten die Leute, seien eine Person, einige oder gar alle Angehörige der Zarenfamilie entkommen. Am 14. Juli 1918, als zum letztenmal die Messe im Hause gelesen wurde, bemerkte der dazu herbeigerufene Priester, Vater Storoschew, daß die ganze Familie augenscheinlich verändert war. Sie waren nicht fröhlich, erklärte er, sie unterhielten sich nicht auf die gewohnte Art.

»Irgend etwas ist mit ihnen dort drinnen geschehen«, vermutete der Priester. Er wußte allerdings ebensowenig wie andere Menschen, was es gewesen sein könnte. Rudolf Lacher, ein österreichischer Kriegsgefangener, der Kommandant Jurowski als Bursche zugeteilt war, behauptete später, die Zarenfamilie in der Nacht, in der sie vom Antlitz

der Erde verschwand, gesehen zu haben. Als die Mädchen hintereinander die Treppe hinuntergingen, berichtete Lacher, »klammerten sie sich aneinander« und schluchzten. Später vernahm er das Geräusch von Gewehrfeuer und sah »blutige Bündel« – in Tücher gewickelte Leichen –, die im Hof auf einen Lastwagen verladen wurden. Dieser Anblick scheint ihn nicht berührt zu haben. »Es waren ja nicht meine Verwandten«, erklärte er später. Ein weiterer österreichischer Gefangener, Heinrich Kleibenzettl, der die Uniformen der Wachen im Ipatjew-Haus zu säubern und zu flicken hatte, bestätigte Lachers Bericht bis auf ein Detail. Auch er hatte das Geräusch von Schüssen gehört, dazu einen einzigen Schrei einer Frau – »Mama!« Als er in dieser Nacht nach Hause kam – er wohnte in einem Haus auf der anderen Straßenseite, als Gehilfe eines einheimischen Schneiders –, habe er »eine der Großfürstinnen« verletzt, aber am Leben, in seinem Bett liegen sehen. Sie war bewußtlos, ihr Gesicht wies Spuren von Schlägen auf, und sie war blutüberströmt. Später sagte Kleibenzettl unter Eid aus, daß es sich um Anastasia gehandelt habe.

Seither haben sich um diese Tragödie unendlich viele Geschichten gerankt, wobei zahllosen Behauptungen ebenso viele Gegenbehauptungen gegenüberstehen. Während der berühmten Anastasia-Prozesse in Deutschland in den späten fünfziger und sechziger Jahren erklärte einer der Anwälte von Anna Anderson – der Frau, die behauptete, die jüngste Zarentochter zu sein – scherzhaft: Wenn man alle Leute zusammennähme, die vorgaben, Zeugen des Massakers im Ipatjew-Haus gewesen zu sein, die Schüsse und Schreie gehört, einen lebenden Menschen gerettet oder eine Leiche beseitigt zu haben, dann »haben Sie es mit einer Weltausstellung und nicht mit einem streng geheimen Mord mitten in der Nacht zu tun«.

Die Zarin hat ihr Tagebuch (allerdings der Zar nicht das seine) fast bis zur Stunde des Mordes pflichtbewußt weitergeführt:

»3. Juli (16., Dienstag) Irinas [Prinzessin Irina Alexandrowna, die Tochter der Zarenschwester

Dr. Botkin (oben), der getreue Leibarzt, wurde mit der Familie im Ipatjew-Haus gefangengehalten. Gegenüber: Die Bewohner des Hauses konnten die Glocken der Himmelfahrtskathedrale hören und durch eine Lücke in der weißen Bemalung der Fenster einen Blick auf sie erhaschen.

Xenia und des Großfürsten Alexander] 23. BD [birthday, also Geburtstag]. 11. [Uhr vormittags] Grauer Morgen, später lieblicher Sonnenschein. Baby hat eine leichte Erkältung. Alle gingen morgens 1/2 Stunde hinaus. Olga und ich richteten unsere Medizinen her [d. h. den Schmuck, eine ständige Beschäftigung der Familie in diesen letzten Tagen]. 3. [Uhr nachmittags] T. [Tatjana] las uns aus der Heiligen Schrift vor. Sie gingen hinaus. T. blieb bei mir, und wir lasen aus den Propheten Amos und Obadja. Redeten. Jeden Morgen kommt der Superint. [Kommandant Jurowski] in unsere Zimmer, endlich brachte er nach einer Woche wieder Eier für Baby. 8. [Uhr abends] Abendessen/ Plötzlich wurde Lewka Sednew [der Küchenjunge] geholt, er dürfe seinen Onkel sehen und solle verschwinden. Möchte wissen, ob es wahr ist und ob wir den Jungen wiedersehen werden. Spielte Bézigue mit N. 10 1/2 zu Bett. 15 Grad Wärme.«

Der junge Sednew wurde so plötzlich und unerwartet abgeholt, daß jeder im Haus Verdacht schöpfte. Ein paar Tage zuvor war Tschemodurow, der Kammerdiener des Zaren, angeblich wegen seines »schlechten Gesundheitszustands« entlassen worden, und vor einiger Zeit war ja auch Nagorny, der Diener des Zarewitschs, beseitigt (und ohne Wissen der Familie erschossen) worden, als er es wagte, Alexej vor der brutalen Behandlung und den Beleidigungen der Wachen zu beschützen.

In der letzten Nacht im Ipatjew-Haus, vom 16. auf den 17. Juli 1918, begann Dr. Botkin einen Brief an einen Freund in Moskau zu schreiben. Man hatte den Arzt zwar gewarnt, sein Leben sei in Gefahr, aber er hatte sich geweigert, die Zarenfamilie zu verlassen.

»Ich unternehme einen letzten Versuch, einen richtigen Brief zu schreiben – zumindest von *hier* aus –, obwohl ich glaube, daß diese Einschränkung überflüssig ist. Ich denke, daß es mir nicht beschieden war, irgend jemandem irgendwann von irgendwo etwas zu schreiben. Meine freiwillige Gefangenschaft hier ist weniger durch die Zeit als durch meine irdische Existenz begrenzt. Im Grunde bin ich

bereits tot – tot für meine Kinder – tot für meine Arbeit. Ich bin tot, aber noch nicht begraben, oder lebendig begraben – wie auch immer: die Folgen sind nahezu identisch … Als ich vorgestern in aller Ruhe las … sah ich plötzlich undeutlich das Gesicht meines Sohnes Juri vor mir liegen [Dr. Botkin hatte neben Gljeb und Tatjana noch zwei ältere Söhne gehabt, Juri und Dmitri, die 1914 im Krieg gefallen waren], aber er war tot und hatte die Augen geschlossen. Gestern vernahm ich bei der gleichen Lektüre plötzlich ein Wort, das sich wie Papulja [lieber Papa] anhörte. Ich war nahe daran, aufzuschluchzen. Doch nein – das ist keine Halluzination gewesen, denn das Wort wurde ausgesprochen, die Stimme war unverwechselbar, und ich zweifelte keinen Augenblick daran, daß meine Tochter [Tatjana], die wohl in Tobolsk war, zu mir sprach … Ich werde vermutlich diese Stimme nie wieder so lieb vernehmen und diese Berührung nie wieder so zärtlich verspüren, mit der mich meine kleinen Kinder so verwöhnt haben… Wenn Glaube ohne Werke tot ist, so können doch Taten ohne Glauben leben… Dies rechtfertigt meine letzte Entscheidung … als ich meine eigenen Kinder ohne zu zögern zu Waisen machte, um meiner Pflicht als Arzt bis zum Ende zu genügen, wie Abraham keinen Augenblick zögerte, als Gott ihn aufforderte, seinen einzigen Sohn zu opfern.«

Hier bricht der Brief ab – vermutlich wurde Botkin um Mitternacht durch das plötzliche Auftauchen von Kommandant Jurowski unterbrochen. Es gebe »eine Schießerei in der Stadt«, erklärte er, und die Familie müsse aus dem Haus »evakuiert« werden. Nun ging Dr. Botkin die Zarenfamilie für ihre angebliche Evakuierung aus Jekaterinburg wecken. Seit Tagen hatten sie schon Artilleriefeuer in der Ferne gehört – den Lärm der vorrückenden Weißen Armee, die sie ihrer Meinung nach vermutlich nie mehr rechtzeitig erreichen würde.

Bereits am Abend war Moskau über Petrograd telegrafisch verständigt worden, daß man in Jekaterinburg »nicht länger warten« könne. Wir wissen noch immer nicht, ob daraufhin eine Antwort aus

---

»Die Romanows schöpften keinen Verdacht. Der Kommissar holte sie persönlich ab und führte sie über die Treppe ins Untergeschoß…«

— Aus dem 1920 von Kommandant Jakow Jurowski verfaßten Bericht über die Hinrichtung

Der letzte Eintrag in Alexandras Tagebuch (gegenüber) befaßt sich mit ihrem letzten Tag und endet nur wenige Stunden vor ihrem Tod.

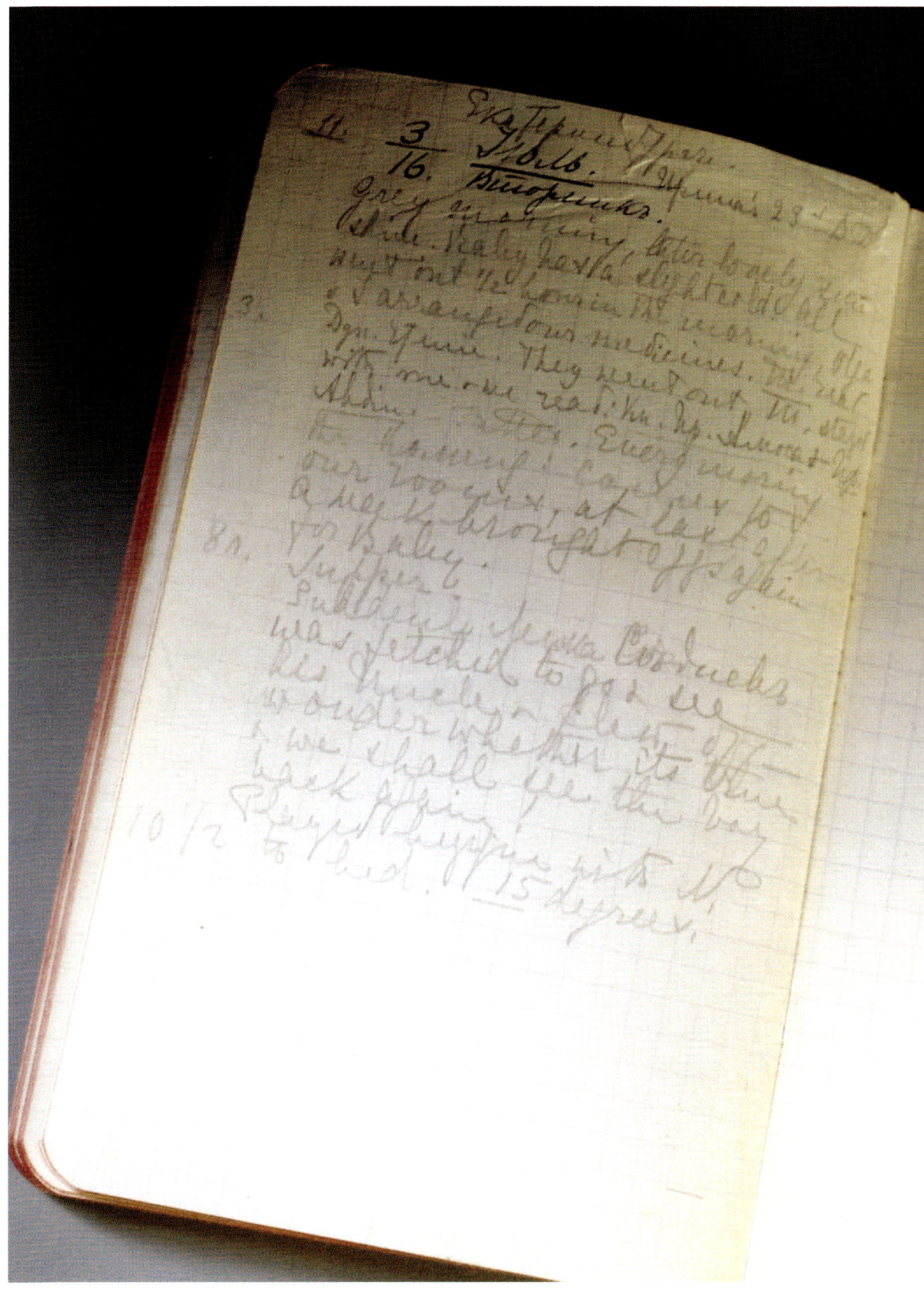

Moskau kam oder nicht. In Jekaterinburg war Zahltag, und am späten Abend waren die Wachposten fast ausnahmslos betrunken. Unter diesen Umständen hatte Jurowski einige Schwierigkeiten, genügend Soldaten selbst unter der Wache des Ipatjew-Hauses zu finden, die bereit waren, die Mädchen zu erschießen. Das Todeskommando bestand nach den meisten Berichten etwa zur Hälfte aus lettischen Söldnern, die vermutlich weder nationale noch irgendwelche religiöse Vorbehalte hatten, Frauen oder Kinder umzubringen.

Nachdem Dr. Botkin die Familie geweckt hatte, wuschen sich alle, zogen sich an und waren etwa in einer halben Stunde zum Aufbruch bereit, wobei die Frauen vorsorglich die Kleider angezogen hatten, in denen sie ihre »Arzneien« eingenäht hatten. Bei ihnen waren außer Botkin noch die drei Bediensteten, die bei ihnen geblieben waren: der Koch Charitonow, der Kammerdiener Trupp sowie Anna Demidowa, die ein Kissen mitnahm, in dem man später gleichfalls Schmuck fand.

Die Romanows gingen die Treppe hinunter und verließen das Haus, machten dann im Hof kehrt und betraten den langen Gang, der zu einem fensterlosen Kellerraum führte. Man hatte alles Mobiliar daraus entfernt, und die Zarin, die bis zuletzt ihre Würde bewahrte, rief: »Wie, kein Stuhl? Darf man sich nicht einmal setzen?« Folglich wurden zwei Stühle hereingebracht: einer für Alexandra, auf den anderen setzte der Zar Alexej, den er bis dahin getragen hatte.

Nachdem sie eine Weile angespannt gewartet hatten, öffneten sich die Doppeltüren des Kellers, und Jurowski trat mit zehn oder zwölf Soldaten ein. Die Berichte gehen zwar im Hinblick auf den genauen Wortlaut dessen, was der Kommandant sagte, weit auseinander, aber der zentrale Punkt war die »Notwendigkeit« des Todes der Romanows.

»Ihre Verwandten haben versucht, Sie zu retten«, erklärte Jurowski – so die bekannteste Version seiner kurzen Ansprache. »Aber es ist ihnen nicht geglückt, und wir sind nun gezwungen, Sie zu erschießen.«

*D*as Eßzimmer
im Ipatjew-Haus (oben), wo die
Zarenfamilie ihre letzte Mahlzeit
einnahm. Links: die Treppe, die von den
Schlafzimmern im ersten Stock in den
Hof und zum unteren Teil des Hauses
führt. Rechts: der Eingang auf der
Rückseite des Hauses zum Keller, in dem
die Familie erschossen wurde.
Gegenüber: das Massaker, wie es sich der
Illustrator einer Zeitschrift 1922
vorstellte.

»Was?« rief der Zar und wiederholte damit fast exakt das, was er vor so vielen Jahren in Japan ausgerufen hatte, als er in Otsu von einem Fanatiker angegriffen worden war. »Was ist?« Offenbar mußte Jurowski seine Worte wiederholen, und laut seinem Bericht »erhob sich ein Wehklagen« unter den Opfern, als ihnen klar wurde, was ihnen bevorstand. Es gab ein paar »unzusammenhängende Rufe«, und alle versuchten sich hastig zu bekreuzigen. Dann begann die Schießerei.

Der Zar wurde als erster erschossen und stürzte taumelnd rücklings zu Boden, sei es, daß er vor der Gruppe stehend in den Kugelhagel geriet oder, wie Edward Radsinksi in *Nikolaus II. Der letzte Zar und seine Zeit* behauptet, weil »alle zwölf Revolutionäre, die sich an der Tür des schrecklichen Zimmers drängten, gekommen waren, um den Zaren zu töten«. Alexandra wurde von der ersten Salve von ihrem Stuhl gerissen und starb an einer Kugel im Kopf.

Ihren Kindern erging es weitaus übler. Es dauerte so lange, sie zum Schweigen zu bringen, daß die Mörder selbst fast den Verstand verloren. Kommandant Jurowski hatte dem Kommando befohlen, »direkt aufs Herz zu zielen«, aber ihm war offenbar hauptsächlich daran gelegen, das Blutvergießen in Grenzen zu halten, um die anschließende Säuberung zu erleichtern. Er hatte gar nicht bedacht, daß die Diamanten und Juwelen, die in die Korsetts der Großfürstinnen eingenäht waren, diese zu kugelsicheren Westen machen würden. Die Kugeln prallten von ihren Leibern ab und sprangen, so Jurowski, »wie Hagelkörner durchs Zimmer«. Was müssen sich Rußlands beste Revolutionssoldaten gedacht haben, als es den Zarentöchtern gelang, ihre Attacke abzuwehren? Erst fünfzehn Monate waren vergangen, seit der Zar aufgehört hatte, von Rechts wegen ein

Gott zu sein. Verzweifelt begannen die betrunkenen Meuchelmörder im beißenden Pulverdampf auf die vier Mädchen einzustechen und einzuschlagen.

Als die Schießerei vorbei war, lagen fast alle noch lebend am Boden – die Kinder, die Bediensteten und Dr. Botkin – und mußten auf die eine oder andere Weise erledigt werden. Alexej »stöhnte noch« und umklammerte anscheinend die Khakijacke seines Vaters. Berichten zufolge trat ihm einer der Soldaten gegen den Kopf, bevor Jurowski seine

eigene Pistole nahm und »zwei- oder dreimal aus nächster Entfernung auf ihn schoß«. Noch schlimmer war es für die Frauen, stellte der Tschekist Kabanow fest. »Die beiden jüngeren Zarentöchter [Maria und Anastasia] hockten an der Wand und bedeckten den Kopf mit den Händen. Zwei Männer schossen auf ihre Köpfe ... Die Hofdame [gemeint ist Anna Demidowa] lag noch lebend am Boden ... Ein Genosse versuchte, der Hofdame das Bajonett

eines amerikanischen Winchestergewehres in die Brust zu stoßen. Aber es war stumpf und drang nicht ein. Sie griff mit beiden Händen nach dem Bajonett und schrie ... Dann wurde sie mit Gewehrkolben erschlagen.«

Eine Wache rannte vom Hof herein und rief, man könne die Schüsse, das Stöhnen und Schreien auf der Straße hören und man solle lieber aufhören, aber die Opfer wollten noch immer nicht sterben.

Schließlich, nach zwanzig oder dreißig Minuten, lagen alle im Zimmer »still« da, wie einer der Mörder später aussagte. Die Leichen der Familie und ihrer Bediensteten wurden auf provisorische Bahren gehoben und durch den Hof und den Korridor im Haus zum Vordereingang getragen, wo ein Lastwagen wartete, der sie aus der Stadt fahren sollte. Nikolaus wurde als erster gebracht, sein Leichnam war in das Laken seines und Alexandras Bettes gewickelt. Dann kamen die Großfürstinnen – alle »röchelten« offenbar noch und waren am Leben. Eine »der Töchter« setzte sich auf der Bahre auf und »schrie auf«, bevor man auf sie mit Bajonetten einstach und auf ihren Kopf einschlug. »Es stellte sich heraus«, heißt es in einem anderen Bericht, »daß auch andere noch lebten.« Offenkundig hatten die Mörder keine Ahnung, um welche Töchter es sich handelte – in den verschiedenen Berichten über das Massaker wurden die Namen der Mädchen immer wieder durcheinandergebracht. Die Leichen (oder die noch Lebenden) mußten jedenfalls vor Anbruch der Dämmerung aus Jekaterinburg hinausgeschafft werden. Die Mörder warfen sie auf den Wagen und fuhren in die sibirische Nacht hinein. Hinter ihnen lag eine Tragödie, die uns noch heute aufwühlt.

ZEHNTES KAPITEL

Nachspiel

Die verbreitetste Fehlinformation über das Massaker von Jekaterinburg, die sich noch immer hartnäckig in Nachschlagewerken und Geschichtsbüchern hält, besagt, daß die Meuchelmörder des Zaren ein »Exekutionskommando« gebildet hätten. Diese Vorstellung suggeriert, daß eine Reihe von Soldaten sorgfältig auf ihre vor einer Wand stehenden Opfer zielen und sie rasch und routiniert erschießen – eine Vorstellung, die mit dem barbarischen Abschlachten im Keller des Ipatjew-Hauses absolut nichts zu tun hat. Zunächst einmal war dieser Raum nur knapp fünf mal viereinhalb Meter groß – viel zu klein also für eine Massenhinrichtung. Wenn sie auch nur eine Chance haben wollten, ihre Opfer genau zu treffen, mußten sich die Mörder in der Tür zusammendrängen, in Reihen zu je drei und vier hintereinander, und über die Schultern der anderen hinwegschießen.

»Es gab elf oder sogar zwölf Mörder für elf Opfer, die nicht einmal gefesselt waren«, hat Ian Lilburn erklärt, ein britischer Historiker, der für Anna Andersons Anwälte während der Anastasia-Prozesse in Deutschland tätig war. »Ein einziger Täter hätte diese Aufgabe leichter ausgeführt, und dies hätte ja auch eher der Praxis der Bolschewiken entsprochen, die ihre Opfer einzeln durch Genickschuß töteten.« Warum diese rasche und praktisch unfehlbare Hinrichtungsmethode nicht in Jekaterinburg bei den wichtigsten politischen Gefangenen in Rußland angewandt wurde, ist nur die erste von vielen Fragen, die sich Historiker angesichts der unvorstellbaren Schlampigkeit des Verbrechens stellen müssen. Genauso rätselhaft ist der Umstand, daß der Mord an der Zarenfamilie einer betrunkenen, sadistischen Schlägerbande überlassen wurde, die so desorganisiert und total unfähig war, daß sie danach drei ganze Tage benötigte, um die Leichen zu begraben. In sowjetischen wie in westlichen Quellen wird immer wieder behauptet, die Bolschewiki hätten gehofft, »alle Spuren des Verbrechens zu beseitigen«. Wenn dies wirklich der Fall war, dann haben sie dafür schon eine merkwürdige Methode gewählt, indem sie möglichst viele Menschen am Mord, an der anschließenden Säuberung des blutbesudelten Kellers und besonders an der Beseitigung der Leichen beteiligten. Es gibt keinen Mord in der Geschichte, der weniger geheim war als dieser – aber vielleicht wurden die angeblichen Versuche der Bol-

Dieses Foto vom Mordzimmer im Ipatjew-Haus zeigt klar,
wo die Opfer standen. Es wurde aufgenommen, nachdem Untersuchungsbeamte
der Weißen Armee Teile der rückwärtigen Wand und des Bodens abgetragen hatten, die
Kugeln enthielten und Bajonetteinstiche aufwiesen.

199

schewiki, ihn zu verheimlichen, erst zu dem Zeitpunkt vorrangiges Ziel, als ihnen das ganze Grauen
dieser Tat aufzugehen begann – und als sich später
herausstellte, daß zwei Leichen fehlten.

Der ursprüngliche Plan sah vor, daß man sich
der Leichen der Zarenfamilie rasch und ein für allemal entledigen sollte, indem man sie in einen alten
Bergwerksschacht in einem Wald bei Koptjaki warf,
einem Dorf bei Jekaterinburg, in dessen Umgebung
es Sümpfe und stillgelegte Bergwerke gab. Kommandant Jurowskis berühmte »Aufzeichnung« der
Ereignisse (zwei Jahre nach dem Vorfall erarbeitet
und erst 1989 veröffentlicht) entspricht am ehesten
einem authentischen Bericht der Bestattung. Trotz
ihres verspäteten Erscheinens und ungeachtet zahlreicher innerer Widersprüche bestätigt sie immerhin,
wie groß die Probleme und die Verwirrung in den
darauffolgenden Tagen gewesen sein müssen.

»Praktisch alles, was bei der Beseitigung der
Leichen schiefgehen konnte, ging tatsächlich schief«,
hat ein Kommentator einmal gesagt. »Das Beerdigungskommando hat wiederholt versucht, die
Leichen auszuplündern, und konnte davon nur
dadurch abgebracht werden, daß man drohte, mit
ihnen kurzen Prozeß zu machen. Niemand wußte,
wo die Leichen bestattet werden sollten. Die Lastwagen kamen entweder nicht oder hatten im entscheidenden Augenblick einen Schaden. Einmal
stürzte Jurowski vom Pferd und verletzte sich erheblich.« Eine Nacht und einen Tag lang lagen die Leichen in einem Schacht im Hain »Vier Brüder« bei
Koptjaki. Aber als ganz Jekaterinburg die »geheime«
Grabstätte entdeckt zu haben schien, befahl Jurowski, die Leichen weiter in den Wald hineinzu-
schaffen, wo es tiefere Schächte gab. Erneut blieben
die Lastwagen liegen oder im Schlamm stecken, und
schließlich wurden die Leichen der letzten Zarenfamilie von Rußland übereinander in eine hastig
ausgehobene und nur einen Meter tiefe Grube
geworfen – in einem alles andere als abgeschiedenen
Teil des Waldes, der von der Eisenbahnstrecke aus
einzusehen war. Einige der Leichen waren noch mit
Stricken zusammengebunden, bei allen war das

Als die Weißen am 25. Juli 1918 das Ipatjew-Haus betraten, stießen sie auf ein großes Durcheinander (oben): Schubladen waren aufgerissen, der Inhalt war verstreut, und in den Öfen fanden sich Reste von Kleidern, die verbrannt worden waren. Gegenüber: Der Rollstuhl der Zarin steht leer in einer Ecke.

Gesicht mit Gewehrkolben zertrümmert, um eine Identifikation zu verhindern, und die Grube wurde mit Schwefelsäure getränkt, um »Verwesungsgerüchen vorzubeugen« und die Verwesung der Leichen zu beschleunigen. In seiner »Aufzeichnung« für den Kreml schilderte Jurowski, wie sich sein Beerdigungskommando bemüht habe, zwei Leichen »unabhängig von den anderen« zu verbrennen, angeblich um den Weißgardisten noch mehr zu erschweren, die Leichen durch Zählen zu identifizieren. »Wir wollten A[lexej] und A[lexandra] F[jodorowna] verbrennen«, berichtete er, »doch aus Versehen verbrannten wir die Hofdame [Anna Demidowa] und Alexej.« Niemand hat jemals den Versuch unternommen, für diese Verwechslung weiblicher Leichen eine plausible Erklärung zu finden. Zunächst einmal war der Spezialauftrag erledigt worden. »Die Welt wird nie erfahren, was wir mit ihnen gemacht haben«, soll ein leitender bolschewistischer Kommissar damals gesagt haben. Siebzig Jahre lang lagen die verbliebenen Leichen in ihrem flachen Waldgrab verborgen.

Drei Tage nach dem Mord, am 20. Juli 1918, als die Weiße Armee vor den Toren stand und der Sturz der örtlichen Bolschewiki beschlossene Sache war, verkündete der Ural-Gebietssowjet in Jekaterinburg, daß »der Ex-Zar, Nikolaus Romanow, schuldig vor dem Volk wegen ungezählter Verbrechen«, nach der vom Sowjet getroffenen Entscheidung erschossen worden sei. »Die Familie Romanow«, erklärten die Bolschewiki, sei bereits »von Jekaterinburg an einen sichereren Ort gebracht worden.« Aber in einem verschlüsselten Telegramm nach Moskau (das viele Gerichtssachverständige für eine Fälschung halten) versicherte der Ural-Sowjet dem Kreml, »daß die gesamte Familie das gleiche Schicksal erlitten hat wie das Oberhaupt«, also Nikolaus. »Offiziell«, hieß es im Telegramm weiter, würden die Zarin, Alexej und die brutal ermordeten Mädchen »bei der Evakuierung ums Leben kommen«.

Die Weigerung der Bolschewiki, einzugestehen, daß sie mit dem Zaren auch die übrige Familie umgebracht hatten, führte dazu, daß die Monarchisten in hoffnungsvoller Spannung gehalten wurden. Die Folge davon waren unweigerlich Rettungs- und Fluchtgeschichten, die zum Teil sogar plausibel klangen, meist jedoch bizarr waren – aber da ja die Leichen fehlten, war keine absolut unglaubwürdig. Als Jekaterinburg am 25. Juli in die Hände der Weißen fiel und von den Bolschewiki erst im darauffolgenden Jahr wiedererobert wurde, leitete man eine militärische Untersuchung über das Verschwinden der Familie ein, unter dem Vorsitz von General Michael K. Dieterichs, einem fanatisch antibolschewistischen rechten Offizier der sibirischen Streitkräfte von Admiral Koltschak. »Jeanne d'Arc in Reithosen« nannten ihn seine Untergebenen. Sein Hauptziel – das die Weißen ziemlich in Mißkredit brachte – war es, den Mord an der Zarenfamilie »den Juden« und ihren imaginären Oberherren, »den Ältesten von Zion«, in die Schuhe zu schieben. Erst nach zwei vergeblichen Anläufen fand General Dieterichs einen Untersuchungsführer, der bereit war, sich einem »politischen Befehl« zu beugen, wie er es nannte – das heißt, aus den Romanows religiöse Märtyrer zu machen. Der Mann, der mit dieser Aufgabe schließlich betraut wurde, war Nikolai Sokolow, ein ehemaliger stellvertretender Richter am Geschworenengericht von Omsk, dessen zutiefst frommer, ansonsten aber sorgfältiger Untersuchungsbericht später in Paris unter dem Titel *Enquête judiciaire sur l'assassinat de la famille impériale russe* (deutsch *Die Ermordung der Zarenfamilie*, Berlin 1925) veröffentlicht wurde. Jahrzehntelang galt Sokolows Bericht als Standarddarstellung des Mordes – bis 1991, als nach dem Zusammenbruch der Sowjetunion die Geheimnisse des Kreml nach und nach enthüllt wurden.

Bislang ist aber in den Archiven der ehemaligen Sowjetregierung nichts zum Vorschein gekommen, was der zentralen Schlußfolgerung des Sokolow-Berichts grundsätzlich widerspräche: daß die gesamte Zarenfamilie im Ipatjew-Haus erschossen worden sei. Russische Archive stellen freilich ein wahres Labyrinth dar. Sie sind verteilt über eine Reihe von Behörden und Ministerien in Moskau und St. Petersburg und wurden von den Sowjets so angelegt, daß sie in eben dem Maße die Wahrheit verschleiern, wie sie ihrer Aufklärung dienen. Diese Archive sind wie die lächelnden Matroschka-Puppen, in denen immer wieder eine neue Puppe zum Vorschein kommt, wenn man eine öffnet, und was den Mord an der Zarenfamilie betrifft, fließen die Informationen noch immer spärlich. Es wird vielleicht Jahre dauern, bis man sich ein genaues Bild von diesem Mord machen kann — sofern dies überhaupt jemals möglich ist. Sokolows Bericht basierte natürlich auf Indizienbeweisen. Er konnte nie einen einzigen unumstrittenen Augenzeugen des Mordes an der Familie oder einen Hinweis auf den Verbleib ihrer sterblichen Überreste beibringen — erhebliche Nachteile, falls das Ziel der von der Weißen Armee veranlaßten Untersuchung darin bestanden haben sollte, den Tod der Familie im juristischen, dynastischen und religiösen Sinne nachzuweisen.

Sokolows Erklärung für das völlige Verschwinden der Leichen war zwar äußerst grotesk, wurde aber jahrelang von den meisten Historikern akzeptiert, weil sie besser als gar keine Erklärung war. Die Leichen seien zerstückelt worden, meinte Sokolow, mit Benzin übergossen und auf Scheiterhaufen verbrannt worden; was nach dem Verbrennen übrigblieb, sei »in Schwefelsäure aufgelöst« (ohne Retorten und die richtigen Laborbedingungen ist das schier unmöglich) und in den Schacht der »Vier Brüder« hinuntergeworfen worden, wo die Leichen tatsächlich für kurze Zeit gelegen hatten. Offenkundig hatten die Bolschewiki die Kleidungsstücke der Zarenfamilie und andere Gegenstände an der Öffnung des Schachts verbrannt und eine auffällige Ansammlung von Haken und Ösen,

Die schlammige Straße im Wäldchen bei Koptjaki, wo die Leichen der Zarenfamilie vergraben werden sollten.

Gürtelschnallen, Ringen und anderen Schmuckstücken ganz offen auf dem Boden zurückgelassen. Man hatte gar nicht versucht, diese Dinge zu verbergen oder aufzuräumen — vielleicht wollte man die Aufmerksamkeit der Weißen von der eigentlichen Grabstätte in ein paar Kilometern Entfernung ablenken. Unverständlich bleibt, wie Inspektor Sokolow die Grabstätte selbst übersehen haben kann: Es gibt sogar ein Foto von ihr in seinem Untersuchungsbericht, doch er beschränkte seine Suche nach den Leichen auf das Gebiet in und um die Waldung »Vier Brüder«.

Alle möglichen »Beweise« begannen am Schacht in großer Fülle aufzutauchen, aber erst nachdem Sokolow seine Arbeit begonnen hatte: Stückchen von menschlicher »Epidermis«, eine Handvoll verkohlter »Säugetierknochen«, eine Zahnprothese, die angeblich Dr. Botkin gehört hatte, und ein Zeigefinger, den Sokolow in einem kühnen Anfall von monarchistischer Phantasie als den der Zarin bezeichnete. Inzwischen wurden alle Aussagen, denen zufolge der eine oder andere Angehörige der Romanows das Gemetzel im Ipatjew-Haus überlebt habe — und es gab viele solcher Aussagen —, in Sokolows Abschlußbericht unterdrückt — unter anderem die Behauptung von achtzehn Zeugen aus der Stadt Perm, die erklärt hatten, daß die Zarin Alexandra und alle ihre Töchter noch im September 1918, also zwei Monate nach ihrem mutmaßlichen Tod, in Perm gelebt hätten. Bereits einige Wochen nach dem Mord war Anastasia viele Male »gesichtet« worden — in Gefängnissen, Krankenhäusern, Klöstern und Bauernkaten — und damit auf dem besten Wege, zum Mythos zu werden. Schließlich meldeten sich so viele Zeugen zu Wort, die sich an die verzweifelte Suche der Bolschewiki nach der vermißten

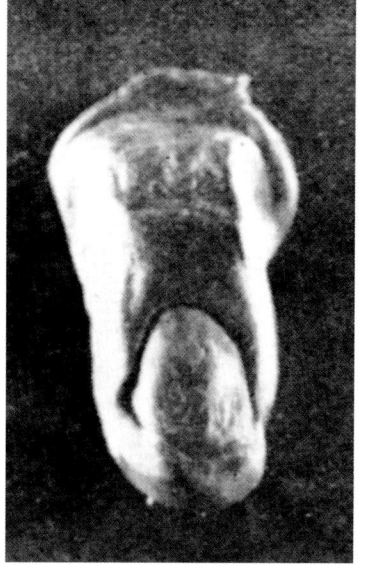

*U*nter-
suchungsbeamte
der Weißen
Armee suchen im
Herbst 1918
nach Spuren der
Familie im
Wäldchen Vier
Brüder. Unter
dem
sichergestellten
Beweismaterial
befand sich ein
Finger (oben),
der angeblich der
Zarin gehörte, die
verbrannten
Überreste von
sechs Korsetts
(Mitte) und eine
einfache
Gürtelschnalle,
die man für
identisch hielt mit
einer vom Zaren
getragenen
Schnalle (unten).

Großfürstin erinnerten, daß dies unter weniger umstrittenen Umständen als historische Tatsache akzeptiert worden wäre. Eine der glaubwürdigeren und unparteiischen Aussagen stammte von Graf Carl Bonde, einem Abgesandten des schwedischen Außenministeriums, der während des Bürgerkriegs Kriegsgefangenenlager in Sibirien inspizieren sollte. Bonde erklärte: »In meiner Eigenschaft als Chef der schwedischen Rot-Kreuz-Mission in Sibirien war ich im Jahre 1918 in einem privaten Eisenbahnwaggon unterwegs. Bei einem Ort, dessen Name mir entfallen ist, wurde der Zug angehalten und nach der Großfürstin Anastasia, der Tochter von Zar Nikolaus II., durchsucht. Die Großfürstin befand sich jedoch nicht im Zug. Niemand wußte, wohin sie gegangen war.«

Von Anfang an konzentrierten sich die Gerüchte einer Flucht auf die beiden jüngsten Kinder, Anastasia und Alexej. Aus der Sicht der Weißen und eingedenk Rußlands langjähriger Geschichte der Thronanwärter und -prätendenten war der Gedanke an einen vermißten Thronerben oder eine Thronerbin ein Alptraum. Wie um allen Legenden ein für allemal den Garaus zu machen, gerade rechtzeitig vor der Wiedereroberung von Jekaterinburg durch die Bolschewiki, tauchten weitere »Beweise« im Wald der »Vier Brüder« auf: Knäuel von Schnur, Stanniolpapier, Nägel und das geschmolzene Blei der Spielzeugsoldaten, die Alexej ständig in seinen Taschen mit sich herumgeschleppt hatte; die verbrannten Überreste von sechs gleichartigen Frauenkorsetts, die allzu offenkundig auf die sechs Frauen verwiesen, die angeblich im Ipatjew-Haus umgekommen waren (als ob das Zimmermädchen, die Demidowa, die gleiche Unterwäsche wie die Zarin getragen hätte!); und schließlich Jimmy, der Cockerspaniel der Kinder, dessen mißhandelter Kadaver Monate nach dem Mord an der Zarenfamilie plötzlich fast vollständig konserviert am Boden des Schachts auftauchte (der Hund war erst ein paar Wochen, bevor er gefunden wurde, gestorben). Rasch verbreiteten die Weißen auch die Geschichte, daß Anastasia in der Mordnacht Jimmy auf den

Die Imperatorenwitwe an Bord der HMS Marlborough, *die sie im April 1919 ins Exil brachte.*

Armen getragen habe – obwohl doch kein einziger Wachposten oder Soldat in seinem Bericht über das Verbrechen etwas von einem Hund erwähnte. Danach galt der arme Cockerspaniel, den Anna Wyrubowa tatsächlich der Großfürstin Tatjana in Zarskoje Selo geschenkt hatte, plötzlich als Anastasias Hund – so ließ sich der Tod der Großfürstin besser mit dem des Hundes in Zusammenhang bringen.

Was Alexej betraf, tauchte bereits im August 1918 in Sibirien ein Anwärter auf seinen Namen und Titel auf, wurde aber sogleich als Hochstapler entlarvt, und zwar von Pierre Gilliard. Der ehemalige Lehrer der Zarenkinder sollte noch eine lange Karriere vor sich haben: Als »Chefentlarver« der russischen Monarchistengemeinde identifizierte er Betrüger, die sich als Mitglieder der Zarenfamilie ausgaben, und galt als der herausragende (allerdings selbsternannte) Experte der Welt für das Leben und den Tod der letzten Romanows. Gilliard hatte sicher alle Hände voll zu tun. Seit 1918 und sogar bis zum heutigen Tag hat es eine erstaunliche Parade von – männlichen wie weiblichen – Prätendenten gegeben, die alle behauptet haben, ein Kind von Nikolaus II. zu sein. In einem Fall – und nur in diesem – hat diese Behauptung vielleicht sogar auf Wahrheit beruht.

Die Bolschewiki haben sich weit über Jekaterinburg hinaus bemüht, jedes lebende Mitglied der Romanow-Familie – »der ehemaligen Dynastie«, wie sie sie zwangsläufig nannten – zu beseitigen. Im Juni 1918 war Michael, der Bruder des Zaren, in den Wäldern bei Perm erschossen worden – seine Leiche wurde nie gefunden. Alexandras ältere Schwester Ella wurde eine Zeitlang in der Gegend des Ural in Gesellschaft von Großfürst Sergej Michailowitsch und von vier jungen Romanow-Fürsten gefangengehalten. Am 18. Juli, also nur einen Tag nach dem Mord an »poor Alicky« in Jekaterinburg, wurden Ella und die anderen lebendig in den Schacht eines aufgelassenen Bergwerks bei Alapajewsk geworfen, wo sie an ihren Verletzungen starben, verhungerten oder erfroren. Ella starb als orthodoxe Nonne, als

*D*ie Mutter des Zaren lebte
bis zu ihrem Tod im Jahre 1928 mit ihrer
Tochter Olga in der Villa Hvidøre bei
Kopenhagen (oben). Häufig wurde sie von
der Großfürstin Xenia (rechts, die Linke)
sowie von anderen Romanows besucht, die bei
der Imperatorenwitwe nicht in Ungnade
gefallen waren. Maria Fjodorowna war noch
immer eine beeindruckende Erscheinung —
hier am Strand mit einem Kind (rechts) und
im Hof von Hvidøre (unten).

Oberin des Martha-Marien-Ordens in Moskau und als Märtyrerin im Dienste des Glaubens. Bei Entstehung dieses Buches war sie das einzige Mitglied der Zarenfamilie, das in Rußland heiliggesprochen worden ist.

Insgesamt wurden siebzehn Romanows während der Revolution ermordet, während etwa zweimal so vielen die Flucht gelang, einigen ohne Mühe, anderen unter Schwierigkeiten, den einen mit Hilfe von Geld, den anderen ohne. Der Entscheidung des Zaren, Felix Jussupow und Großfürst Dmitri wegen ihrer Beteiligung an der Ermordung Rasputins zu verbannen, verdankten die beiden ihr Leben. Sie befanden sich im Süden des ehemaligen Zarenreichs, wo kein Mitglied der Familie für immer oder auf tragische Weise den Bolschewiki in die Hände fiel. Olga, die Schwester des Zaren, reiste ohne Gefahr durch den Kaukasus außer Landes, zusammen mit ihrem »bürgerlichen« Ehemann, dem Rittmeister Nikolai Kulikowski, und ihren kleinen Söhnen. Seine Mutter, die Zarenwitwe, wurde zusammen mit ihrer Tochter Xenia sowie deren Familie durch Maria Fjodorownas Neffen Georg V. gerettet — wir dürfen wohl annehmen, daß der König von England so etwas wie Gewissensbisse empfand, weil er es versäumt hatte, »dear Nicky« in einem Augenblick zu helfen, da dies vielleicht noch möglich gewesen wäre. Alarmiert durch Berichte über die Gewalttat von Jekaterinburg, schickte der König im April 1919 die HMS *Marlborough* nach Jalta, aus Sorge um »Aunt Minnie« und seine russischen Cousinen. Selbst als die Bolschewiki bereits drauf und dran waren, die Krim wiederzuerobern, wollte die Zarenwitwe erst dann an Bord gehen, wenn jeder, der sie begleiten wollte, ebenfalls untergebracht war. Somit fuhren rund sechstausend russische Aristokraten für immer ins Exil — auf Kosten Englands. Es war das letzte Mal, daß jemand hörte, wie »Gott erhalte den Zaren« für das Oberhaupt der Romanow-Dynastie gespielt wurde.

Nach einem längeren Aufenthalt in England bei ihrer Schwester, Königinmutter Alexandra, kehrte die Zarenwitwe schließlich in ihre Heimat Dänemark zurück. Im Anschluß an (Fortsetzung auf Seite 208)

GROSS-FÜRSTIN OLGA

Die jüngste Schwester von Nikolaus II., Großfürstin Olga Alexandrowna, war das schlichteste, originellste und zweifellos beliebteste Mitglied der im Exil lebenden Romanows. 1901 war sie als Neunzehnjährige (links) von ihrer Mutter zur Ehe mit einem vierzehn Jahre älteren Cousin gedrängt worden. Aber die Ehe wurde nie vollzogen, und 1916 heiratete sie mit dem Segen des Zaren den Mann, den sie seit einigen Jahren liebte, Rittmeister Nikolai Kulikowski (ovales Bild). Im Februar 1920 konnten sie mit ihren beiden Söhnen Tichon und Guri (oben) aus Rußland fliehen und zur Imperatorenwitwe Maria nach Hvidøre ziehen. Nach dem Tod ihrer Mutter (und dem Verkauf ihres Schmucks) kauften Olga und ihr Mann einen Meierhof in Dänemark. 1945 wanderte die Familie nach Kanada aus und lebte auf einem Bauernhof außerhalb von Toronto. Im fortgeschrittenen Alter bezog Olga mit ihrem Mann einen Bungalow bei Cooksville im Staat Ontario, wo der Rittmeister 1958 starb. Zwei Jahre später ließ auch Olgas Gesundheit nach. Am 24. November 1960 starb die im Gatschina-Palast als Zarentochter geborene Frau in einer kleinen Wohnung über einem Friseurladen in Toronto.

Großfürstin Olga liebte wie ihr Vater das Leben auf dem Lande, so daß es ihr leichtfiel, eine Kuh zu melken (oben Mitte). Als begabte Malerin machte sie gern Skizzen im Freien, hier auf einem alten Autositz beim Bungalow in Cooksville (oben rechts). Anläßlich eines Lunchs mit ihren Verwandten, Queen Elizabeth und Prinz Philip, an Bord der königlichen Jacht Britannia im Jahre 1959 konnten ihre Nachbarn sie dazu bewegen, sich ein neues Kleid zu kaufen (Mitte links). »Soviel Getue – nur um Lilibet und Philip zu sehen!« meinte sie. Bis zum Ende bewahrte sie sich ihre königliche Haltung (unten) und ihren Stolz, die Tochter von Zar Alexander III. zu sein (Mitte rechts).

einige »unbefriedigende« Erlebnisse als Gast im dänischen Königspalast zog sie sich in die Villa Hvidøre zurück, einem den Winden ausgesetzten Herrenhaus mit Ausblick auf die Ostsee auf einem Hügel bei Kopenhagen. Hier lebte sie praktisch abgeschieden, bis sie 1928 im Alter von einundachtzig Jahren starb, versorgt von ihrer Tochter Olga (die sie unbarmherzig tyrannisierte) und ohne sich an den verquälten, oft haarsträubenden Auseinandersetzungen der im Exil lebenden Mitglieder der Familie Romanow zu beteiligen. Sie weigerte sich, irgendwelche potentiellen Anwärter auf den russischen Thron zu bestätigen, und hat niemals die Hauptschlußfolgerungen des Sokolow-Berichts akzeptiert, denen zufolge der Tod ihrer beiden Söhne und ihrer fünf zaristischen Enkelkinder eindeutig feststand. »Vielleicht war es Stolz«, meinte ihr Schwiegersohn Großfürst Alexander, der die meiste Zeit seines Exils mit seiner Geliebten in Südfrankreich verbrachte. »Vielleicht war es Zuneigung. Vielleicht war es Aberglaube. Aber es war auch Staatskunst. Solange das nominelle Oberhaupt des Hauses Romanow nicht erklärte, daß der Thron verwaist sei, waren alle Thronanwärter nichts weiter als Prätendenten.«

1921 gab es etwa zwei Millionen russischer Flüchtlinge in Europa, wobei die Monarchisten sich vor allem in London, Paris und Berlin aufhielten. »Wir waren von der Bühne verjagt worden und trugen noch unsere prächtigen Kostüme«, meinte die Großfürstin Marie Pawlowna nachdenklich. »Und nun mußten wir uns neue schneidern und vor allem lernen, sie zu tragen.«

Das tat kaum einer von ihnen. Marie Pawlowna selbst arbeitete eine Zeitlang als Assistentin von Coco Chanel. Ihr Bruder, der Großfürst Dmitri, weigerte sich bis zu seinem Tod, über seine Rolle beim Mord an Rasputin zu sprechen, und verkaufte Champagner in Florida, bevor er die amerikanische Erbin Audrey Emery aus Cincinnati, Ohio, heiratete. Die meisten Romanows, denen die Flucht aus Rußland gelungen war, lebten im Exil ohne einen Pfennig, wobei ihnen Pfennige noch nie etwas bedeutet hatten. Über ihr gestörtes Verhältnis zum Geld nach der Revolution könnte man ein ganzes Buch schreiben.

»Sie konnten einen Rubel nicht von einer Kopeke unterscheiden«, erklärte eine Nichte von Nikolaus II., eine Romanow-Prinzessin, die das Glück hatte, einen Amerikaner mit Geld zu heiraten. Die Zarenschwester Xenia schien geradezu das ideale Opfer für Betrügereien zu sein (und verstrickte sich in Prozesse, um ihr Geld zurückzubekommen). Sie verbrachte den Rest ihres Lebens als Gast der englischen Königsfamilie in Wilderness House, einem Landhaus in Hampton Court, das Georg V. ihr überließ. Beide Schwestern von Nikolaus enthielten sich jeder monarchistischen Politik – das ging sogar so weit, daß Xenia, als sich einer ihrer Enkel bei einer Hochzeit in London als »Prinz Alexander Romanow« ins Gästebuch eintrug, dies durchstrich und statt dessen »A. Romanow, Esq.« hinschrieb. Aber fast jeder heimwehkranke Russe wollte natürlich im Exil die Flamme der Heimatliebe am Leben erhalten und hielt am Legitimitätsprinzip fest. In den zwanziger und dreißiger Jahren verlagerte sich die Politik der Emigranten immer weiter nach rechts: Eine ganze Reihe von Adolf Hitlers frühen Förderern in Deutschland waren russischen Generäle, Barone, Grafen und Großfürsten, die sich der Hoffnung hingaben, die lautstarke Stimmungsmache des Führers gegen den »Bolschewismus« könnte ihnen die Heimkehr ermöglichen. Ende der zwanziger Jahre standen drei Großfürsten als potentielle Herrscher einer wie-

Die meisten Romanows, die der Revolution entkommen waren, lebten mittellos im Exil. Der Zarenvetter Boris warb für eine Zigarettenmarke (links). Prinz Georg, der Sohn von Großfürst Konstantin (ganz oben), verkaufte Lampen. Großfürst Dmitri Pawlowitsch, einer der an der Ermordung Rasputins beteiligten Verschwörer, heiratete die amerikanische Erbin Audrey Emery (oben) und lebte in Palm Beach.

*G*roßfürst Kirill
(ganz oben, mit seiner Frau Victoria
»Ducky« und Sohn Wladimir) verlieh all
denen Titel, die ihn bei seinem Anspruch,
»Exil-Zar« zu sein, unterstützten. Alle
drei hier gezeigten Familienmitglieder
wurden vor kurzem in der Peter-und-
Pauls-Kathedrale in
St. Petersburg beigesetzt. Großfürstin
Xenia (oben) durfte in einem königlichen
Landhaus in Hampton Court wohnen
und starb 1960, ein paar Monate vor
ihrer Schwester Olga.

dererstandenen russischen Monarchie zur Verfügung: der Onkel des Zaren, Großfürst Nikolai Nikolajewitsch, der beliebteste und vernünftigste Kandidat, der sich klugerweise nicht an diesen Umtrieben beteiligte; Großfürst Dmitri, der sich vermutlich deshalb empfahl, weil er wie ein Hollywoodstar aussah; und Großfürst Kirill, der der rechtmäßige Thronerbe gewesen wäre, hätte es da nicht gewisse formale dynastische Probleme (seine Mutter hatte zur Zeit seiner Geburt nicht dem orthodoxen Glauben angehört) und die rote Armbinde gegeben, die er während der Märzrevolution getragen hatte. (Außerdem konnte Kirill noch darauf verweisen, daß er mit der Ex-Schwägerin der toten Zarin verheiratet war – der verhaßten »Ducky«, die 1901 von Alexandras Bruder Ernie geschieden worden war und den Großfürsten gegen den Willen des Zaren geheiratet hatte.) 1922 verlieh sich Kirill selbst den dubiosen Titel eines »Protektors des russischen Throns«. Zwei Jahre später schockierte er die Mehrheit seiner exilierten Landsleute, als er sich zum Zaren und Herrscher aller Reußen ernannte.

Es war das einzige Mal, daß die Imperatorenwitwe in Kopenhagen ihr Schweigen brach und ein Mitglied der Familie verurteilte. »Das Herz tat mir weh«, schrieb sie Großfürst Nikolai in einem offenen Brief. »Wenn es dem Allmächtigen gefallen haben sollte, meine geliebten Söhne und meinen Enkelsohn [Alexej] zu sich zu nehmen, so glaube ich, daß der künftige Zar nach unseren grundlegenden Gesetzen und in Übereinstimmung mit der orthodoxen Kirche und dem gesamten russischen Volk ernannt wird.«

Daß sich das ganze Denken und Reden der Romanows noch immer um »das Volk« und »die Gesetze« drehte, muß man wohl als typisch für das politische Exil ansehen, ja, wie in diesem Fall, als ein Symptom des Schocks. »In all unseren Unterhaltungen ging es immer noch um ein einziges Thema – die Vergangenheit«, schrieb die Großfürstin Marie Pawlowna. »Und während wir von der Vergangenheit sprachen, wollten wir nichts daraus lernen, ergingen wir uns unermüdlich und planlos über all die alten Dinge und suchten nach dem Sündenbock, den wir

für all das, war uns widerfahren war, verantwortlich machen konnten.« Bei den überzeugtesten Monarchisten entlud sich der ganze Zorn der ehemaligen Untertanen auf die Zarin. »Diese Frau hat aus Nicky einen Hampelmann gemacht«, wütete die Zarenschwester Xenia im Exil. »Sie war nie wirklich eine von uns. Sie wollte nicht einmal russisch sprechen, wenn sie nicht absolut dazu gezwungen war.« Erst Alexandras Ermordung in Jekaterinburg vermochte sie im Herzen der Russen in die liebe, fromme und rechtschaffene Zarin zu verwandeln, die sie stets so gern gewesen wäre. Nur angesichts des Martyriums der ganzen Familie wurden die bittersten Ressentiments unterdrückt. Beim Anblick der gewaltigen Menge weinender Russen (von denen keiner während der Revolution einen Finger krummgemacht hatte, um die Zarenfamilie zu retten) während eines Gedenkgottesdienstes in Paris fragte Gljeb Botkin seinen Nachbarn, was seiner Meinung nach passieren würde, wenn der Zar plötzlich hereinspaziert, gesund und munter und bereit, seine Rechte geltend zu machen.

»Sie würden ihr möglichstes tun, ihn wieder zu ermorden«, erwiderte der andere.

In dieser Atmosphäre aus Familienzwist und politischer Halluzination betrat »Anna Anderson« die Szene, die Frau, die bis zu ihrem Tod im Jahre 1984 behauptete, die Großfürstin Anastasia zu sein. Erst Anna Anderson hat Anastasia berühmt gemacht; ihr Leben war Gegenstand von mindestens einem Dutzend Büchern, Tausenden von Zeitungs- und Zeitschriftenartikeln, fünf Theaterstücken, drei Filmen (für einen erhielt Ingrid Bergman 1956 einen Oscar) und einem düsteren Ballett von Kenneth MacMillan, das zum ständigen Repertoire der Covent Garden Opera gehört. In der langen und bunten Geschichte vorgeblicher Thronfolger ist niemand von so vielen Menschen so ernst genommen worden oder so nahe daran gewesen, die Legitimität eines Anspruchs zu beweisen, wie Anna Anderson. Ihre Klage, als rechtmäßige Tochter des Zaren anerkannt zu werden, beschäftigte die deutschen Gerichte fast vierzig Jahre und endete im Februar 1970 mit einem

Unentschieden, als der Bundesgerichtshof in Karlsruhe den Fall als juristisch ungelöst zu den Akten nahm – ihre Behauptung sei »weder erwiesen noch widerlegt« worden.

Zusammen mit ihrer Entscheidung bestätigten die Richter, daß »der Tod der Großfürstin Anastasia in Jekaterinburg nicht als eine endgültig bewiesene historische Tatsache angesehen« werden könne. Bis zu diesem Zeitpunkt, also lange vor der Öffnung der Kremlarchive, hatten die deutschen Gerichte mehr Beweismaterial geprüft und mehr Zeugen zum Mord am Zaren und seiner Familie angehört als irgendein anderes Gremium auf der Welt, einschließlich Nikolai Sokolow und der Beamten der Weißen Armee in Sibirien. Dies war zwar kaum als Sieg zu bezeichnen, aber auf jeden Fall eine bemerkenswerte Leistung für eine Frau, deren Gegner gleichermaßen überzeugt behaupteten, daß sie in Wirklichkeit Franziska Schanzkowska sei, eine ehemalige polnische Fabrikarbeiterin, die infolge einer Granatenexplosion im Ersten Weltkrieg den Verstand verloren habe. Aber Anna Anderson geriet dadurch in ein juristisches und historisches Niemandsland. Ihr einziger Kommentar zum Karlsruher Urteil war typisch für ihre wortkarge Art: »Wir machen weiter.«

Das Urteil des deutschen Bundesgerichtshofs wurde fünfzig Jahre nach dem Selbstmordversuch gesprochen, durch den Anna Andersons Existenz zum erstenmal aktenkundig wurde. Am 17. Februar 1920 wurde eine junge Frau aus dem Berliner Landwehrkanal gerettet, in den sie sich offensichtlich in einem Augenblick der Verzweiflung gestürzt hatte. Bei der polizeilichen Vernehmung weigerte sie sich, irgendwelche Auskünfte über ihre Identität zu geben, und provozierte die Beamten fast, herauszufinden, wer sie war. »Wenn die Menschen wüßten, wer ich bin«,

erklärte sie, »wäre ich nicht hier.« Die Behörden vermerkten damals, daß sie »etwa zwanzig« Jahre alt zu sein schien – die richtige Anastasia wäre achtzehneinhalb gewesen –, daß sie schlecht deutsch sprach, mit einem starken »östlichen« Akzent, und daß ihr Körper mit Narben übersät sei – von »vielen Rißwunden«, wie es im gerichtsmedizinischen

Bericht heißt.

Ihr Schädel war gebrochen (allerdings verschwanden die Röntgenaufnahmen, die dies bewiesen, auf geheimnisvolle Weise im Laufe des Skandals, den ihre Behauptung auslöste), und an mindestens vier Stellen – am Hinterkopf, am Arm, an der Brust und am Fuß – wies sie eindeutige Spuren von Stichwunden auf. Andere Gutachter

Die ersten bekannten Fotos von
*Anna Anderson waren Kopfbilder
(gegenüber), die die Berliner Polizei
1920 nach ihrem Auftauchen
in Deutschland von ihr gemacht hatte.
Sie hatte versucht, sich im Landwehrkanal
zu ertränken, und weigerte sich,
ihre Identität preiszugeben.*

*Großfürstin Anastasia (oben) 1916 im
Park von Zarskoje Selo. Oben rechts:
Anna Anderson 1974 in Charlottesville,
Virginia. Rechts: Ein offizielles Hoffoto
von Anastasia, aufgenommen während
der Dreihundertjahrfeier im Jahre 1913.*

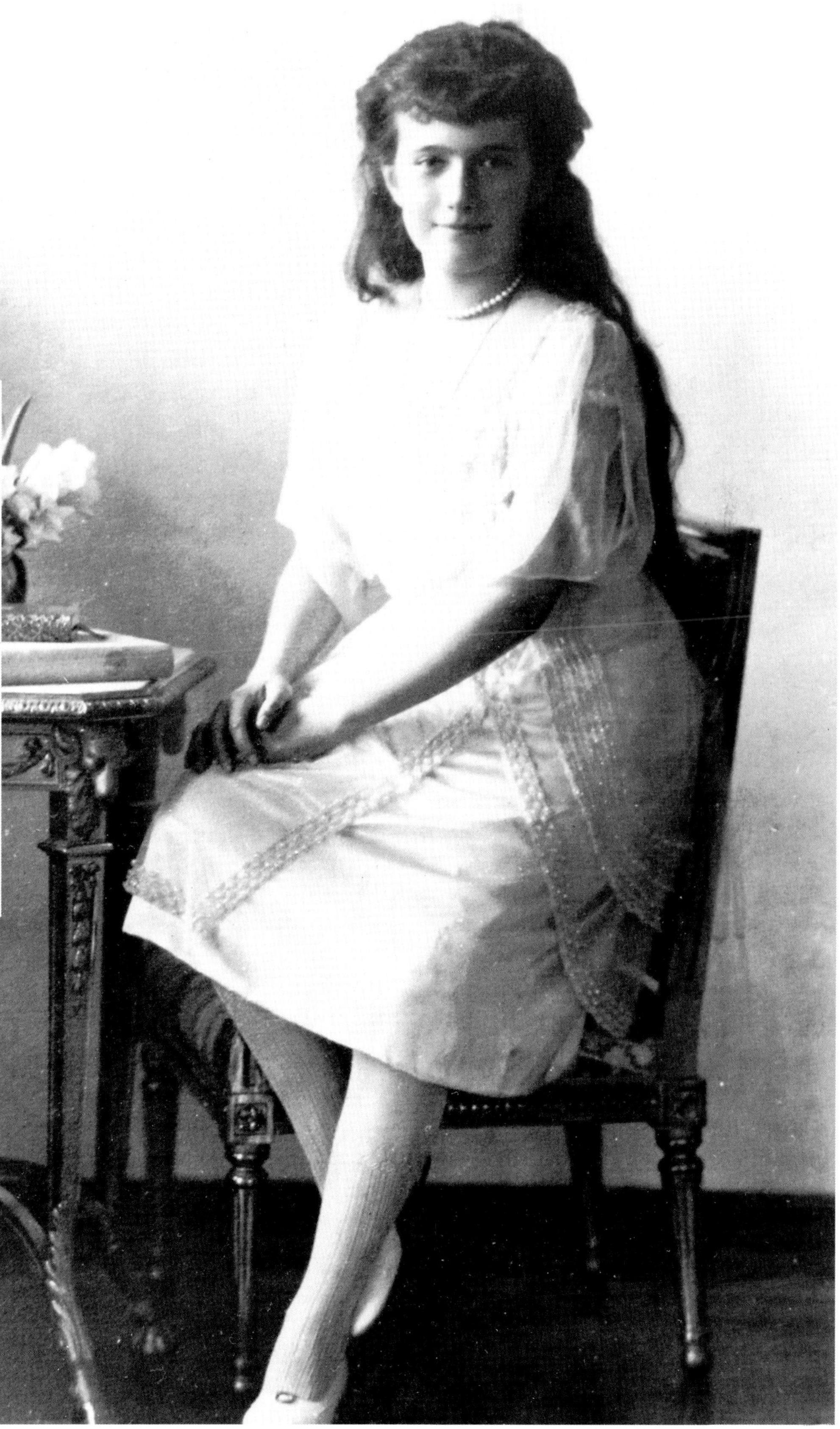

bestätigten später, daß die sternförmige Narbe, die Anna Andersons rechten Fuß von oben bis unten durchzog, in Form und Aussehen exakt dem Wundmal entsprach, das das spezielle Bajonettfabrikat hinterlassen hätte, wie es in Rußland im Ersten Weltkrieg (und natürlich während der Revolution) verwendet wurde.

Aber die Frau wollte der Berliner Polizei nicht sagen, woher die Narben stammten. Nach wochenlangem hartnäckigem Schweigen wurde sie in eine öffentliche Irrenanstalt gesteckt, wo sie über zwei Jahre lang als ein »Fall von Depression« unter dem Spitznamen »Fräulein Unbekannt« festgehalten wurde. Erst im März 1922, als die russische Monarchistengemeinde in Berlin auf ihre Existenz aufmerksam geworden war, wurde die Behauptung aufgestellt, daß sie Anastasia sei, und es ist nicht ganz klar, ob sie sie als erste erhoben hat. Während ihres ganzen Lebens traten Freunde, Anwälte und Fürsprecher für Anna Andersons Sache ein und betrachteten es als große Ehre, für ihren Anspruch kämpfen zu dürfen. (»Anderson« war natürlich ein Deckname, den man 1928 willkürlich gewählt hatte, um sie vor Reportern zu schützen.) Anna Anderson schien überhaupt kein Interesse daran zu haben, die Welt von der Wahrheit ihrer Geschichte zu überzeugen. So betrat sie zum Beispiel während ihrer endlosen Prozesse nie einen Gerichtssaal. Sie weigerte sich, eine plausible Darstellung ihrer angeblichen Flucht aus Jekaterinburg zu liefern, oft lehnte sie es ab, mit wichtigen Zeugen zusammenzukommen, die sie sehen wollten, und leider wollte sie auch kein Russisch sprechen – außer »spontan«, unter Narkose oder wenn sie einigermaßen sicher war, nicht »geprüft« zu werden. Sie konnte eben einfach Russisch – zu Beginn dieser Kontroverse hat dies auch niemand bestritten –, und bis ihre Gegner durch ihr Gerede über polnische Bauern die ganze Sache nur noch verworrener machten, hielten die deutschen Behörden Anna Anderson für eine Russin. »Warum wollen Sie kein Russisch sprechen?« wollte Prinzessin Grigorjewna – eine Tochter von Großfürst Grigori Michailowitsch, die als Kind mit

Anastasia gespielt hatte – im Jahre 1928 wissen. Bei Frau Andersons Antwort bekam die Prinzessin eine Gänsehaut: »Weil es die letzte Sprache war, die wir in diesem Haus hörten.« Niemand zweifelte daran, daß sie – wer immer sie war – unter einem schweren Trauma litt, und in keinem der Berichte über ihr Leben taucht ein Arzt oder Psychiater auf, der sie für geistesgestört hielt. Sie war es auch nicht, selbst wenn sie wegen Nervenzusammenbrüchen und einer Reihe rasender Wutanfälle mehr als einmal in ein Sanatorium eingeliefert wurde.

Für viele Menschen, die Anastasia als Kind gekannt hatten – als die lebhafte, fröhliche, spitzbübische Tochter der düstersten Herrscher Rußlands –, war es schwer, ja in den meisten Fällen unmöglich, sie in der ausgemergelten, paranoiden, gespenstischen Frau wiederzuerkennen, die nun vor ihnen saß. Ihre frühen Fürsprecher hatten keine enge Verbindung zum russischen Hof gehabt, und man glaubte, daß sie ihre Sache nur deshalb unterstützt hätten, weil sie sich einen Anteil am legendären Vermögen der Romanows erhofften, das man damals in den Tresoren der Bank of England vermutete. Erst 1925, als Anna Anderson mit der deutschen Kronprinzessin Cecilie von Preußen zusammenkam (deren Mutter eine russische Großfürstin war, eine Schwester von Alexander »Sandro« Michailowitsch), weitete sich der Fall zu einer Kontroverse aus und erweckte international Aufmerksamkeit.

»Sie sieht wie Xenia aus«, erklärte die Kronprinzessin (sie meinte die Schwester von Nikolaus II.). »Ich glaube fast, daß es Anastasia sein muß.« Andere Menschen, die die junge Anastasia in Rußland gekannt hatten, waren einfach sprachlos über die verblüffende Ähnlichkeit der Klägerin mit allen Zarentöchtern wie über das ausgesprochen »königliche« Verhalten, das sie von Anfang an bis zum Schluß an den Tag legte. Niemand, der Anna Anderson jemals näher kennenlernte, zweifelte daran, daß sie eine Persönlichkeit war. Darüber hinaus verfügte sie über eine so erstaunlich intime Kenntnis des Privatlebens der russischen Zarenfamilie, daß sie häufig Fotografien, Andenken und Ereignisse wieder-

Als Kind fotografierte sich Anastasia gern im Spiegel (unten). Auch Anna Anderson tat dies gern (ganz unten) – doch 1928, als dieses Bild entstand, konnte sie die Fotoalben der Familie Romanow nicht gesehen haben. Gegenüber links: Anna Anderson 1930 in New York. Gegenüber rechts: Anastasia in Zarskoje Selo, kurz nach der Revolution im Jahre 1917.

erkannte, die zuvor unentdeckt geblieben waren. Damit geriet sie natürlich in ein merkwürdiges Dilemma, denn ohne dokumentarische Belege konnte sie ihre Behauptungen nicht beweisen, mit ihnen aber konnte man ihr vorwerfen – und tat dies auch –, sie hätte ihre Rolle bloß »einstudiert«.

Anna Anderson behauptete auch als erste – im Jahre 1925 –, daß der Bruder der Zarin, Ernie, der Großherzog von Hessen, im Ersten Weltkrieg eine Geheimreise nach Zarskoje Selo unternommen hätte, um mit dem Zaren über einen Separatfrieden zu sprechen. Im Laufe der Jahre wurde ihre Geschichte von einem wichtigen Zeugen nach dem andern bestätigt: der Familie des deutschen Kaisers und den meisten Romanows (privat, denn in der Öffentlichkeit waren sie zu feige dazu). Ihre Behauptung trug ihr die immerwährende Feindschaft des Großherzogs und seiner Nachkommen ein, von denen sie keiner je gesehen hat, die aber in erster Linie die immer rücksichtsloser werdenden Bemühungen initiierten, sie als Betrügerin hinzustellen. Während der juristischen Schlachten, die die späteren Phasen ihres Lebens bestimmten, investierte das Haus Hessen, das nach dem Tod des Großherzogs im Jahr 1937 von Zarin Alexandras Neffen Louis Mountbatten vertreten wurde, »Tausende von Pfund«, um gerichtlich gegen sie vorzugehen.

Eines der wichtigsten Probleme bei der Lösung des Falles bestand darin, daß es keine Zeugen gab, die zum einen die Zarentöchter gut gekannt hatten und zum andern von der Romanow-Familie als kompetent erachtet wurden. Die zentralen Zeugen – Anastasias Eltern, ihre Schwestern und ihr Bruder – waren tot, und von den über ganz Europa verstreuten Scharen ihrer Verwandten hat kaum einer Anastasia so gut oder so spät in ihrem Leben gekannt, um zu einer definitiven Schlußfolgerung gelangen zu können. Die Zarenwitwe hat keineswegs, wie die Öffentlichkeit gern glauben wollte, Anna Anderson jemals

kennengelernt und es sich schließlich verbeten, daß ihr Name in ihrer Gegenwart genannt wurde. Innerhalb der Romanow-Familie war bekannt, daß man in Dänemark eine Begegnung der beiden Frauen befürchtete, da die Behauptung Anna Andersons sich nur fatal auswirken könnte auf eine alte Frau, die sich noch immer an die Hoffnung klammerte, daß all ihre Enkelkinder in Rußland am Leben sein könnten. »Eine wurde geopfert, um die anderen zu retten«, erklärte jemand – eine Bemerkung, die etwas erträglicher wird durch den Umstand, daß man in den zwanziger Jahren meist davon ausging, Anna Anderson würde bald sterben (sie litt an Knochentuberkulose), und daß sie immerhin durch den Bruder der Imperatorenwitwe, Prinz Waldemar von Dänemark, finanziell unterstützt wurde. Ihr ganzes Leben lang sorgte die eine oder andere Persönlichkeit aus dem Adel oder Hochadel finanziell für sie. Auf Prinz Waldemars Drängen kam die Zarenschwester Olga 1925 mit Anna Anderson zusammen, aber die Last, eine Entscheidung treffen zu müssen – und ihre Mutter möglicherweise mit einer vernichtenden Wahrheit zu konfrontieren –, bereitete ihr solche »Qualen«, daß sie schließlich die ganze Angelegenheit fallenließ und eidesstattliche Erklärungen abgab, in denen sie Anna Anderson als Betrügerin hinstellte, während sie manchmal von ihr im privaten Kreis seltsamerweise als von »meiner Nichte« sprach. Jedes Mitglied der Romanow-Familie weiß, daß Olga »monatelang zögerte«, ehe sie sich entschloß, Anna Andersons Identität zu bestreiten, daß sie geneigt war, sie als Anastasia anzuerkennen – »mein Verstand kann es nicht fassen«, erklärte sie, »aber mein Herz sagt mir, daß sie es ist« –, und daß sie sie unter dem Druck von seiten ihrer Mutter und der älteren Angehörigen der Dynastie verleugnete.

»Ich grüße Sie ganz herzlich und denke die ganze Zeit an Sie«, schrieb Olga an Anna Anderson nach Berlin. »Es ist so traurig, fortzugehen und zu wissen, daß Sie krank und leidend und einsam sind. Haben Sie keine Angst. Sie sind nicht allein, und wir werden Sie nicht im Stich lassen.« Vor kurzem an der Columbia University entdeckte Dokumente, die sich auf Olgas Begegnungen mit Anna Anderson beziehen, bestätigen über jeden vernünftigen Zweifel hinaus, daß ihre ursprüngliche Einstellung »positiv« war, aber zwei unabhängige Untersuchungen des Falles, die in den zwanziger Jahren im Namen der exilierten Romanows vorgenommen wurden, sind »konfisziert« worden – die eine von der dänischen Königsfamilie (den Verwandten der Imperatorenwitwe), die andere von den Erben des »Zaren« Kirill, dessen Feindseligkeit gegenüber Anna Anderson keiner Erklärung bedarf.

Die Menschen, die der Zarenfamilie am nächsten gestanden hatten, waren geteilter Meinung. Die beiden Botkin-Kinder, Tatjana und Gljeb, haben Anna Anderson kennengelernt und sie ohne Vorbehalte wiedererkannt, ebenso Lili Dehn, die Anna Anderson viele Jahre nach der Revolution in Deutschland besuchte und die Überraschung ihres Lebens erlebte.

Anna Anderson und Lili Dehn blieben sechs ganze Tage zusammen und sprachen über Zarskoje Selo, über Teppiche im Palast und Vorhänge an den Wänden. Beim Betrachten von Schwarzweißfotos gab Anna Anderson exakt die Farbe des Kleides an, das die Zarin trug, und als Lili Dehn wieder ging, war sie bekehrt.

»Sie brauchen mir gar nicht zu sagen, daß sie diese Dinge in Büchern gelesen hat«, erklärte sie. »Ich habe sie wiedererkannt, physisch und intuitiv, an untrüglichen Zeichen.« Sidney Gibbes dagegen, der die Klägerin um die gleiche Zeit sah, war nicht minder sicher, daß sie eine Betrügerin war.

»Wenn das die Großfürstin Anastasia ist«, rief Gibbes, »dann bin ich ein Chinese.« Anna Wyrubowa hielt sich heraus, zur großen Erleichterung beider Seiten in dieser Auseinandersetzung, und am Ende, zumindest zu Anna Andersons Lebzeiten, erschöpfte sich das Ganze in puren Behauptungen – der eine Zeuge sagte ja, der andere nein, und die Klägerin

selbst wurde immer verbitterter und verlor jeden Bezug zur Wirklichkeit. 1968, nachdem sie ihren vorletzten Prozeß verloren hatte, emigrierte sie auf Einladung von Gljeb Botkin nach Amerika und heiratete kurz darauf John E. Manahan aus Charlottesville in Virginia, einen Heimatforscher und Genealogen, der fast genauso exzentrisch wie sie war und sich für den Rest ihres Lebens um sie kümmerte.

Als ein Reporter sie fragte, ob sie jemals aufgeben würde, schlug sie mit der Faust auf den Tisch und rief: »Niemals! Bis zu meinem letzten Atemzug! Nein, nein, nein, nein.« Sie starb 1984 in Charlottesville und wurde auf eigenen Wunsch hin verbrannt. Sie hinterließ nichts weiter als eine skandalöse Kontroverse und eine kleine, verblaßte Locke aus ihrem Haar.

Keiner der Hauptprotagonisten im Drama von Nikolaus und Alexandra erlebte den Zusammenbruch der Sowjetunion, das Aufkommen einer zerbrechlichen Demokratie in Rußland oder die Exhumierung der zerschlagenen und zerbrochenen Skelette der Zarenfamilie im Jahre 1991. Die Lage des geheimen Grabes war spätestens seit 1976 bekannt, als ein Team von »Amateurdetektiven« in Jekaterinburg es aufspürte – aus Gründen, die noch immer nicht klar sind, und aufgrund von Informationen, die aus internen Quellen im Kreml stammen mußten. Die Entdeckung fiel zeitlich fast genau mit der Zerstörung des Ipatjew-Hauses zusammen, das in den zwanziger Jahren als Museum der »proletarischen Rache« und später als schlichtes Mahnmal der finstersten Tage der Revolution gedient hatte. 1977 – und wieder aus unerfindlichen Gründen – wurde das Haus auf Anweisung von Boris Jelzin abgerissen, einem Bürger von Jekaterinburg und damals KP-Chef der Stadt. Später bezeichnete Jelzin den Abriß der historischen Stätte als »barbarischen Akt« und gab – wie jeder früher oder später in Rußland – Moskau die Schuld.

Erst zwölf Jahre später, 1989, wurde die Entdeckung des Romanow-Grabes in einem Artikel von Geli Rjabow veröffentlicht, einem in Rußland

Das Ipatjew-Haus wurde 1977 auf Anweisung von Boris Jelzin, dem damaligen KP-Chef in Swerdlowsk (Jekaterinburg), abgerissen (gegenüber). Unten: Abbrucharbeiter stehen neben dem Fenster des Souterrainzimmers, in dem die Zarenfamilie umgebracht worden war.

bekannten Kriminalromanautor und ehemaligen »offiziellen Untersuchungsführer« im sowjetischen Innenministerium in Moskau. »Ich glaubte, irgendwie verantwortlich zu sein für all die in der Geschichte meines Landes begangenen Grausamkeiten«, erklärte Rjabow. »Ich hielt es für meine Pflicht, die Wahrheit über die Hinrichtung und die Beerdigung der Romanows herauszufinden und sie den Menschen mitzuteilen.« In zahlreichen Interviews und Pressekonferenzen in Rußland wie im

Ausland behauptete Rjabow, alle elf Leichen – der sieben Mitglieder der Zarenfamilie und ihrer vier Bediensteten – seien gefunden worden, und alle Gerüchte, Legenden, Gerichtsverfahren und Klagen könne man nun ad acta legen. Als seine Story in den Zeitungen erschien, zeigten die Fotos Geli Rjabow in dramatischer Pose, mit düsterem Gesicht und einem Schädel in den Händen, der angeblich der von Alexej war. Bislang allerdings hatte niemand außer Rjabow und seinem Team in Jekaterinburg die

Skelette gesehen, geschweige denn entsprechende Maßnahmen ergriffen, um ihre Echtheit festzustellen.

Erneut vergingen zwei Jahre, bis das Grab wieder geöffnet wurde, und diesmal bestätigte sich, was Jurowski vor langer Zeit in seiner »Aufzeichnung« behauptet hatte. Im Gegensatz zu Rjabows Erklärung fehlten zwei Leichen – die von Alexej und »einer der Großfürstinnen« (nicht die der Zarin und auch nicht die von Anna Demidowa, wie Jurowski

215

behauptet hatte). Das führte in Rußland unversehens zu einem massenhaften Auftauchen von Alexejs und Anastasias – betagten Männern und Frauen in allen Teilen des Landes, die lautstark ihre Ansprüche anmeldeten, nachdem ihnen Jahrzehnte ihrer Biographie gestohlen worden seien. Bislang konnten keinerlei ernsthafte Beweise vorgelegt werden, die das mögliche Schicksal des Zarewitschs erhellen würden. Allerdings hat Edward Radsinski in seinem Buch über Leben und Tod von Nikolaus II. auf einen ganz bestimmten Augenblick in der Mordnacht hingewiesen: Der Lastwagen, der die Leichen der Zarenfamilie zum Grab bringen sollte, habe eine Zeitlang in der Dunkelheit halten müssen, weil der Motor heißgelaufen sei, und dabei sei vielleicht das eine oder andere Kind des Zaren spurlos verschwunden. Das scheint ähnlich weit hergeholt zu sein wie Fürst Felix Jussupows Bericht über den Mord an Rasputin, den die meisten Historiker nach wie vor als Glaubensartikel akzeptieren. Das Entscheidende an einer wundersamen Flucht ist ja, daß sie in der Tat wundersam, unerwartet und logisch nicht zu erklären ist. Man kann sich kaum vorstellen, daß den Bolschewiki 1918 oder irgendwann später daran

gelegen war, die Welt wissen zu lassen, wie sehr ihnen das »besondere Vorhaben« mißglückt war.

Jedenfalls hat man die fehlenden Leichen nie gefunden, noch irgendeine Spur des »in der Nähe« errichteten Scheiterhaufens, auf dem sie angeblich verbrannt wurden. 1992 berief die Regionalregierung in Jekaterinburg – die Nachfolgerin des alten Ural-Sowjets – ein Team amerikanischer Gerichtssachverständiger, das versuchen sollte, die anderen Skelette offiziell zu identifizieren. Diese Einladung war freilich ohne Rücksprache mit Moskau ausgesprochen worden, wo auf Jelzins Anordnung hin bereits eine interne Untersuchung im Gange war und man ein Staatsbegräbnis plante, sollten sich die Knochen als echt erweisen. Als das von Dr. William Maples vom C. A. Pound Human Identification Laboratory an der University of Florida in Gainesville geleitete amerikanische Team zu der eindeutigen Schlußfolgerung gelangte, daß die fehlende Leiche die von Anastasia war, war dies ein herber Schlag für den russischen Stolz und die Ehre der russischen Wissenschaft.

Unter dem Beschuß durch die internationale Presse und gegen alle Einwände ihrer russischen

Kollegen blieben Dr. Maples und sein Team bei ihren Schlußfolgerungen: Falls die Leichen im Wäldchen bei Koptjaki die der Romanows waren, dann konnte nur die von Anastasia fehlen.

Diese Meldung galt als eine große Sensation in Europa und in den USA, wo das Geheimnis um Anastasia und das Leben von Anna Anderson weitaus besser bekannt waren als in Rußland. Unter den Sowjets war jeder Hinweis auf das Leben und den Tod der Zarenfamilie, geschweige denn jede Spekulation darüber, unterdrückt, ja verboten worden. Doch nun, als die Russen den Anbruch der Demokratie erlebten, hatten viele – und besonders die Gerichtssachverständigen in Moskau – den Eindruck, daß ihnen eine »westliche« Legende untergeschoben werden sollte, daß man ihnen die Chance nehmen wollte, ihre eigene Geschichte mit ihren eigenen Schlußfolgerungen zu schreiben. Daher war niemand überrascht, als die Moskauer Wissenschaftler behaupteten, nicht die Gebeine von Anastasia, sondern die von Maria würden im Grab fehlen.

Im Anschluß an Dr. Maples' Erklärung wurden Teile der Jekaterinburger Skelette nach England

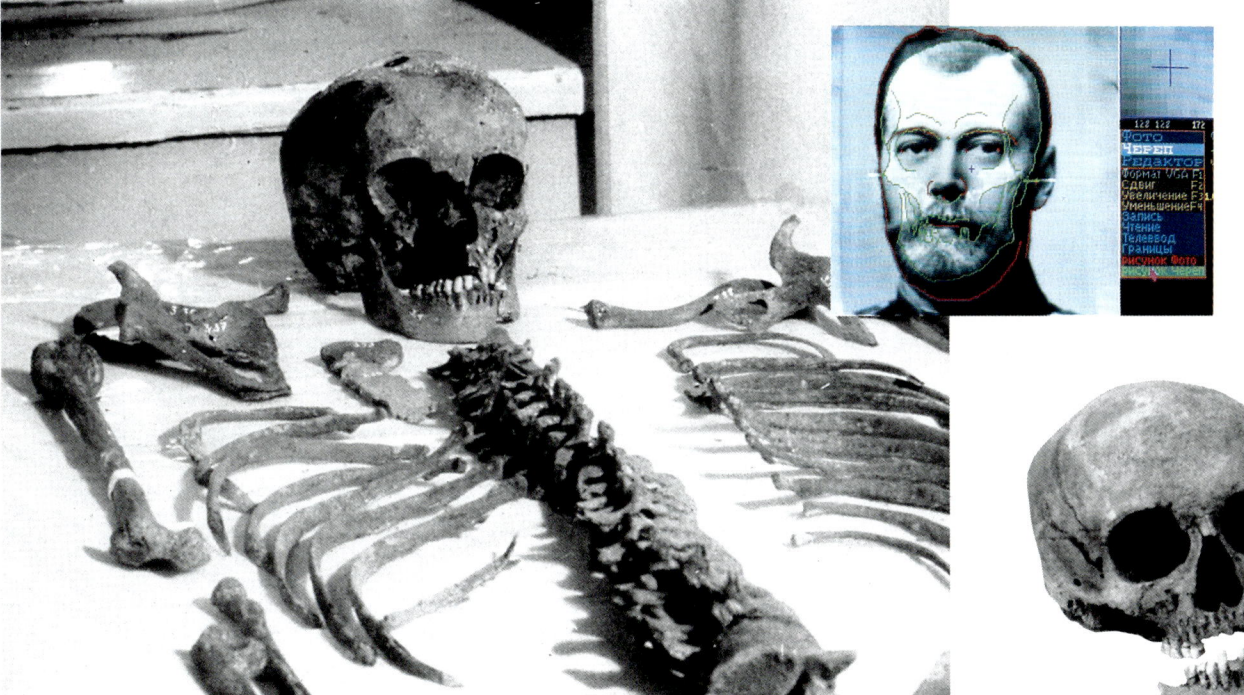

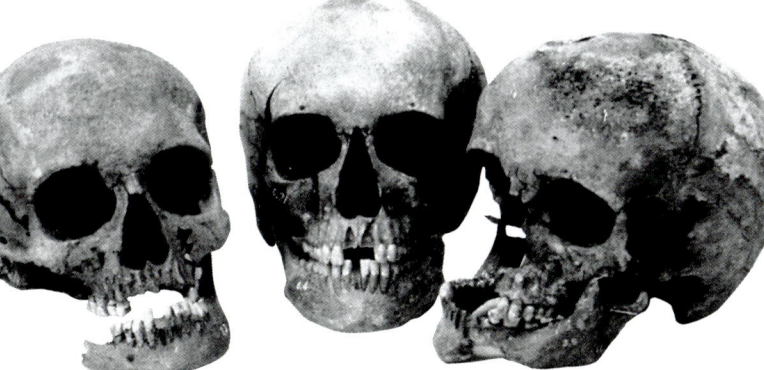

Nach der Bergung der Knochen der Zarenfamilie aus dem Grab bei Koptjaki (gegenüber) wurden sie zugeordnet. Links: die Knochen von Zar Nikolaus II. Eine Gegenüberstellung des Schädels mit seinem Gesicht. Unten: die Schädel der Zarin (links) und von zwei ihrer Töchter.

geflogen, wo sie – unter der Leitung von Dr. Peter Gill am Forensic Science Centre des britischen Innenministeriums in Aldermaston – für fast ein Jahr komplizierten Analysen der DNS-Struktur unterzogen wurden.

Prinz Philip, Herzog von Edinburgh und Gatte Königin Elisabeths II., ist ein Enkel von Zarin Alexandras Schwester Viktoria. Philip ließ sich für Vergleichstests Blut abnehmen; im Juli 1993 lagen die Ergebnisse vor: Die DNS der weiblichen Leichname stimmte mit der Philips überein. Die Tests am Leichnam des Zaren dauerten etwas länger, seine DNS wies eine unerwartete »Abweichung« auf. Dennoch konnte auch er zweifelsfrei identifiziert werden, nachdem sich zwei im Ausland lebende Mitglieder der Romanow-Familie, die bis heute anonym bleiben wollen, zu einer Blutuntersuchung bereiterklärt hatten.

Nun blieb nur noch die Frage der wahren Identität Anna Andersons. 1979, fünf Jahre vor ihrem Tod, mußte ein winziger Teil ihres Dünndarms in einer Notoperation entfernt werden. Überraschenderweise bewahrte man diesen immer noch im Martha Jefferson Hospital in Charlottesville auf, doch fanden sich zwischen ihm, ebenso wie ihrer sorgsam gehüteten Haarlocke, und der DNS aus Jekaterinburg keinerlei Übereinstimmungen. Auf diese Weise konnte man ausschließen, daß Anna Anderson Anastasia war. Dafür wies ihr genetisches Profil auffällige Ähnlichkeiten mit der Familie Franziska Schanskowskas auf – schon lange hatten Gegner gehofft, die als vermißt gemeldete polnische Fabrikarbeiterin mit Anderson identifizieren zu können.

Dieses Urteil wollten die Anhänger Mrs. Andersons nicht akzeptieren. Keiner ihrer Bekannten (auch viele Freunde und Prozeßzeugen nicht, die nicht glaubten, daß sie Anastasia war) nahmen ernsthaft an, daß sie in einem polnischen Bauernhaus zur Welt gekommen und aufgewachsen sein könnte. Selbst die Richter, die sie während ihres endlosen Prozesses, ihres Kampfes um Anerkennung, in Deutschland befragt hatten, kamen mit der inoffiziellen Meinung zurück, sie sei eine »Dame«. Doch die Überraschungen nahmen kein Ende. 1994, in dem Moment, in dem sich die DNS-Experten darüber einig waren, daß Mrs. Anderson nicht die Zarentochter sein könne, ließen neue forensische Vergleiche zwischen ihren Gesichtszügen und denen der jungen Anastasia plötzlich das genaue Gegenteil vermuten. Das Ergebnis der Untersuchungen: Anna Anderson war Anastasia. Schließlich behielten die DNS-Tests das letzte Wort in einem Fall, der in jedem, der damit zu tun hatte – egal ob als Gegner oder als Befürworter –, ein Gefühl von Tragik und nagenden Zweifeln auslöste. Mrs. Anderson selbst hatte bereits in den 1920er Jahren vorausgesagt, daß sie als »ewiges Fragezeichen« in die Geschichte eingehen würde – und sie hatte recht.

Als dieses Buch 1995 erstmals veröffentlicht wurde, war ein Staatsbegräbnis für den Zaren und seine Familie bereits mehrfach verschoben worden, teilweise aufgrund der heftigen Kontroverse um die Identifizierung der sterblichen Überreste, die bis heute anhält.

Das internationale Komitee, das die Bestattung der Familie in der St. Petersburger Peter-und-Paul-Kathedrale organisieren sollte, sah sich mit weiteren heiklen Problemen konfrontiert, denen man sich widmen mußte. War das vermißte Mädchen Anastasia – oder Marie, wie Rußland offiziell verlauten ließ? Auch mußte geklärt werden, ob die kaiserliche Familie gemeinsam bestattet werden konnte und, wenn ja, auch mitsamt der Diener, die mit ihnen gestorben waren – eine wahre Schreckensvorstellung für viele Anhänger der Monarchie. Traditionellerweise erhielten nur der Herrscher und seine

Die St. Petersburger Kathedrale Peter und Paul ist die traditionelle Ruhestätte der Romanow-Zaren. Kleines Bild: Die Krypta – hier liegen alle russischen Zaren seit Peter dem Großen begraben.

Gefährtin Gräber im zentralen Mausoleum der
Kathedrale; die Kinder, Geschwister und Cousins der Zaren wurden in der »großherzogli-
chen Kapelle« im hinteren Teil der Kirche zur
letzten Ruhe gebettet. Diener wurden niemals
gemeinsam mit ihren Herren begraben.

Am 17. Juli 1998 fand das Begräbnis des
letzten russischen Zaren und seiner Familie

schließlich statt. Neun Särge mit den sterblichen Überresten Nikolaus' II., seiner Frau,
dreier seiner Kinder und vier enger Vertrauter
wurden in der Krypta der St.-Katharinen-
Kapelle beigesetzt. Hier ruhen die russischen
Zaren seit Peter dem Großen. Die Särge wurden in der Reihenfolge ihrer Wichtigkeit angeordnet – was die Anhänger der Monarchie

> »Vater bittet uns... daran zu denken, daß das Böse, das nun in der Welt ist, noch mächtiger werden wird, und daß Böses nicht durch Böses besiegt wird, sondern nur durch Liebe...«

— Großfürstin Olga in einem Brief aus Tobolsk.

zweifelsohne befriedigte, einige Verwandte der Dienerschaft jedoch davon abhielt, an der Zeremonie teilzunehmen. Ganz unten ruhen der Diener des Zaren, das Dienstmädchen der Zarin, die Köchin des Hauses sowie der Arzt Dr. Botkin. Durch ein Metallgitter sind sie von den Gräbern dreier Großherzoginnen getrennt. Die Leichname von Marie oder Anastasia und dem Zarensohn Alexej fehlen noch immer. Ganz oben finden sich die goldverzierten Sarkophage von Nikolaus und Alexandra. Oberhalb der Krypta steht ein Marmordenkmal.

Das feierliche Begräbnis fand exakt achtzig Jahre nach der Hinrichtung der Familie durch die Bolschewisten am Ende einer bewegenden dreitägigen Zeremonie in St. Petersburg statt. Doch was ein Akt der nationalen Reue und Versöhnung hätte werden sollen, offenbarte die tiefe Kluft zwischen Land, Kirche und Staat.

Selbst wenige Tage davor war noch unklar, ob der damalige Präsident Boris Jelzin daran teilnehmen würde. Er hatte dies zunächst aus Respekt gegenüber dem Patriarchen der russischen orthodoxen Kirche, Alexej II., abgelehnt, der die Authentizität der Leichname bis heute anzweifelt. (Zu dieser Zeit gaben die Wissenschaftler zu, nur zu 97 Prozent sicher zu sein, daß die Skelette aus der Familie Romanow stammten. Die Öffentlichkeit war sogar nur zu 47 Prozent überzeugt.) Alexej II. nahm nicht nur nicht teil, er untersagte auch dem Priester, der den Gottesdienst leitete, die Namen der Opfer im liturgischen Totengebet laut vorzulesen. Darüber hinaus hielt er einen eigenen, aufwendigeren Gottesdienst in der Nähe von Moskau ab – vielleicht auf Bitten einiger Mitglieder der Familie Romanow, die den gebührenden Pomp vermißten.

Noch muß das letzte Kapitel dieser Geschichte geschrieben werden. In und um Jekaterinburg unternahm man große Anstrengungen, die sterblichen Überreste der beiden noch vermißten Kinder Nikolaus' und Alexandras zu finden. Gleichzeitig melden sich überall auf der Welt, vor allem in Rußland, angebliche Zarenkinder oder ihre Nachfahren zu Wort. Die russische orthodoxe Kirche erkennt die ganze Zarenfamilie mittlerweile als Märtyrer an, wohingegen sich die russische Regierung nach wie vor weigert, sie als politische Opfer der sowjetischen Unterdrückung zu rehabilitieren – was die Rückgabe der Besitztümer an ihre Verwandten zur Folge hätte. Die zahllosen diesbezüglichen Prozesse werden wohl nie enden.

Seit dem Tod der gesamten russischen Zarenfamilie sind der Öffentlichkeit vor allem zwei Bilder im Gedächtnis geblieben. Eines ist das berühmte formelle Gruppenfoto, das 1913 zum 300. Jahrestag aufgenommen wurde; darauf sitzt die Kaiserin neben dem Zaren, vor ihnen sitzt Alexej in seinem Matrosenanzug, während sich die vier Töchter, in weißer Seide und mit Perlen geschmückt, schützend hinter ihren Eltern aufreihen. Das andere ist der grauenvolle Schnappschuß aus dem Keller in Jekaterinburg: In den Wänden sind die Einschußlöcher sichtbar (die Kugeln hatte man bereits entfernt), auf dem Boden liegt Abfall. Der Historiker Richard Pipes bezeichnet den Mord an den Romanows im Juli 1918 in seinem monumentalen Werk »Die russische Revolution« als Epigraph allen Schreckens, den das 20. Jahrhundert bereithalten sollte.

Zar Nikolaus II. und seine Frau Alexandra ließen die Fjodorowski-Sobor-Kirche in Zarskoje Selo als private Andachtsstätte errichten. Seit kurzem steht hier eine Büste Nikolaus' II.

221

DAS RUSSISCHE REICH

unter Nikolaus II.

ST. PETERSBURG

Finnischer Meerbusen

Peterhof

Newa

Zarskoje Selo

Ostsibirische See

Gatschina

Laptewsee

NORWEGEN

DÄNEMARK

SCHWEDEN

DEUTSCHES REICH

FINNLAND

Ostsee

Spala

WARSCHAU

ST. PETERSBURG

Mogiljow

MOSKAU

Kostroma

Ural

Ob

KIEW

Dnjepr

Odessa

Perm

Jekaterinburg

Tjumen

Tobolsk

Pokrowskoje

Sewastopol

Jalta (Livadija)

Konstantinopel

Schwarzes Meer

Transsibirische Eisenbahn

Baikal-See

Kaspisches Meer

Irkutsk

TÜRKEI

Aral-See

Perm

Tobolsk

Tur

Irtysch

CHINA

Jekaterinburg

Tjumen

Pokrowskoje

PERSIEN

Tobol

Omsk

222

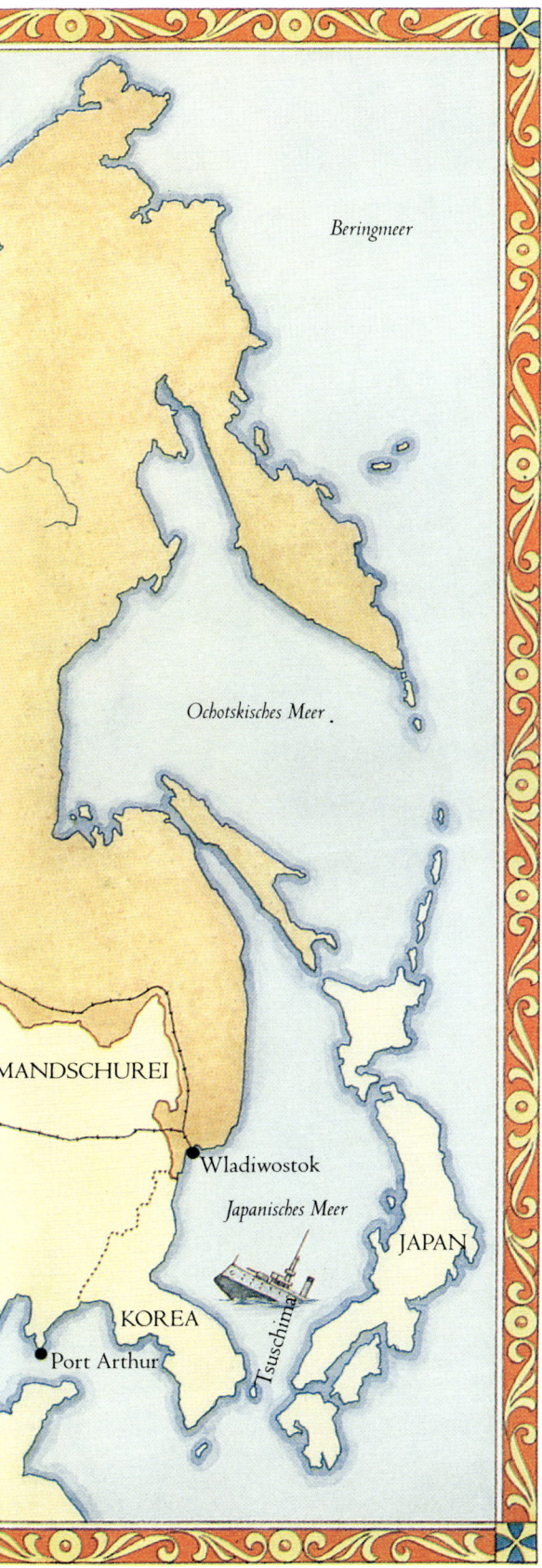

Danksagung

Peter Kurth möchte den folgenden Personen danken: Michael Barnes, Carlyn Brunton, Susan Burkhart, Julia Cort, Jamie Du Pont, Marlene Eilers, Brooke Gladstone, Maria Happe, Maggi Hayes, Robert Kenner, Greg King, Constance S. Kurth, Richard und Virginia Kurth, Kathy Layton, Irina Lomasney, Victoria Lewis, Elena Lomasney-Thompson, Suzanne Massie, Robert K. Massie, Walter Miller, David Neiweem, Raphael Sagalyn, Dick und Marina (Botkin) Schweitzer, Frank Simeone und Nancy Leeds Wynkoop.

Peter Christopher möchte den folgenden Personen danken: Tatjana Jermolajewa, die Türen öffnete, die oft verschlossen waren; Dr. Wladimir Matwejew, der bei jeder neuen Anfrage von mir mit der Faust auf seinen Schreibtisch im Eremitage-Museum schlug; Viktor Fajbisowitsch, dem Stellvertretenden Direktor von Zarskoje Selo, und Alexej Guszanow, dem Chefkurator in Pawlowsk, die mir ihre kostbare Zeit schenkten. Ferner möchte ich Oliver Weeks aus Yeovil in Somerset danken, meinem Übersetzer und Freund in einem kalten Februar in St. Petersburg; Wladimir und Sergej, die ihre Flugscheine riskierten, um mich über den Alexander-Palast zu fliegen; und gewissen Militärpersonen und alten Damen in verschiedenen Institutionen, die mich in verbotene Räumlichkeiten schmuggelten. Mein besonderer Dank gilt Andrej, meinem Fahrer und Beschützer, der Rock-'n'-Roll-Kassetten lauter abspielte, als mir lieb war.

Der Verlag Madison Press Books möchte sich bei Dr. Mark Steinberg bedanken, dem historischen Berater bei diesem Buch, der jedes Detail mit dem unbestechlichen Auge des Fachmanns überprüfte. Lynn Franklin ermöglichte es, daß Edward Radzinski die Einleitung schrieb. Für ihre Mithilfe bei der Bildbeschaffung gilt unser Dank folgenden Personen und Institutionen: Alija Barkowjez, der Stellvertretenden Direktorin des Staatsarchivs der Russischen Föderation, Moskau; der Bibliothèque Cantonale et Universitaire, Lausanne; Sondra Bierre von den Hoover Institution Archives an der Stanford University; Sir David und Lady Myra Butler, die freundlicherweise den Zugang zu den Luton-Hoo-Archiven gewährten; Paul Byington, der uns großzügigerweise Fotos der Großfürstin Olga überließ; Frank Crane für die Erlaubnis, Objekte aus seiner Sammlung zu fotografieren; Vincent Giroud und Ellen Cordes von der Beinecke Rare Book and Manuscript Library an der Yale University; Alexandra Golowina, der Direktorin des Staatsarchivs für Film- und Fotodokumente, St. Petersburg; Robert Kenner, dem Regisseur des Films »Russia's Last Tsar« von der National Geographic Television; Bryan Milton und Zena Dickinson von Luton Hoo; Sergej Mironenko, dem Direktor des Staatsarchivs der Russischen Föderation, Moskau; Howell W. Perkins vom Virginia Museum of Fine Arts; Ljudmila Prozaj, Kuratorin am Staatsarchiv für Film- und Fotodokumente, St. Petersburg; John Provan für die Suche nach Fotos der jungen Alix von Hessen; Catherine Thomas von der Forbes Magazine Collection; Ljubow Tjutunnik, Kurator im Staatsarchiv der Russischen Föderation, Moskau; Maria Umali von der Gilman Paper Company; Andrej Witol für seine Unterstützung bei den Fotorecherchen in St. Petersburg. Besondere Erwähnung verdient Alla Sawranskaja, deren Einfallsreichtum, Könnerschaft und Geduld sich bei den Bildquellennachweisen als unschätzbar erwiesen.

Stammtafel

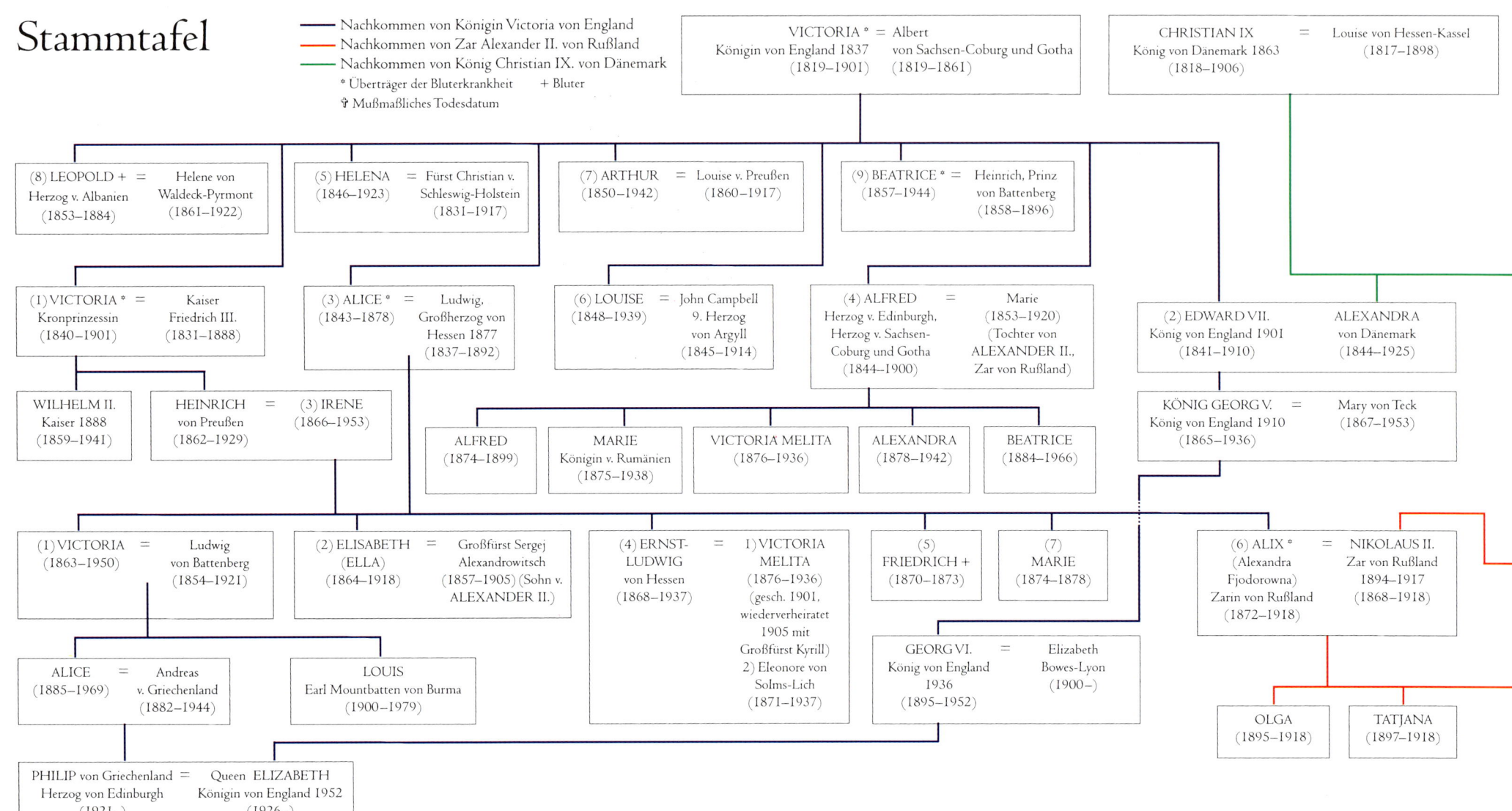

Wichtige Quellen und Literatur

❖ Alexander von Rußland, *Einst war ich ein Großfürst.* Leipzig 1932.

❖ Zarin Alexandra von Rußland, geborene Prinzessin von Hessen-Darmstadt, *Als deutsche Zarin im Weltenbrand. Intime Aufzeichnungen aus der Zeit Rasputins.* 2 Bände. Dresden 1932.

❖ *Die letzte Zarin. Ihre Briefe an Nikolaus II. und ihre Tagebuchblätter von 1914 bis zur Ermordung.* Herausgegeben und eingeleitet von Joachim Kühn. Berlin 1922.

❖ *Der letzte Zar. Briefwechsel Nikolaus' II. mit seiner Mutter.* Berlin 1938.

❖ *Das Tagebuch des letzten Zaren von 1890 bis zum Fall. Nach den unveröffentlichten russischen Handschriften herausgegeben.* Mit einer Einleitung von Professor S. Melgunoff. Berlin 1923.

❖ Almedingen, Martha Edith von, *The Empress Alexandra.* London 1921.

❖ Benckendorff, Count Paul, *Last Days at Tsarskoe Selo.* London 1927.

❖ Bochanow, Alexander, Manfred Knodt, Wladimir Ustimenko, Sinaida Peregudowa und Ljubow Tjutunnik, *The Romanovs: Love, Power and Tragedy.* Italien 1993.

❖ Botkin, Gljeb, *The Real Romanovs.* New York 1931.

❖ Botkin, Tatjana, *Wospominarija o zarskoj sjemi.* Belgrad 1921.

❖ dies., *Au temps des tsars.* Paris 1980.

❖ Buchanan, George, *Meine Mission in Rußland.* Berlin 1926.

❖ Buchanan, Meriel, *Dissolution of an Empire.* London 1932.

❖ Buxhoeveden, Baroness Sophie Karlovna, *The Life and Tragedy of Alexandra Feodorovna, Empress of Russia.* New York 1928.

❖ Cowles, Virginia, *The Last Tsar.* New York 1977.

❖ de L'Escaille, Sidonie, *Papers relating to the Russian Imperial Family.* Stanford University California (Hoover Institution on War, Revolution and Peace).

❖ de Grèce, Eugénie, *Le Tsarévitch: enfant martyr.* Paris 1990.

❖ de Jonge, Alex, *The Life and Times of Grigorii Rasputin.* New York 1982.

❖ Dehn, Lili, *The Real Tsaritsa.* Boston 1922.

❖ Grabbe, Count Alexander, *The Private World of the Last Tsar.* Herausgegeben von Paul Grabbe und Beatrice Grabbe. Boston 1984.

❖ Griechenland, Michael von, *Die Zarenpaläste Rußlands.* München 1994.

❖ ders., *Nikolaus und Alexandra.* München 1994 (?).

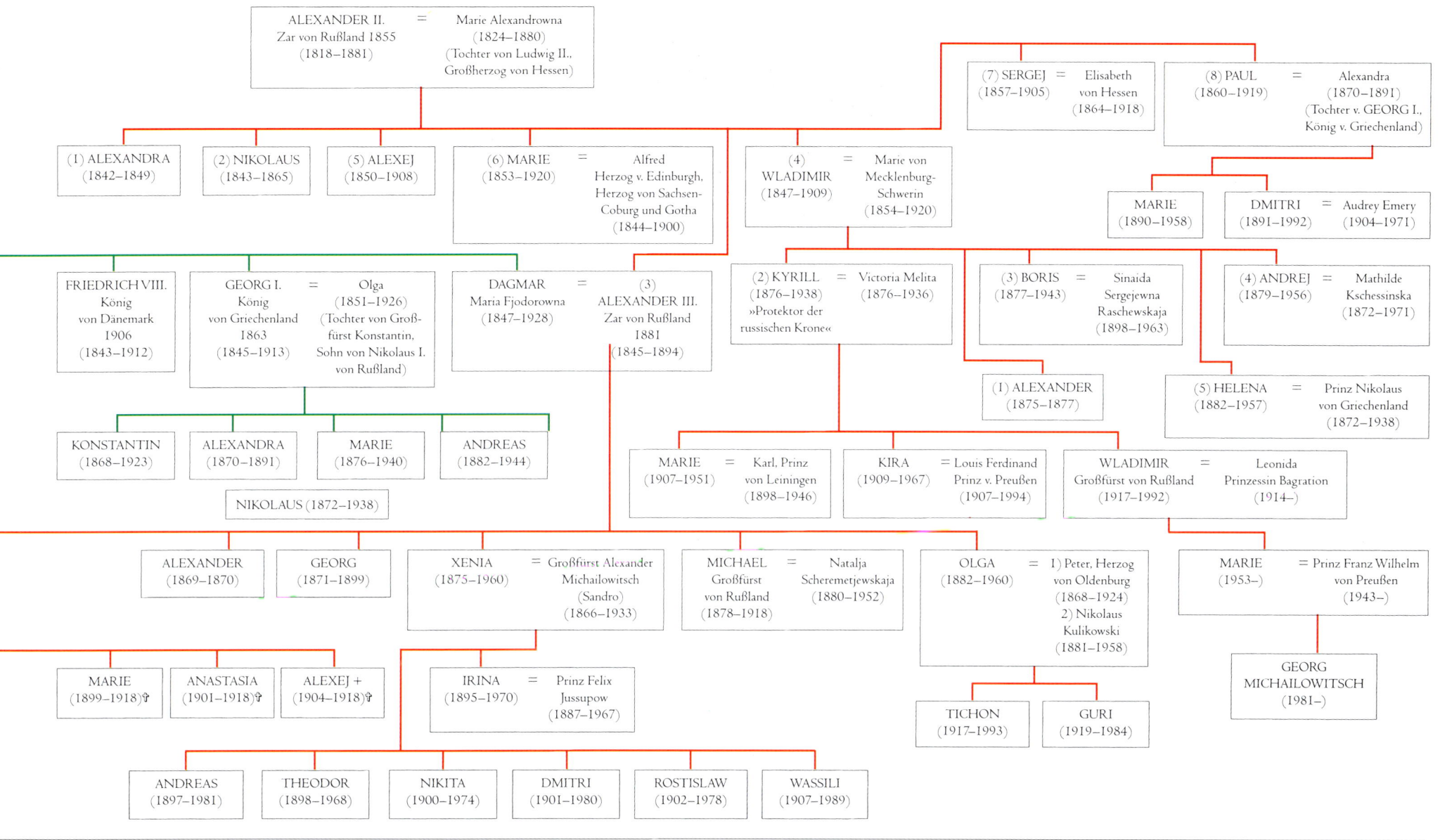

ALEXANDER II.
Zar von Rußland 1855
(1818–1881)
= Marie Alexandrowna
(1824–1880)
(Tochter von Ludwig II.,
Großherzog von Hessen)

(7) SERGEJ = Elisabeth
(1857–1905) von Hessen
(1864–1918)

(8) PAUL = Alexandra
(1860–1919) (1870–1891)
(Tochter v. GEORG I.,
König v. Griechenland)

(I) ALEXANDRA
(1842–1849)

(2) NIKOLAUS
(1843–1865)

(5) ALEXEJ
(1850–1908)

(6) MARIE = Alfred
(1853–1920) Herzog v. Edinburgh,
Herzog von Sachsen-
Coburg und Gotha
(1844–1900)

WLADIMIR (4) = Marie von
(1847–1909) Mecklenburg-
Schwerin
(1854–1920)

MARIE
(1890–1958)

DMITRI = Audrey Emery
(1891–1992) (1904–1971)

FRIEDRICH VIII.
König
von Dänemark
1906
(1843–1912)

GEORG I. = Olga
König (1851–1926)
von Griechenland (Tochter von Groß-
1863 fürst Konstantin,
(1845–1913) Sohn von Nikolaus I.
von Rußland)

DAGMAR
Maria Fjodorowna
(1847–1928)
= ALEXANDER III. (3)
Zar von Rußland
1881
(1845–1894)

(2) KYRILL = Victoria Melita
(1876–1938) (1876–1936)
»Protektor der
russischen Krone«

(3) BORIS = Sinaida
(1877–1943) Sergejewna
Raschewskaja
(1898–1963)

(4) ANDREJ = Mathilde
(1879–1956) Kschessinska
(1872–1971)

(I) ALEXANDER
(1875–1877)

(5) HELENA = Prinz Nikolaus
(1882–1957) von Griechenland
(1872–1938)

KONSTANTIN
(1868–1923)

ALEXANDRA
(1870–1891)

MARIE
(1876–1940)

ANDREAS
(1882–1944)

MARIE = Karl, Prinz
(1907–1951) von Leiningen
(1898–1946)

KIRA = Louis Ferdinand
(1909–1967) Prinz v. Preußen
(1907–1994)

WLADIMIR = Leonida
Großfürst von Rußland Prinzessin Bagration
(1917–1992) (1914–)

NIKOLAUS (1872–1938)

ALEXANDER
(1869–1870)

GEORG
(1871–1899)

XENIA = Großfürst Alexander
(1875–1960) Michailowitsch
(Sandro)
(1866–1933)

MICHAEL = Natalja
Großfürst Scheremetjewskaja
von Rußland (1880–1952)
(1878–1918)

OLGA = 1) Peter, Herzog
(1882–1960) von Oldenburg
(1868–1924)
2) Nikolaus
Kulikowski
(1881–1958)

MARIE = Prinz Franz Wilhelm
(1953–) von Preußen
(1943–)

MARIE
(1899–1918)†

ANASTASIA
(1901–1918)†

ALEXEJ +
(1904–1918)†

IRINA = Prinz Felix
(1895–1970) Jussupow
(1887–1967)

TICHON
(1917–1993)

GURI
(1919–1984)

GEORG
MICHAILOWITSCH
(1981–)

ANDREAS
(1897–1981)

THEODOR
(1898–1968)

NIKITA
(1900–1974)

DMITRI
(1901–1980)

ROSTISLAW
(1902–1978)

WASSILI
(1907–1989)

❖ Habsburg, Geza von, *Carl Fabergé. Hofjuwelier der Zaren.* München 1986.

❖ Hindenburg, Paul von, *Aus meinem Leben.* Leipzig 1920.

❖ Hough, Richard, Herausgeber, *Advice to my Grand-Daughter: Letters from Queen Victoria to Princess Victoria of Hesse.* New York 1969.

❖ Iroschnikow, Michail P., Ludmilla A. Protsai, Juri P. Schelejew, *Vor der Revolution: Das alte St. Petersburg.* Köln 1991.

❖ dies., *The Sunset of the Romanov Dynasty.* Moskau 1992.

❖ King, Greg, *The Last Empress: The Life and Times of Alexandra Feodorovna, Tsarina of Russia.* New York 1994.

❖ Kurth, Peter, *Anastasia. Die letzte Zarentochter.* Bergisch-Gladbach 1989.

❖ ders., »The Mystery of the Romanov Bones«. In: *Vanity Fair,* Januar 1993, S. 96 f.

❖ Lieven, Dominic, *Nicholas II: Emperor of All the Russias.* London 1983.

❖ Lincoln, W. Bruce, *The Romanovs.* New York 1981.

❖ ders., *In War's Dark Shadow.* New York 1983.

❖ Lubov, Millar, *Grand Duchess Elizabeth of Russia: New Martyr of the Communist Yoke.* Redding, California 1991.

❖ Lyons, Marvin, *Nicholas II: The Last Tsar.* New York 1974.

❖ Maria Pavlovna, Grand Duchess of Russia, *A Princess in Exile.* New York 1931.

❖ Marie Princess of Greece, *A Romanov Diary.* New York 1988.

❖ Marie Louise, Princess of Schleswig-Holstein, *My Memories of Six Reigns.* New York 1957.

❖ Massie, Robert K., *Nikolaus und Alexandra. Die letzten Romanows und das Ende des zaristischen Rußland.* Frankfurt a. M. 1968.

❖ ders., *The Romanov Family Album.* New York 1982.

❖ Mossolov, A. A., *At the Court of the Last Tsar.* London 1935.

❖ Moynahan, Brian, *Das Jahrhundert Rußlands. 1894–1994.* München 1994.

❖ Narischkin-Kurakin, Elisabeth, *Unter drei Zaren. Die Memoiren der Hofmarschallin Elisabeth Narischkin-Kurakin.* Hrsg. v. René Fülöp-Müller. Zürich, Leipzig, Wien 1930.

❖ Oakley, Jane, *Rasputin: Rascal Master.* New York 1989.

❖ Pipes, Richard, *Die russische Revolution.* Reinbek 1992.

❖ Edward Radsinski, *Nikolaus II. Der letzte Zar und seine Zeit.* München 1992.

❖ Sokolov, Nicholas, *Enquête judiciaire sur l'assassinat de la famille impériale russe.* Paris 1924.

❖ Solodkoff, Alexander von, *Masterpieces from the House of Fabergé.* Italien 1993.

❖ Spiridovitch, Major General Alexander, *Les dernières années de la cour de Tsarskoïe-Selo.* Paris 1928.

❖ Tisdall, E.E.P., *Maria Feodorovna: Empress of Russia.* New York 1958.

❖ Trewin, John, *The House of Special Purpose.* New York 1975.

❖ Vassilli, Paul [Princess Catherine Radziwill], *Behind the Veil at the Russian Court.* London 1913.

❖ Viroubova, Anna, *Memories of the Russian Court.* New York 1923.

❖ Vorres, Ivan, *The Last Grand-Duchess.* London 1964.

Bildnachweis

Alle Farbfotos stammen, soweit nicht anders
vermerkt, von Peter Christopher (PC). © 1995.

Beinecke – Beinecke Rare Book and Manuscript
  Library, Yale University Library
Forbes – Forbes Magazine Collection, New York
Lausanne – Bibliothèque Cantonale et Universitaire,
  Lausanne, Fonds Gilliard, IS 1916
MEPL – Mary Evans Picture Library
Moskau – Staatsarchiv der Russischen Föderation,
  Moskau
SP – Staatsarchiv für Film- und Fotodokumente,
  St. Petersburg
VM – Virginia Museum of Fine Arts, Richmond,
  Virginia – aus dem Nachlaß von Lillian
  Thomas Pratt
WCLH – Wernher Collection, The Luton Hoo
  Foundation

Umschlag, kleines Bild: Bettmann
Umschlagrückseite: links Moskau; oben rechts
  Beinecke; unten rechts Bridgeman/Art
  Resource
Vorsatzblätter: UPI/Bettmann
3 kleines Bild Moskau
6/7 Moskau

ERSTES KAPITEL
11 SP
12 oben Sovfoto; unten Hillwood Museum,
  Washington D.C.
13 SP
15 rechts Bridgeman/Art Resource; alle anderen
  RIA-Novosti/Sovfoto
16 alle Novosti
17 oben WCLH; unten SP
18 oben, unten links SP; unten rechts
  Giraudon/Art Resource
19 alle SP
20 links VM; rechts Hulton Deutsch Collection
22 SP
23 kleines Bild SP
24 unten SP
25 links, oben links Forbes – Foto von Larry
  Stein; oben Mitte VM; oben rechts Forbes –
  Foto von Peter Curran

ZWEITES KAPITEL
26 links Novosti; rechts Broadlands Archive
28 links Beinecke; oben rechts, unten rechts
  Stadtarchiv der Stadt Darmstadt
29 links MEPL; oben rechts Stadtarchiv der Stadt
  Darmstadt; unten rechts Broadlands Archive
30 oben Mansell Collection; unten Bettmann
31 MEPL
33 links, oben rechts Bettmann; unten rechts
  Bunin Family Collection, Hoover Institution
  Archives
34 links VM; oben rechts WCLH; unten rechts
  Stadtarchiv der Stadt Darmstadt
41 Hulton Deutsch Collection
42 Moskau
43 Mansell Collection

DRITTES KAPITEL
44/45 Scala/Art Resource
46 links Moskau – Foto von PC; oben rechts
  Le Petit Journal, Privatsammlung; unten rechts
  Illustrated London News, Privatsammlung
47 *Le Petit Journal*, Privatsammlung
48 links Hulton Deutsch Collection; rechts
  Byington Collection
49 *Illustrated London News*, Privatsammlung
50 oben rechts, unten rechts *Illustrated London News*,
  Privatsammlung
52 oben Gilman Paper Company Collection;
  unten Moskau
53 unten SP
54 Moskau
56 Stadtarchiv der Stadt Darmstadt
57 Novosti
58 links Privatsammlung; rechts Forbes
60 links, oben rechts, Mitte rechts
  Privatsammlung; unten links, unten rechts
  MEPL
61 Privatsammlung
62 SP
63 oben The Hundred Antiques, Sterling,
  Ontario; Mitte, unten Moskau
64 oben Moskau; Fabergé-Fan Forbes – Foto von
  Larry Stein; Imperatorenwitwe Marie WCLH;
  alle anderen Woronzow-Daschkow, Hilarion
  Graf Collection, Hoover Institution Archives

VIERTES KAPITEL
66 Staatliches Eremitage-Museum – Foto von PC
67 Broadlands Archive
68 links Forbes – Foto von Robert Forbes; rechts
  Gilman Paper Company Collection
69 oben Moskau; unten links RIA-
  Novosti/Sovfoto
70 links Moskau – Foto von PC; rechts MEPL
71 SP
72 oben rechts Moskau; unten rechts Sammlung
  des Autors
73 UPI/Bettmann
74 oben links WCLH; unten links Beinecke;
  Mitte, rechts Moskau
75 Staatliches Eremitage-Museum – Foto von PC
76 Sovfoto/Eastfoto
77 oben Gilman Paper Company Collection;
  unten links VA/Sovfoto; unten 1. von links
  Mansell Collection; unten 2. von links Hulton
  Deutsch Collection; unten rechts
  UPI/Bettmann
79 kleines Foto Bettmann
80 alle Hulton Deutsch Collection
81 MEPL
82 oben MEPL; unten Sovfoto/Eastfoto
83 alle MEPL
84 SP
85 Moskau
86 Sammlung des Autors
87 RIA-Novosti/Sovfoto
88 Moskau
89 alle Moskau
90 oben Lausanne; unten Moskau
91 links Bettmann; rechts Moskau
92 alle Beinecke
93 Moskau

FÜNFTES KAPITEL
94 Bettmann
95 oben Sovfoto/Eastfoto; oben und unten links
  Bettmann; rechts Moskau
96 Moskau
97 oben SP; unten links Bettmann; unten rechts
  Moskau
99 unten links Lausanne; unten Mitte Hulton
  Deutsch Collection; unten rechts Moskau
100 unten links Beinecke
101 oben links Beinecke; Mitte links Moskau;
  unten links WCLH
103 unten links Sovfoto; unten Mitte Beinecke;
  unten rechts Mansell Collection; alle anderen
  Moskau
104/105 alle Moskau
107 oben links, unten Mitte Beinecke; unten links
  Bettmann; unten rechts WCLH
108 alle Beinecke
109 kleines Bild links The Bettmann Archive;
  kleines Bild rechts Beinecke
110 Beinecke; kleines Bild Moskau
111 oben rechts, kleines Bild links Moskau; unten
  rechts, kleines Bild rechts Beinecke

SECHSTES KAPITEL
112 links Mansell Collection; rechts Moskau
114 MEPL
115 Hoover Institution Archives
117 oben Moskau; unten Lausanne
119 kleines Bild SP
120 oben Hoover Institution Archives; unten links
  SP; unten rechts Novosti
121 oben Hoover Institution Archives; unten SP
122 kleines Bild links SP; kleines Bild rechts
  Moskau
123 links Pawlowsk-Museum – Foto von PC;
  oben und unten rechts Moskau
124 Sammlung des Autors
125 VM
126 Bettmann
127 SP
128 Moskau
129 links Hoover Institution Archives; rechts
  MEPL
130 links Moskau; oben rechts, unten rechts
  Lausanne
131 oben Gilman Paper Company Collection;
  unten Lausanne
132 oben SP; unten Beinecke
134 kleines Bild SP
136 Moskau
137 links, oben rechts Moskau; unten rechts
  Lausanne

SIEBTES KAPITEL
140 WCLH
142 alle Hulton Deutsch Collection
143 SP
144 Beinecke
147 Moskau; kleines Bild SP
148 Moskau
150 SP
151 WCLH

ACHTES KAPITEL
154 SP
155 Sovfoto
157 Bettmann
158 Moskau

NEUNTES KAPITEL (Spalte 4 fortsetzung)
159 Gruppe unten links Moskau – Foto von PC;
  oben links Lausanne; oben rechts, unten
  rechts Moskau
160 kleines Bild Moskau
162 Moskau; kleines Bild Lausanne
163 WCLH
168 SP
169 kleines Bild Sammlung des Autors
170 WCLH
171 alle WCLH
172 oben WCLH; unten Hulton Deutsch
  Collection
173 oben links The Bettmann Archive; oben
  rechts WCLH; unten WCLH – Foto von PC
174 MEPL/Alexander Meledin Collection
175 Forbes
176 Moskau – Foto von PC
177 alle WCLH
178 alle WCLH
179 WCLH
181 kleines Bild Sammlung des Autors; unten
  WCLH

NEUNTES KAPITEL
182 WCLH; kleines Bild Sammlung des Autors
184 Privatsammlung
185 James H. Whitehead Collection, Hoover
  Institution Archives
186 Lausanne
187 unten links Sammlung des Autors; oben links,
  rechts Privatsammlung
189 alle WCLH
190 WCLH
191 links James H. Whitehead Collection, Hoover
  Institution Archives; oben links WCLH –
  Foto von PC; oben rechts Privatsammlung;
  unten rechts Moskau – Foto von PC
193 Privatsammlung
195 Moskau – Foto von PC
196 oben WCLH; unten links und rechts
  Privatsammlung
197 MEPL

ZEHNTES KAPITEL
198 Lausanne
200 WCLH
201 James H. Whitehead Collection, Hoover
  Institution Archives
202/203 WCLH
203 oben, unten links, unten rechts
  Privatsammlung; Mitte rechts Lausanne
204 Sammlung des Autors
205 alle Byington Collection
206 alle Byington Collection
207 alle Byington Collection
208 links Sammlung des Autors; oben rechts,
  unten rechts FPG/Masterfile
209 oben FPG/Masterfile; unten Byington
  Collection
210 Sammlung des Autors
211 links, Mitte Sammlung des Autors; rechts
  Moskau
212 oben Moskau; unten Sammlung des Autors
213 alle Sammlung des Autors
214 Privatsammlung
215 Privatsammlung
217 alle East News/Sipa
222/223 Karte von Jack McMaster

Register

❧

Buchgestaltung, Typographie und Art-Direction: Gordon Sibley Design Inc.

Redaktionsleitung: Hugh M. Brewster

Redaktion: Rick Archbold, Mireille Majoor

Manuskriptbearbeitung: Shelley Tanaka

Produktionsleitung: Susan Barrable

Produktionskoordination: Donna Chong

Lithographie: Colour Technologies

Druck und Bindung: Sfera/Garzanti

*Heute in Jekaterinburg:
Ein Kreuz markiert die Stelle,
wo die Zarenfamilie starb.*

DER LETZTE ZAR.
GLANZ UND UNTERGANG DER WELT VON NIKOLAUS UND ALEXANDRA
wurde produziert von Madison Press Books
unter der Leitung von Albert E. Cummings